ÉCOLE DU GRAND CHOCOLAT VALRHONA
Coordenação de Frédéric Bau

Fotografias de Clay McLachlan

Enciclopédia do CHOCOLATE

Tradução de
Camila do Nascimento Fialho, Luciano Loprete,
Maria Stella Scaff Glycerio e Melissa Moura Mello

Editora Senac São Paulo — São Paulo — 2019

Gerente/Publisher: Luís Américo Tousi Botelho
Coordenação Editorial/Prospecção: Dolores Crisci Manzano e Ricardo Diana
Administrativo: grupoedsadministrativo@sp.senac.br
Comercial: comercial@editorasenacsp.com.br
Revisão de Texto: Karen Daikuzono
Editoração Eletrônica: Sandra Regina Santana

Traduzido de *Encyclopédie du chocolat*
© Flammarion, Paris 2015

Projeto Gráfico: Alice Leroy, Audrey Sednaoui
Revisão Técnica das Receitas: Julie Haubourdin
Gestão de Projeto e Redação: Ève-Marie Zizza-Lalu

EDITORA SENAC SÃO PAULO
Rua 24 de Maio, 208 – 3º andar – Centro – CEP 01041-000
Caixa Postal 1120 – CEP 01032-970 – São Paulo – SP
Tel. (11) 2187-4450 – Fax (11) 2187-4486
E-mail: editora@sp.senac.br
Home page: http://www.livrariasenac.com.br

Dados Internacionais de Catalogação na Publicação (CIP)
(Jeane Passos de Souza – CRB 8ª/6189)

Enciclopédia do chocolate / coordenação de Frédéric Bau; fotografias de Clay McLachlan ; [préfacio de Pierre Hermé]; tradução de Camila do Nascimento Fialho, Luciano Loprete, Maria Stella Scaff Glycerio e Melissa Moura Mello. – São Paulo: Editora Senac São Paulo, 2019.

Título original: Encyclopédie du chocolate.
ISBN 978-85-396-2942-8 (impresso/2019 – versão compacta)

1. Gastronomia 2. Chocolate 3. Receitas I. Bau, Frédéric II. McLachlan, Clay III. Hermé, Pierre IV. Título.

19-1000t CDD-641.6374

Índice para catálogo sistemático:
1. Gastronomia : Chocolate : Receitas 641.6374

NOTA DA EDIÇÃO BRASILEIRA

Desde seu descobrimento, no início do século XVI, a partir do contato do europeu com as civilizações da América Central, o chocolate não para de exercer enorme influência em nossos hábitos alimentares e cultura. De bebida quente, amarga, destinada à nobreza, a alimento sólido, ou em pó, doce e suave ao paladar como o conhecemos hoje, o chocolate – ou melhor, o processamento da amêndoa do cacau – sofreu um grande aprimoramento.

Mas não é do aspecto histórico do chocolate que trata este livro, e sim de como transformá-lo, ainda mais, em outras deliciosas guloseimas. E disso sabe a École du Grand Chocolat Valrhona, criada pelo seu hoje diretor-executivo Frédéric Bau, e que conta com cinco laboratórios de formação técnica para os interessados na arte da confeitaria e da chocolataria.

O Senac São Paulo traz para o amante do chocolate esta enciclopédia, assim chamada por abordar todos os processos de elaborações a partir desse produto e as técnicas utilizadas para a temperagem, as coberturas, os recheios, as decorações... É um lançamento muito saboroso para todos que cultivam a paixão por esse produto capaz de acalmar o espírito.

COMO UTILIZAR ESTE LIVRO ?

As técnicas (p. 13-135)

Todas as técnicas básicas do chocolate explicadas passo a passo por profissionais.

AS MASSAS E OS BISCOITOS

1

2

Massa de *financier* de chocolate ★

Outro tipo de massa batida, composta unicamente por claras de ovos. Esta particularidade, aliada à farinha de amêndoas, é o que lhe confere sua tão característica textura leve e macia.

INGREDIENTES
190 g de farinha de amêndoas
150 g de açúcar de confeiteiro
10 g de amido de milho
10 g de cacau amargo em pó
9 claras
75 g (75 ml) de creme de leite líquido integral
50 g de chocolate amargo 60%

Em uma tigela, misture a farinha de amêndoas, o açúcar de confeiteiro, o amido de milho e o cacau em pó **(1, 2)**. Acrescente as claras batidas* e o creme de leite líquido. Reserve essa massa.

Pique o chocolate e derreta-o lentamente em banho-maria ou no forno micro-ondas (posição descongelar ou potência de 500 W, mexendo regularmente).

Verta um pouco da massa sobre o chocolate derretido mexendo vigorosamente. Depois, acrescente esta mistura ao restante da massa e misture delicadamente. Reserve na geladeira por pelo menos 3 horas.

Coloque a mistura para *financier* de chocolate em moldes.

Leve ao forno a 175 °C por 15 a 20 minutos.

Deixe esfriar um pouco antes de desenformar.

Conselho do *chef*
É indispensável deixar a massa repousar por algumas horas na geladeira para otimizar o desenvolvimento dos financiers.

Ideia de receita
Financiers de chocolate amargo, *streuzel* de frutas cítricas e *confit* de laranja > p. 258

83

Fácil localização

Nível de dificuldade

Remissão para o glossário

Conselhos dos *chefs* confeiteiros da École du Grand Chocolat

Remissão para as receitas que utilizam a técnica descrita

Fotografias do passo a passo remetem ao texto

As receitas (p. 157-399)

Mais de cem receitas criadas e testadas por *chefs* confeiteiros.

Fácil localização

Nível de dificuldade

NOVAS TENDÊNCIAS

AS RECEITAS

Macarons marfim trufados ★★★

PARA CERCA DE 40 *MACARONS*
Para fazer na véspera
Tempo de preparo: 1 hora
Tempo de refrigeração: 3 horas + 1 noite
Tempo de cozimento: 12 minutos por assadeira

Na véspera, ou com uma antecedência de no mínimo três horas. Prepare o *ganache* batido marfim trufado. Pique o chocolate e derreta em banho-maria* ou no forno micro-ondas (posição descongelar ou potência de 500 W, mexendo regularmente). Em uma panela, ferva 80 g de creme de leite. Verta lentamente um terço do creme fervente sobre o chocolate derretido. Com um pão-duro,* misture energicamente, descrevendo pequenos círculos, a fim de criar um "núcleo" elástico e brilhante. Incorpore mais um terço do creme e continue mexendo da mesma forma. Depois, incorpore o último terço, seguindo o mesmo procedimento. Acrescente o óleo de avelãs e as trufas picadas e processe com o *mixer* por alguns segundos. Incorpore os 190 g de creme de leite frio ao *ganache*. Deixe cristalizar* na geladeira por no mínimo 3 horas.

Prepare as cascas de *macarons* (ver página 82). Com um saco de confeitar preenchido com a massa, forme os *macarons* em uma assadeira forrada* com papel-manteiga ou sobre uma esteira de silicone e leve ao forno a 140 °C por cerca de 12 minutos, variando em função do tamanho dos *macarons*. Reserve à temperatura ambiente.

Quando as cascas de *macarons* tiverem esfriado, bata energicamente* o *ganache* até obter um creme untuoso. Com um saco de confeitar, faça sobre cada casca uma bola de *ganache* do tamanho de uma avelã. Coloque uma lasca de chocolate temperado (ver página 19) centralizada e una as cascas duas a duas. Coloque os *macarons* enfileirados e decore os *macarons* com uma lamela de trufas levemente espetada no *ganache*. Reserve na geladeira até o dia seguinte.

→ Conselho do *chef*
Nesta receita, é muito importante pesar os ovos. O sucesso dos macarons depende da dosagem precisa de cada ingrediente. Utilize trufas pretas da Drôme des collines... *elas são deliciosas!*

→ Bom saber
Para que os macarons fiquem bons, eles precisam "curtir" por uma noite. Essa espera resultará em cascas crocantes, interior tenro e possibilitará o desenvolvimento dos aromas: a trufa vale a pena!

INGREDIENTES
Cascas dos *macarons*
125 g de farinha de amêndoas
25 g de cacau amargo em pó
150 g de açúcar de confeiteiro
100 g (50 g + 50 g) de claras
150 g de açúcar refinado
50 g (50 ml) de água

***Ganache* batido marfim trufado**
110 g de chocolate branco 35%
270 g (80 g + 190 g) de creme de leite líquido integral
2 colheres (sopa) de óleo de avelãs
20 g de trufas negras picadas

DECORAÇÃO
Lascas de chocolate temperado
Cerca de 40 lâminas de trufas negras

UTENSÍLIOS
1 saco de confeitar com um bico de ø 10 mm
1 assadeira para confeitaria ou 1 esteira de silicone
1 termômetro de cozinha

→ Remissão técnica
Derretimento do chocolate > p. 18
Temperagem > p. 19
Massa de *macarons* de cacau > p. 82
Ganache batido > p. 97
Encher um saco de confeitar > p. 132

388

Remissão para o glossário

Remissão para as técnicas

Sumário

AS DIFERENTES TÉCNICAS

CADERNO TEÓRICO

AS RECEITAS

ANEXOS

FRÉDÉRIC BAU

Introdução

Chef executivo
Diretor de criação da École du Grand Chocolat Valrhona

Caros "chocólatras",

Antes de deixá-los mergulhar na *Enciclopédia do chocolate*, gostaria de dividir algumas palavras com vocês.

Quando criei a École du Grand Chocolat, há mais de vinte anos, queria que ela fosse uma referência para os artesãos do sabor do mundo inteiro, que poderiam vir a se formar e aperfeiçoar seus conhecimentos.

A partir de então, a escola tornou-se também um lugar de compartilhamento de nossos valores e conhecimentos técnicos, e abriu-se aos autodidatas e amadores que aqui podem seguir formações *"Gourmet"*.

O fato de a Flammarion ter confiado em nós para realizarmos esta obra, que, nós esperamos, será referência no mundo do chocolate, é uma honra, mas também um desafio que tivemos o desejo de cumprir à altura, pois o número de obras que homenageiam o chocolate já é bastante expressivo.

Esta enciclopédia destaca-se fundamentalmente do que já existe no mercado.

Antes de mais nada, ela é um concentrado de conhecimentos técnicos, fruto das formações profissionais que oferecemos na École du Grand Chocolat. Revelamos aos leitores as técnicas de trabalho do chocolate em uma linguagem simples e acessível para os não profissionais. Essas técnicas básicas constituem a primeira parte da obra. O domínio do movimento correto e exato é indispensável àqueles que desejam, a seguir, reproduzir as grandes receitas clássicas: guloseimas, coberturas, *fondants*, *ganaches* ou biscoitos.

Esta enciclopédia oferece também grandes momentos de gula, orquestrados pelos *chefs* da École du Grand Chocolat e por alguns dos maiores nomes da confeitaria em torno de um ingrediente mágico: o chocolate! Mais de cem receitas, das mais básicas às mais criativas, são oferecidas na segunda parte.

Este livro não teria sido possível sem a participação ativa e entusiasta de meus colaboradores da École du Grand Chocolat Valrhona.

Julie Haubourdin, minha colaboradora confeiteira, encarregada das formações *"Gourmet"*, aceitou ser a força motriz desse projeto. Com talento e precisão, ela garantiu a adaptação perfeita de nossos termos "profissionais" para uma linguagem clara, exata, compreensível para todos.

Desejo que, ao longo destas páginas, você possa sentir, por meio das fotos únicas de Clay McLachlan, das palavras precisas de Ève-Marie Zizza-Lalu e das associações de sabores e texturas de cada uma de nossas receitas, a vontade de compartilhar e esta cultura da excelência que animam nossa equipe.

Em nome de todos, desejo a você uma deliciosa aventura pelo mundo da gula, sem esquecer que é a dupla imutável de "sabor e técnica" que cria o prazer e a emoção compartilhados.

PIERRE HERMÉ

Chef confeiteiro, Paris

Uma paixão para compartilhar

De Antonin Carême a Gaston Lenôtre, passando por Lucien Peltier, Gabriel Paillasson, Pascal Niau, Yves Thuriès e outros, os grandes confeiteiros se sucederam e marcaram, cada um à sua maneira, a história dessa arte.

Durante muito tempo, a confeitaria foi uma arte demonstrativa, orientada para a ornamentação. Essa abordagem ornamental continua a existir hoje, mas é uma disciplina à parte, uma faceta específica do ofício, pois, na realidade, não fazemos grandes montagens todos os dias: fazemos bolos, fazemos para comer!

Hoje, o trabalho do confeiteiro está ligado ao gosto, aos sabores, às texturas, às temperaturas... Gaston Lenôtre foi o primeiro a iniciar essa transição em direção ao gosto, chamando a atenção para os ingredientes, para a qualidade da matéria-prima. A influência de um Lucien Peltier, ou de um Pascal Niau, também foi determinante para orientar a profissão para uma visão moderna, exigente e criativa da confeitaria de butique.

O percurso de um confeiteiro pode ser resumido em três etapas: o aprendizado, o domínio e a transmissão. A fase de aquisição do conjunto de técnicas constitui uma condição prévia indispensável para se libertar do sistema de referências. "Basear-se no que se aprendeu para não se reproduzir o que se aprendeu."

De todos os confeiteiros que conheci, Frédéric Bau é certamente o mais talentoso e o mais criativo.

Inventor incansável tanto quanto inclassificável, Frédéric Bau imagina e constrói, com toques sucessivos, um universo de gosto e de sensações que faz dele um líder da confeitaria contemporânea. Assim como ocorre com todos os grandes criadores, sua inspiração se associa a um domínio virtuoso do ofício a fim de melhor manipular as tradições estabelecidas e explorar novos territórios. Sua motivação é sempre baseada no conhecimento e na compreensão dos códigos da profissão para melhor transformá-los à sua maneira. Em suas criações, Frédéric Bau vai diretamente ao essencial: o gosto. Sem artifícios de decoração, o processo de depuração estende-se a todas as ornamentações excessivas ou inúteis que, muitas vezes, entulham os doces.

Se o chocolate é seu ingrediente predileto (afinal, são 22 anos de Valrhona), ele também fica muito à vontade tanto com doces como com salgados, com frutas, com especiarias, ervas e todos os ingredientes que descobre durante suas viagens pelo mundo – e ao Japão, em particular. Frédéric tem a capacidade incrível de se apropriar de um ingrediente, compreendê-lo, depois imaginar uma sobremesa, e, mais do que isso, todo um imaginário para acompanhá-la.

Nesta obra técnica e gastronômica, que logo será considerada essencial pelos amantes do chocolate, Frédéric Bau e seus cúmplices da École du Grand Chocolat permitem ao leitor aceder progressivamente à elaboração de sobremesas simples e mais sofisticadas, habitualmente reservadas aos profissionais. Ele compartilha sua paixão por meio de receitas originais, na companhia de alguns amigos que figuram entre os melhores profissionais do momento.

AS DIFERENTES TÉCNICAS

ALGUMAS PRECAUÇÕES...

Você encontrará nas páginas a seguir todas as técnicas que permitem trabalhar o chocolate: temperagem, cobertura, decoração... e ainda uma revisão de toda a base da confeitaria.

Observe a porcentagem de cacau do seu chocolate

As quantidades de chocolate variam conforme a porcentagem de cacau do chocolate que você utilizar. De fato, a manteiga de cacau cumpre o papel de endurecedor. Um chocolate com 50% de cacau e outro com 70% não darão o mesmo resultado, principalmente em termos de textura. Todas as técnicas a seguir foram executadas com chocolate Valrhona: Guanaja 70% de cacau ou 61%, Jivara ou Ivoire. De toda maneira, mencionamos sempre que possível as variantes conforme o chocolate utilizado.

POR EXEMPLO:

Chocolate a ser dosado conforme a porcentagem de cacau:
335 g de chocolate amargo 70%, ou
370 g de chocolate amargo 60%, ou
500 g de chocolate ao leite 40%, ou
650 g de chocolate branco 35%

Remissão ao glossário

Os termos seguidos de asterisco estão explicados no glossário da página 406.

Seja preciso

Costuma-se dizer que um confeiteiro nunca sai sem sua balança e seu termômetro de cozinha. A confeitaria não tolera medidas aproximadas. É importante respeitar os pesos, as temperaturas, etc.

Pese todos os ingredientes

Mesmo os líquidos (para a água, o creme, etc., 100 g = 100 ml) e os ovos (1 gema = cerca de 20 g e 1 clara = cerca de 30 g). Pode parecer trabalhoso, mas, dependendo da receita, uma diferença de 1 grama pode dar um resultado diferente.

Equipe-se bem (ver página 402)

Um termômetro de cozinha (ou sonda), um *mixer*, um pão-duro, uma assadeira para confeitaria, um saco de confeitar e um rolo de abrir massa são alguns dos acessórios necessários. Até mesmo seu congelador contribuirá mais do que você imagina. Ele facilitará as montagens e as desenformações.

O chocolate

DERRETIMENTO DO CHOCOLATE

O derretimento do chocolate deve obedecer a certas regras. Respeitá-las leva à obtenção de um chocolate líquido, pronto para o uso, que servirá de base para todos os tipos de receitas. Abolir definitivamente a colherada de água no fundo da panela para "facilitar" o derretimento, assim como o cozimento diretamente sobre o fogo.

Em banho-maria* ★

Sobre uma tábua, pique o chocolate com uma faca dentada. Pode-se usar também as coberturas vendidas em forma de pastilhas ou favas.

Coloque o chocolate picado em um recipiente.

Encha até a metade uma panela com água quente. Coloque o recipiente com o chocolate sobre a panela de água, sem que ele toque o fundo.

Leve ao fogo brando, sem deixar que a água ferva.

Quando o chocolate começar a derreter, mexa regularmente com o pão-duro* para homogeneizar o derretimento.

No forno micro-ondas ★

Coloque os pedaços de chocolate em um recipiente apropriado ao micro-ondas.

Aqueça por 1 minuto a uma potência de no máximo 500 W; interrompa, misture com o pão-duro* e volte a aquecer por 30 segundos.

Misture novamente e repita a operação até que o chocolate esteja completamente derretido.

⟶ Conselho do *chef*
Derreta o chocolate a uma temperatura de até 55/58 °C para o chocolate amargo e 45/50 °C para o chocolate ao leite, branco ou colorido.

TEMPERAGEM

Temperar é submeter o chocolate a um ciclo de temperatura (calor/resfriamento/calor) que os profissionais chamam de "curva de temperagem". Ela pode variar ligeiramente em função do chocolate: amargo, ao leite, branco ou colorido. Necessária para a confecção de coberturas de bombons, moldagens e tabletes, a têmpera é vista como complexa pelos iniciantes. No entanto, trata-se de uma técnica simples, que pode ser cumprida sem dificuldades se for realizada com calma e precisão.

Ainda que os artesãos costumem utilizar a segunda falange do indicador ou o lábio superior, dois "termômetros naturais", é preferível se munir de um verdadeiro termômetro de cozinha, a fim de respeitar uma curva cuja exatidão garantirá o resultado: um chocolate brilhante, quebradiço e tenro.

Por que temperar o chocolate?

A temperagem é a chave do sucesso de seus bombons, tabletes, moldagens e decorações. Não basta derreter uma barra de chocolate para que ela conserve suas qualidades sob uma forma diferente (*orangettes* ou *mendiants*, por exemplo). Seu aspecto quebradiço, a capacidade de derretimento e o brilho só subsistem se a temperagem for realizada corretamente. Isso é explicado pela quantidade de manteiga de cacau* que houver na composição do chocolate.

Esse elemento gorduroso, complexo e caprichoso, tem a particularidade de ser preguiçoso! Uma vez derretida, a manteiga de cacau é incapaz de encontrar sozinha uma forma cristalina estável. Isso significa que os cristais que a compõem ficam "espalhados", aglomerados entre si, e isso resulta, entre outras coisas, naqueles tabletes com manchas esbranquiçadas. Além de ficar feio (mas onde foi parar aquele brilho suntuoso do chocolate?), ao quebrar um quadrado do tablete, não se ouvirá aquele "clac" seco e claro tão característico dos bons chocolates. E, ao degustá-lo, que decepção! O chocolate não derrete mais da mesma maneira, às vezes fica granuloso e exala bem menos aroma...

Para evitar isso, basta ajudar a manteiga de cacau a encontrar seu capital de cristais estáveis que favorecerão sua boa conservação... e permitirão que se obtenha um chocolate quebradiço, brilhante e que derrete!

Resumindo, a temperagem não existe apenas em função da estética, mas, sobretudo, em função do gosto.

Ideias de receitas

Bombons de caramelo com chocolate > p. 337
Mendiants > p. 341
Orangettes > p. 342
Tabletes de frutas frescas > p. 346
Tabletes congoleses > p. 349

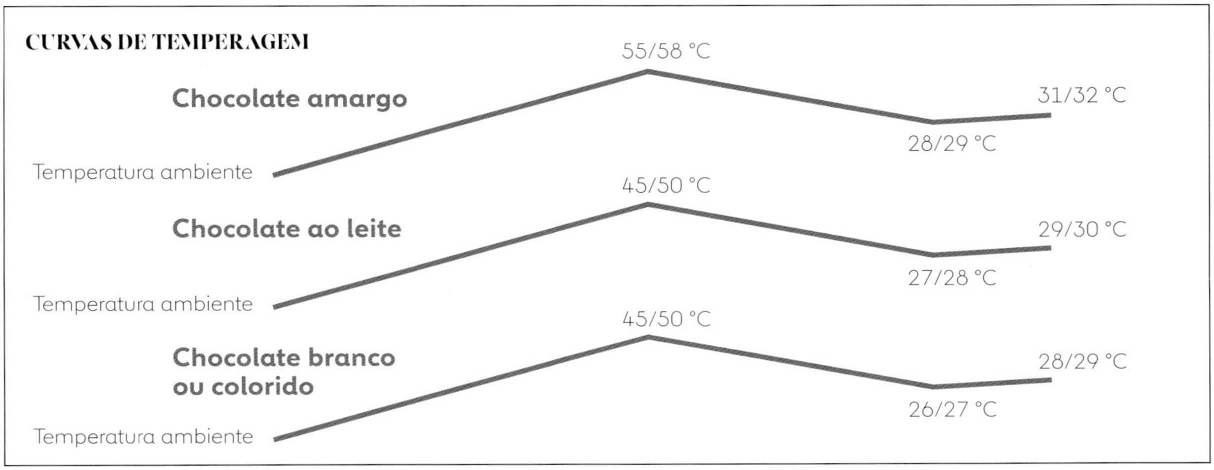

Temperagem por semeadura ★★★

Este método de temperagem consiste em acrescentar pepitas ou pastilhas de chocolate a uma massa já derretida. Esse acréscimo de chocolate cristalizado, estável, permite baixar a temperatura de forma natural. Ele cria uma cristalização* harmoniosa e substitui o uso do mármore ou do banho-maria* frio.

INGREDIENTE
400 g de chocolate

UTENSÍLIO
1 termômetro de cozinha

Em uma tábua, pique 300 g de chocolate utilizando uma faca dentada, ou utilize chocolate de cobertura em forma de pastilhas.

Coloque o chocolate picado em um recipiente. Encha até a metade uma panela com água quente. Coloque o recipiente com o chocolate sobre a panela, sem que ele toque o fundo. Leve a panela ao fogo brando, sem deixar que a água ferva.

A utilização do forno micro-ondas é possível, mas na posição descongelar ou a uma potência de no máximo 500 W. Mexa regularmente com um pão-duro* para homogeneizar o derretimento.

Controle a temperatura com o termômetro.

Quando a temperatura alcançar 55/58 °C para o chocolate amargo, 45/50 °C para o chocolate ao leite ou branco, retire o chocolate do banho-maria. Reserve um terço do chocolate derretido em uma tigela em local aquecido. Acrescente 100 g de chocolate finamente picado (ou picado no processador) aos dois terços de chocolate quente.

Mexa constantemente. O chocolate deve atingir a temperatura de 28/29 °C para o chocolate amargo; 27/28 °C para o chocolate ao leite e 28/29 °C para o chocolate branco ou colorido.

Acrescente progressivamente o chocolate quente reservado para elevar a temperatura do chocolate. Ela deverá alcançar 31/32 °C para o chocolate amargo, 29/30 °C para o chocolate ao leite e 28/29 °C para o chocolate branco ou colorido.

Bom saber

Se o chocolate tiver chegado à temperatura certa, mas restarem pedaços não derretidos, retire-os antes de aumentar a temperatura. Se você deixá-los, há o risco de que o chocolate fique espesso rapidamente... é o que chamamos de "vaselinagem" no jargão profissional.

Temperagem em banho-maria ★★★

Tão simples de fazer quanto a temperagem por semeadura, mas também muito rigorosa, a temperagem em banho-maria* exige mais manipulação, pois se baseia no uso de dois banhos-marias (água quente e, depois, água fria).

INGREDIENTE
400 g de chocolate

UTENSÍLIO
1 termômetro de cozinha

Pique o chocolate e derreta-o lentamente em banho-maria (ver página 18).

Prepare um banho-maria de água fria, com algumas pedras de gelo.

Quando a temperatura do chocolate atingir 55/58 °C para o chocolate amargo, 45/50 °C para o chocolate ao leite e o branco, retire-o do banho-maria de água quente e coloque-o no banho-maria de água fria.

Mexa constantemente para que o chocolate não cristalize* muito rapidamente nas bordas e para que a manteiga de cacau* não "supercristalize". Controle a temperatura: quando o chocolate se aproximar dos 35 °C, retire-o do banho de água fria. Continue a mexer. A temperatura deve baixar a 28/29 °C para o chocolate amargo, 27/28 °C para o ao leite e 26/27 °C para o branco ou colorido.

Leve o recipiente ao banho-maria de água quente por um breve instante a fim de elevar a temperatura. Ela deve atingir 30/31 °C para o chocolate amargo, 29/30 °C para o ao leite e 28/29 °C para o branco ou colorido.

Retire do banho-maria sem deixar de mexer.

Conselho do *chef*

Atenção à inércia do calor e do frio. Retire o recipiente do banho-maria antes de atingir as temperaturas indicadas, mexendo muito bem para que o chocolate não fique nem quente demais nem frio demais.

Temperagem por marmorização ★★★

É a temperagem que faz os amantes sonharem diante de suas TVs, com quilos de chocolate espalhados sobre o mármore e trabalhados pelo artesão chocolateiro... Ela pode ser feita em casa, se você tiver uma superfície de mármore e puder transformar sua cozinha em oficina de chocolate durante algumas horas.

1

2

3

INGREDIENTE

400 g de chocolate

UTENSÍLIOS

1 termômetro de cozinha
1 espátula
1 paleta

Pique o chocolate e derreta-o lentamente em banho-maria* (ver página 18).

Quando a temperatura do chocolate atingir 55/58 °C para o chocolate amargo, 45/50 °C para o ao leite e o branco, verta dois terços do chocolate derretido sobre uma superfície de mármore **(1)**. Reserve o restante em uma tigela em local aquecido.

Com uma espátula e uma paleta, mexa o chocolate constantemente **(2, 3)**. Ele deve chegar a uma temperatura de 28/29 °C para o chocolate amargo, 27/28 °C para o chocolate ao leite e 26/27 °C para o chocolate branco ou colorido.

Recoloque o chocolate derretido em um recipiente e acrescente progressivamente o chocolate aquecido até que ele atinja a temperatura de 30/31 °C para o chocolate amargo, 29/30 °C para o chocolate ao leite e 28/29 °C para o chocolate branco ou colorido.

⟶ Bom saber

A maioria dos artesãos chocolateiros utiliza uma temperadora (máquina de temperar), que submete automaticamente o chocolate ao ciclo de temperatura ideal e permite que bombons com o chocolate sejam feitos com facilidade.

CHABLONNAGE

Esta técnica facilita a manipulação no momento do corte e do envolvimento dos recheios (pralinas, *ganaches*, pasta de frutas e outros).

Antes do corte ★★★

INGREDIENTES

Chocolate temperado, sempre mais do que se pretende utilizar (ver página 19)
Recheio de bombons de chocolate, não cortado

UTENSÍLIO

1 espátula

Coloque um fio de chocolate temperado sobre a superfície do recheio escolhido (*ganache*, pralina, caramelo, etc.) ainda não cortado. Com uma espátula, espalhe rapidamente o chocolate fundido de modo a obter uma fina camada que, depois, constituirá a base do bombom a ser revestido **(1)**. Em seguida, corte no tamanho desejado. O recheio está pronto para ser revestido!

1

2

3

Depois do corte ★★★

INGREDIENTES

Chocolate temperado, sempre mais do que se pretende utilizar (ver página 19)
Recheio de bombons de chocolate, cortados ou moldados

UTENSÍLIO

1 pequeno pincel

Com um pequeno pincel, espalhe o chocolate temperado sobre os recheios cortados **(2, 3)**. O recheio está pronto para ser revestido!

—• Conselho do *chef*

Use o chocolate temperado restante para fazer decorações (ver página 47).

—• Ideia de receita

Chococanela com gergelim > p. 354

REVESTIMENTO ★★★

Revestir um bombom de chocolate consiste em aprisionar um recheio (*ganache*, caramelo, pasta de frutas, etc.) em uma fina camada de chocolate temperado. Esta técnica permite melhor conservação do recheio e oferece uma textura crocante associada ao gosto de chocolate.

INGREDIENTES
Chocolate temperado, sempre mais do que se pretende utilizar (ver página 19)
Bombons de chocolate

UTENSÍLIOS
1 assadeira forrada* com filme plástico (ou com papel-manteiga)
1 garfo para banhar
1 *hashi* (facultativo)

Faça a *chablonnage* nos bombons (ver instruções na página 24 com o chocolate temperado.

Posicione o bombom com a face chablonada sobre os dentes do garfo e coloque-o no chocolate temperado.

Pressione levemente o bombom com a ponta do garfo, a fim de imergi-lo completamente. Recupere o bombom com o garfo e mergulhe novamente a base do bombom de três a quatro vezes, para criar um fenômeno de sucção que impedirá que a camada de chocolate fique excessivamente espessa.

Raspe a seguir o garfo na borda da tigela, a fim de obter uma fina camada de chocolate.

Coloque delicadamente o bombom na assadeira preparada.

Eventualmente, utilize o *hashi* para fazê-lo deslizar.

Conselho do *chef*

Atenção: tenha o cuidado de limpar regularmente o garfo longo e o hashi. Se esses apetrechos ficarem recobertos de chocolate, os bombons grudarão neles e deslizarão com dificuldade.

Bom saber

Um bombom de chocolate designa no jargão profissional um chocolate com teor de cacau entre 35% e 50%.

Ideias de receitas

Bombons crocantes e tenros > p. 334
Chococanela com gergelim > p. 354
Nana chérie > p. 360

MOLDAGENS

Moldagem clássica ★★★

INGREDIENTE

Chocolate temperado, sempre mais do que se pretende utilizar (ver página 19)

UTENSÍLIOS

Moldes
2 réguas de alumínio ou inox
1 assadeira forrada* de papel-manteiga

Prepare seu material. Limpe os moldes com algodão e álcool a 90°. Coloque as réguas sobre a assadeira forrada de papel-manteiga.

Verta o chocolate temperado em uma tigela grande. Preencha inteiramente o molde utilizando uma concha, de modo a revestir toda a sua superfície **(1)**. Vire o molde sobre a tigela para eliminar o excesso de chocolate **(2)**. Escorra agitando levemente o molde e coloque-o virado para baixo na assadeira, apoiado nas duas réguas.

Quando o chocolate começar a cristalizar,* vire o molde e retire o excesso de chocolate acumulado nas bordas (retire as rebarbas) com uma faca de cozinha para que as bordas fiquem limpas (niveladas) **(3)**.

Deixe os moldes no refrigerador por 30 minutos. Ao retirá-los, aguarde alguns minutos antes de desenformar o chocolate.

Se desejar montar peças diferentes, derreta ligeiramente as bordas em uma assadeira morna ou em um fundo de panela: o chocolate amolecido servirá de cola **(4)**.

Conselho do *chef*

Para obter espessuras maiores, no caso de peças grandes, pode-se realizar uma segunda operação de preenchimento, após a retirada das rebarbas. Eliminar as rebarbas é importante porque permite que o chocolate se retraia, o que facilita o processo de desenformar.

Bom saber

É preciso desengordurar as formas com algodão e álcool a 90°, a fim de evitar vestígios que podem ser transferidos para o chocolate e provocar irregularidades no aspecto final da moldagem.

Ideias de receitas

Mister Clown > p. 327
Nini, o ursinho > p. 362
Bonifácio, o homem das neves > p. 364
Ovos de Páscoa margarida > p. 366

1

2

3

4

Como fazer um molde em gelatina ★★★

Você pode fazer de todas as formas, já que se trata de criar um molde no formato do personagem ou objeto de sua escolha.

INGREDIENTES
300 ml de água
300 g de açúcar cristal
100 g de gelatina em pó
Chocolate temperado, sempre mais do que se pretende utilizar (ver página 19)

UTENSÍLIOS
Recipiente onde caiba a peça a ser moldada
1 termômetro de cozinha

Despeje a água em uma panela. Aqueça-a em fogo brando. Acrescente em chuva o açúcar cristal misturado à gelatina em pó, mexendo com a ajuda de um *fouet*. Quando a mistura estiver translúcida, retire do fogo. Deixe as impurezas subirem (a espuma) e retire-as com uma escumadeira.

Confeccione o molde em gelatina. Em um recipiente, escorra um pouco da massa de gelatina e deixe que endureça. Mergulhe a base da peça a ser moldada (por exemplo, uma cabaça) na massa de gelatina líquida que restou na panela e fixe-a no centro do recipiente.

Deixe endurecer no congelador. Durante esse tempo, conserve a massa de gelatina a uma temperatura de cerca de 45 °C (bem fluida). Ao tirar do congelador, escorra essa massa sobre o objeto. O nível da massa deverá estar a mais de 1 cm do topo do objeto.

Coloque o recipiente com o objeto no refrigerador por algumas horas para endurecer. Quando a massa de gelatina estiver bem dura, corte o molde em duas partes com um estilete. Retire o objeto delicadamente, para não rasgar o molde.

Para moldar, mantenha o molde de gelatina unido com elásticos e faça um orifício para preenchê-lo de chocolate. Preencha o molde frio de chocolate temperado e dê leves batidas. Retire o excesso que escorrer, evitando usar utensílios que possam danificar o molde.

Leve a moldagem ao refrigerador por 3 a 5 minutos e desenforme. Esta moldagem não ficará brilhante.

Conselho do *chef*

Não deixe a mistura ferver para que a gelatina não queime.

Bom saber

Antes de cada moldagem, a forma deve estar bem fria (de 3 °C a 6 °C) para evitar o derretimento parcial da gelatina, que se misturaria ao chocolate.

Os recheios de bombons

GANACHES

O *ganache* é composto de chocolate e de um líquido. Em geral, utiliza-se creme de leite, mas polpa de frutas, leite de soja, etc., também podem ser empregados. O *ganache* é uma emulsão, isto é, uma mistura de matéria gordurosa e água. A matéria gordurosa é fornecida pelo chocolate, a água, pelo creme, pelo leite ou, eventualmente, pela polpa de frutas. Um *ganache* deve ser estável, elástico e brilhante.

INGREDIENTES

Chocolate dosado conforme sua porcentagem de cacau
Creme de leite líquido integral ou leite ou suco de frutas
Manteiga (facultativo)

UTENSÍLIO

1 termômetro de cozinha

Pique o chocolate e derreta-o em uma panela em banho-maria* ou no forno micro-ondas (posição descongelar ou potência de 500 W, mexendo regularmente).

Em uma panela, leve à fervura o creme líquido integral, o leite ou o suco de frutas, conforme a receita. Verta lentamente um terço da mistura fervente sobre o chocolate derretido **(1)**. Com um pão-duro,* misture energicamente, descrevendo pequenos círculos, a fim de criar um "núcleo" elástico e brilhante. Incorpore mais um terço da mistura quente e continue mexendo da mesma forma. Em seguida, incorpore o restante da mistura, sempre mexendo.

Quando o *ganache* atingir 35/40 °C, acrescente, se necessário, a manteiga cortada em quadradinhos **(2)**. Por fim, utilize o *mixer* para homogeneizar e finalizar a emulsão **(3)**.

1

2

3

Conselho do *chef*

Logo que se acrescenta o líquido, observa-se um rápido espessamento da massa, seguido, na maioria dos casos, de uma "separação" que se traduz pelo surgimento de uma textura granulosa. Esse fenômeno é normal e se deve à saturação da massa em matérias gordurosas. Bata vigorosamente. Quando o "núcleo" elástico e brilhante aparecer, é sinal de que a emulsão teve início. Será preciso conservar esse aspecto incorporando o líquido quente progressivamente em três etapas. É possível aromatizar o ganache deixando em infusão no creme de especiarias cascas de frutas, ervas, baunilha ou folhas de chá. Tome sempre o cuidado de ter o peso de líquido necessário à receita. Também é possível usar óleos essenciais.

Bom saber

A textura do ganache varia em função da receita. Bombons de chocolate talhados: textura mais firme, mas muito tenra. Bombons de chocolate moldados ou ocos: textura muito macia, ou até líquida. Macarons, sobremesas, tortas: textura macia e tenra.

Ganache de corte ★★

O *ganache* de corte, feito com a ajuda de um aro para confeitaria, constitui a base de todos os tipos de bombons de chocolate para revestir: *palets or*, recheios de *ganache*, rochedos, pirulitos, etc. Sua consistência, mais firme que a do *ganache* para bombons moldados, permite executar formas variadas, fáceis de moldar, enrolar e manipular.

INGREDIENTES

Chocolate a ser dosado conforme a porcentagem de cacau:
335 g de chocolate amargo 70%, ou
370 g de chocolate amargo 60%, ou
500 g de chocolate ao leite 40%, ou
650 g de chocolate branco 35%
250 g (250 ml) de creme de leite líquido integral
40 g de mel
70 g de manteiga

UTENSÍLIOS

1 moldura para confeitaria
1 assadeira para confeitaria
1 termômetro de cozinha
1 folha de plástico*

Prepare seu material. Coloque a moldura sobre uma assadeira para confeitaria forrada* com a folha de plástico.

Pique o chocolate e derreta-o lentamente em banho-maria* ou no forno micro-ondas (posição descongelar ou potência de 500 W, mexendo regularmente).

Em uma panela, ferva o creme líquido integral e o mel. Verta lentamente um terço da mistura fervente sobre o chocolate previamente derretido. Com um pão-duro,* misture energicamente, descrevendo pequenos círculos, a fim de criar um "núcleo" elástico e brilhante. Incorpore mais um terço da mistura quente e continue mexendo da mesma forma. Em seguida, incorpore o restante da mistura, sempre mexendo.

Quando o *ganache* atingir 35/40 °C, acrescente a manteiga cortada em quadradinhos. Utilize o *mixer* para homogeneizar e finalizar a emulsão. Despeje em seguida o *ganache* na moldura. Reserve o *ganache* emoldurado idealmente entre 16 °C e 18 °C durante a fase de cristalização.* Depois de 12 horas, vire-o sobre uma folha de papel-manteiga, retire a moldura e a folha de plástico e faça a *chablonnage* (ver página 24). Corte no formato desejado. Prossiga a cristalização por 24 horas. Revista com chocolate temperado (ver página 25).

Conselho do *chef*

Se não tiver uma moldura para confeitaria, você pode colocar quatro réguas escolares de inox na assadeira forrada, para criar uma moldura.

Ideias de receitas

Palitos de chocolate e pecãs > p. 246
Pirulitos de rosas e framboesas > p. 344
Trufas > p. 350
Trufinhas jasmina > p. 353
Chococanela com gergelim > p. 354

Ganache de corte com polpa de framboesa ★★

A adição da polpa de frutas a um *ganache* realça sutilmente o aroma do chocolate. Naturalmente, esta técnica adapta-se a todos os outros tipos de polpa, a escolher conforme a receita: framboesa, pera, pêssego, abacaxi, etc.

INGREDIENTES

Chocolate a ser dosado conforme a porcentagem de cacau:
350 g de chocolate amargo 70%, ou
370 g de chocolate amargo 60%, ou
500 g de chocolate ao leite 40%, ou
700 g de chocolate branco 35%
250 g (250 ml) de polpa de framboesa adoçada a 10%
40 g de mel
70 g de manteiga

UTENSÍLIOS

1 moldura para confeitaria
1 assadeira para confeitaria
1 termômetro de cozinha
1 folha de plástico*

Prepare seu material. Coloque a moldura sobre uma assadeira para confeitaria forrada* com a folha de plástico.

Pique o chocolate e derreta-o lentamente em banho--maria* ou no forno micro-ondas (posição descongelar ou potência de 500 W, mexendo regularmente).

Em uma panela, aqueça a polpa de framboesa e o mel. Verta lentamente um terço da mistura quente sobre o chocolate previamente derretido **(1)**. Com um pão-duro,* misture energicamente, descrevendo pequenos círculos, a fim de criar um "núcleo" elástico e brilhante. Incorpore mais um terço e continue mexendo da mesma forma. Em seguida, incorpore o restante da mistura, sempre mexendo. Quando o *ganache* atingir 35/40 °C, acrescente a manteiga cortada em quadradinhos. Utilize o *mixer* para homogeneizar e finalizar a emulsão. Despeje em seguida o *ganache* na moldura **(2)**.

Reserve o *ganache* emoldurado idealmente entre 16 °C e 18 °C durante a fase de cristalização.* Depois de 12 horas, vire-o sobre uma folha de papel-manteiga, retire a moldura e a folha de plástico e faça a *chablonnage* (ver página 24). Corte no formato desejado. Prossiga a cristalização por 24 horas. Revista com chocolate temperado (ver página 25).

1

2

Conselho do *chef*

Se não tiver uma moldura para confeitaria, você pode colocar quatro réguas escolares de inox na assadeira forrada, a fim de criar uma moldura.
Você notará que o ganache tem um aspecto levemente "granulado", por causa da utilização da polpa de framboesa.

Bom saber

Deve-se evitar ferver as polpas de frutas, pois quanto mais forem aquecidas, menos aromas exalarão.

Ganache namachoco clássico ★★

Este *ganache*, também chamado de "fresco", deve ser consumido muito rapidamente e não deve ser conservado por mais de um dia após a cristalização.*

INGREDIENTES

Chocolate a ser dosado conforme a porcentagem de cacau:
175 g de chocolate amargo 70%, ou
200 g de chocolate amargo 60%
200 g (200 ml) de creme de leite líquido integral
60 g de manteiga
Açúcar refinado, açúcar de confeiteiro ou cacau amargo em pó.

UTENSÍLIOS

1 forma quadrada de 20 cm de lateral, ou
1 moldura para confeitaria + 1 assadeira para confeitaria

Forre* uma forma quadrada com filme plástico.

Pique o chocolate e derreta-o lentamente em banho-maria* ou no forno micro-ondas (posição descongelar ou potência de 500 W, mexendo regularmente).

Em uma panela, leve à fervura o creme líquido integral.

Verta lentamente um terço do creme fervente sobre o chocolate já derretido.

Com um pão-duro,* misture energicamente, descrevendo pequenos círculos, a fim de criar um "núcleo" elástico e brilhante. Incorpore mais um terço e continue mexendo da mesma forma. Em seguida, incorpore o restante do creme, sempre mexendo.

Quando o *ganache* atingir 35/40 °C, acrescente a manteiga cortada em quadradinhos. Utilize o *mixer* para homogeneizar e finalizar a emulsão, tomando cuidado para não aerar a mistura.

Verta a mistura na forma e deixe cristalizar na geladeira por 12 horas. Salpique com açúcar refinado, açúcar de confeiteiro ou com cacau amargo em pó e corte no formato desejado.

—• Bom saber

O ganache *namachoco é muito usado no Japão.*

Ganache para bombons moldados ★★

Este *ganache*, bem untuoso, é particularmente indicado para rechear formas, moldes e tortas. Depois de cristalizado,* ele permanece macio e derrete ainda mais depressa na boca.

INGREDIENTES

Chocolate a ser dosado conforme a porcentagem de cacau:
170 g de chocolate amargo 70%, ou
200 g de chocolate amargo 60%, ou
230 g de chocolate ao leite 40%, ou
340 g de chocolate branco 35%
160 g (160 ml) de creme de leite líquido integral
30 g de mel
30 g de manteiga

UTENSÍLIOS

1 termômetro de cozinha
1 saco de confeitar

Pique o chocolate e derreta-o lentamente em banho-maria* ou no forno micro-ondas (posição descongelar ou potência de 500 W, mexendo regularmente). Em uma panela, leve à fervura o creme líquido integral e o mel. Verta lentamente um terço da mistura fervente sobre o chocolate previamente derretido.

Com o pão-duro,* misture energicamente, descrevendo pequenos círculos, a fim de criar um "núcleo" elástico e brilhante. Incorpore mais um terço da mistura e continue mexendo da mesma forma. Em seguida, incorpore o restante da mistura, sempre mexendo.

Quando o *ganache* atingir 35/40 °C, junte a manteiga cortada em quadradinhos. Utilize o *mixer* para homogeneizar e finalizar a emulsão. Espere a temperatura chegar aos 27/28 °C e coloque o *ganache* nas forminhas previamente forradas* de chocolate (ver moldagem, p. 26).

Reserve idealmente entre 16 °C e 18 °C durante a fase de cristalização. Depois de 12 horas, se necessário, cubra o molde com chocolate temperado. Prossiga a cristalização por 24 horas.

Conselho do *chef*

Para fazer um ganache com bebida alcoólica, acrescente a bebida no final da mistura. Dosagem de bebida: de 8% a 10% da massa total do ganache.

RECHEIOS DIVERSOS

Pralina caseira ★★

A pralina é uma pasta de frutas secas composta de um mínimo de 50% de amêndoas ou avelãs (ou mesmo uma mistura das duas), à qual se adiciona açúcar. Para melhor desenvolver os aromas das frutas secas e do açúcar, procedemos a seu cozimento. A mistura cozida é depois resfriada para ser triturada e afinada. A pasta é homogeneizada a fim de formar uma pasta de pralina mais fluída.

INGREDIENTES
100 g de avelãs
100 g de amêndoas escaldadas e sem pele
150 g de açúcar refinado

UTENSÍLIO
1 assadeira para confeitaria ou 1 esteira de silicone

Torre as avelãs e as amêndoas no forno a 150 °C por cerca de 10 minutos, até obter uma bela coloração dourada. Deixe esfriar por alguns instantes e pele* as avelãs. Reserve-as aquecidas.

Faça um caramelo a seco. Preaqueça uma panela grande e coloque um terço do açúcar (50 g). Mexa constantemente a fim de obter uma cor caramelizada homogênea e acrescente mais um terço (50 g) do açúcar, sem deixar de mexer. Proceda da mesma maneira com o último terço (50 g), mexendo até a caramelização completa do açúcar **(1)**. Incorpore, então, as avelãs e as amêndoas sem pele, torradas e ainda quentes **(2)**. Mexa rapidamente e espalhe a mistura em uma assadeira untada ou esteira de silicone **(3)**. Deixe esfriar em temperatura ambiente.

Quebre grosseiramente a massa resfriada com a ajuda de um rolo de abrir massa, despeje no processador e processe até obter uma pasta fina.

⊸ Conselho do *chef*

Cuidado com o processador. Ele deve ter um motor potente para que não "esquente". Não hesite em triturar a pasta em duas levas! Também é possível fazer uma pralina apenas de avelãs.

1

2

3

⊸ Ideias de receitas

Bûche de pralina de avelãs > p. 306
Musse marfim de flor de laranjeira, recheio de pralina > p. 318
Rochedos > p. 368

Recheio de pralina para bombons de corte ★★

Um dos grandes clássicos da confeitaria. Este método permite realizar uma base de bombom com pralina caseira ou comprada pronta, que você poderá em seguida revestir de chocolate.

INGREDIENTES

100 g de chocolate ao leite 40%
200 g de pralina caseira (ver página ao lado)

UTENSÍLIOS

1 termômetro de cozinha
1 moldura para confeitaria
1 assadeira para confeitaria
1 folha de plástico* ou papel-manteiga

Prepare seu material. Coloque uma moldura para confeitaria em uma assadeira forrada* com a folha de plástico.

Pique o chocolate e derreta-o em uma panela em banho-maria* ou no forno micro-ondas (posição descongelar ou potência de 500 W, mexendo regularmente).

Acrescente a pasta de pralina misturando-a bem ao chocolate derretido.

Resfrie a massa obtida a 24 °C mergulhando o recipiente em um banho-maria frio, sem deixar de mexer.

Despeje a mistura na moldura preparada previamente. Reserve a pralina emoldurada preferencialmente a uma temperatura entre 16 °C e 18 °C por 24 horas. Depois, vire a assadeira e retire o plástico ou o papel-manteiga. Faça a *chablonnage* com chocolate temperado (ver página 24). Corte no formato desejado.

Revista com chocolate temperado (ver página 25).

Conselho do *chef*

Pode-se encontrar pralina pronta para uso no comércio especializado.

Bom saber

O uso do chocolate ao leite diminui os riscos do branqueamento de gordura (ver página 146).

Recheio de pralina para bombons moldados ★★

Neste caso, a pralina é concebida para ser despejada dentro de moldes previamente forrados* de chocolate cristalizado* ou inserida em forminhas ou bases de tortas previamente assadas.

INGREDIENTES

50 g de chocolate ao leite 40%
200 g de pralina caseira (ver página ao lado)

UTENSÍLIOS

1 termômetro de cozinha
1 saco de confeitar

Pique o chocolate e derreta-o em uma panela em banho-maria* ou no forno micro-ondas (posição descongelar ou potência de 500 W, mexendo regularmente).

Incorpore a pasta de pralina misturando-a bem ao chocolate derretido. Resfrie a massa obtida a 27/28 °C mergulhando o recipiente em um banho-maria frio, sem deixar de mexer.

Com um saco de confeitar, preencha as forminhas já forradas de chocolate (ver página 26). Reserve a pralina preferencialmente a uma temperatura entre 16 °C e 18 °C por 24 horas. Feche os bombons moldados com chocolate temperado (ver página 19).

Conselho do *chef*

Pode-se encontrar pralina pronta para uso no comércio especializado.

1

2

Gianduia ★★

A gianduia é uma pasta composta principalmente de avelãs torradas, chocolate e açúcar, aos quais se pode acrescentar um pouco de leite. Pode-se dizer que é um chocolate no qual uma parte das favas de cacau foi substituída por avelãs torradas.

INGREDIENTES
250 g de avelãs inteiras
100 g de chocolate ao leite 40%
30 g de manteiga de cacau*
250 g de açúcar de confeiteiro

UTENSÍLIO
1 termômetro de cozinha

Torre as avelãs no forno a 150 °C por cerca de 10 minutos, até obter uma bela coloração dourada. Deixe esfriar por alguns instantes e pele* as avelãs.

Pique o chocolate ao leite e derreta-o junto com a manteiga de cacau em uma panela em banho-maria* ou no forno micro-ondas (posição descongelar ou potência de 500 W, mexendo regularmente).

Coloque as avelãs torradas **(1)** no processador e triture-as finamente com o açúcar de confeiteiro até obter uma pasta. Acrescente o chocolate ao leite e a manteiga de cacau derretidos.

Processe e despeje a pasta em uma travessa. Resfrie a massa a 25/26 °C mergulhando o recipiente em um banho-maria frio, mexendo constantemente **(2)**. Reserve a gianduia em um recipiente plástico hermeticamente fechado ou utilize-a imediatamente, despejando-a em uma moldura. Você também pode preencher, com um saco de confeitar, forminhas já forradas* de chocolate.

Conselho do *chef*

A manteiga de cacau pode ser encontrada em algumas confeitarias artesanais, em lojas especializadas, ou, ainda, em sites da internet.

Bom saber

O termo "gianduia" vem da região italiana do Piemonte. Ele seria proveniente do nome de um personagem célebre na região: Gianduiotto.

Ideia de receita

Madalenas recheadas de gianduia > p. 284

Marzipã ★★

O marzipã feito em casa tem um sabor incomparável. É necessário um processador potente, mas deve-se evitar processar grandes quantidades. Ele pode ser conservado na geladeira. Os bombons de chocolate feitos com esta receita terão um sabor especial...

INGREDIENTES
40 g de mel
20 g de xarope de glicose
90 g (90 ml) de água
180 g de açúcar refinado
375 g de amêndoas inteiras escaldadas e sem pele

UTENSÍLIOS
1 termômetro de cozinha
1 folha de plástico* ou papel-manteiga

Em uma panela, leve à fervura o mel, o xarope de glicose **(1)**, a água e o açúcar refinado.

Passe as amêndoas no processador **(2)** e acrescente o xarope fervente.

Processe até obter uma massa. Coloque-a sobre a folha de plástico ou de papel-manteiga e continue a misturar por alguns instantes com as mãos até obter uma massa homogênea **(3)**. Conserve-a em um recipiente hermeticamente fechado a 4 °C.

1

2

3

Conselho do *chef*
É preferível processar a massa até que ela atinja a temperatura de 80 °C.

Bom saber
No refrigerador, o marzipã pode ser conservado por até dois meses em recipiente hermeticamente fechado.

Ideias de receitas
Musse de amêndoas, recheio ao leite e peras tenras ao mel > p. 226
Bolinhos macios de chocolate e maçã > p. 255
Chocolate quente com amêndoas > p. 266

1

Pasta de pistaches ou avelãs ★

Basta um forno, um processador e um pouco de óleo de sementes de uva para fazer uma pasta de pistaches de sabor e textura únicos. Quem experimentar jamais esquecerá!

INGREDIENTES

200 g de pistaches verdes ou de avelãs sem pele
2 colheres (sopa) de óleo de sementes de uva

Torre as frutas secas no forno a 150/160 °C por cerca de 10 minutos.

No recipiente de um processador, coloque as frutas secas resfriadas **(1)** e o óleo de sementes de uva **(2)**. Processe até obter uma massa homogênea **(3)**.

Guarde no refrigerador ou congelador.

Conselho do *chef*

Você pode usar também óleo de caroços de ameixa em vez do óleo de sementes de uva. A pasta ficará mais saborosa.

Ideias de receitas

Bolo de chocolate e pistache, *streuzel* de amêndoas e anis > p. 249
Chocolate quente com avelãs > p. 267

2

3

Recheio de bombom de caramelo de corte ★★

A execução deste recheio baseia-se no mesmo princípio que o *ganache* de corte. O caramelo, associado ao chocolate ao leite derretido, encontra aqui um parceiro de sabor ideal.

INGREDIENTES

100 g de chocolate ao leite 40%
50 g (50 ml) de água
75 g de xarope de glicose
320 g (240 g + 80 g) de açúcar refinado
170 g (170 ml) de creme de leite líquido integral
1 pitada de sal
30 g de manteiga

UTENSÍLIOS

1 pincel
1 termômetro de cozinha
1 moldura para confeitaria ou 4 réguas de inox
1 assadeira para confeitaria ou 1 esteira de silicone
1 folha de plástico*

Prepare seu material. Coloque a moldura em uma assadeira forrada* com a folha de plástico, ou disponha as réguas, levemente untadas, sobre a esteira de silicone.

Pique o chocolate. Em uma panela, aqueça a água e a glicose, e incorpore 240 g de açúcar refinado.Limpe as bordas da panela com um pincel molhado em um pouco de água para dissolver os cristais de açúcar. Aqueça a mistura a 180 °C **(1)**.

Paralelamente, em outra panela, leve à fervura o creme de leite, o sal e 80 g de açúcar refinado. Quando a primeira mistura chegar a 180 °C, acrescente cuidadosamente a manteiga **(2)**. Mexa por alguns instantes e junte o creme de leite quente com o açúcar e a pitada de sal **(3)**, bem como o chocolate picado. Continue o cozimento até 120 °C, mexendo sempre.

Despeje este caramelo na moldura **(4)** ou entre as réguas levemente untadas. Deixe esfriar em temperatura ambiente por cerca de 4 horas. Corte no formato e tamanho desejados **(5)**.

1

2

3

4

5

Conselho do *chef*

Se desejar revestir os caramelos com chocolate, não se esqueça de fazer a chablonnage *antes (ver página 24).*

Ideia de receita

Palets de chocolate ao leite e caramelo > p. 274

Marshmallow de chocolate ★★

Há várias formas de fazer um *marshmallow*. Eis uma receita simples e original, que utiliza gelatina, açúcar e mel como ingredientes de base. Você pode aromatizá-la com chocolate ou com todo tipo de calda de frutas.

INGREDIENTES

17 g de gelatina em folhas
225 g de açúcar refinado
170 g (70 g + 100 g) de mel
75 g (75 ml) de água
100 g de chocolate amargo 70%

UTENSÍLIOS

1 termômetro de cozinha
1 assadeira para confeitaria
1 moldura quadrada de 20 cm de lado

Amoleça a gelatina em um recipiente com água fria.

Em uma panela, faça um xarope cozinhando o açúcar, 70 g de mel e a água até 110 °C **(1, 2)**.

Coloque os 100 g restantes de mel em uma tigela e verta o xarope sobre ele. Escorra a gelatina e derreta-a no forno micro-ondas. Acrescente-a à mistura mel/xarope e bata com um *fouet* até obter uma textura espumosa **(3)**.

Pique o chocolate e derreta-o lentamente em banho--maria* ou no forno micro-ondas (posição descongelar ou potência de 500 W, mexendo regularmente).

Quando a massa do *marshmallow* estiver morna, incorpore o chocolate derretido com a ajuda de um pão-duro,* e verta em seguida a massa na moldura colocada em uma assadeira forrada* de papel-manteiga levemente untado **(4)**. Cubra com uma outra folha de papel-manteiga também levemente untada.

Deixe cristalizar* por uma noite, depois corte-o em faixas com uma faca. Conserve-as ao abrigo da umidade.

Ideia de receita

Marshmallows chocomel > p. 338

1

2

3

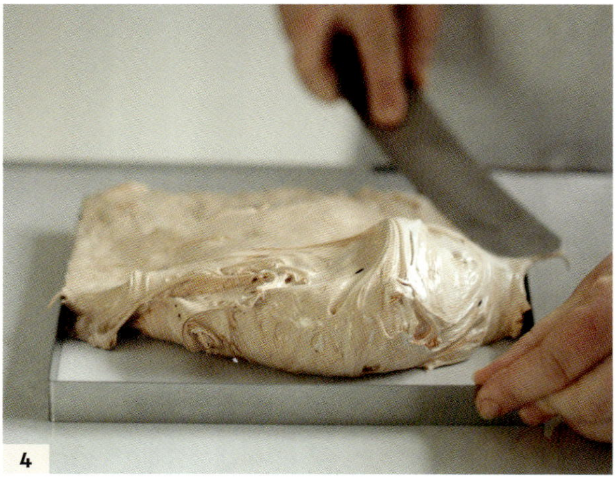

4

Pasta de frutas ★★

As frutas são amigas íntimas do chocolate. Frutas vermelhas, amarelas, exóticas, frutas de verão, de inverno... As pastas podem servir de recheio para bombons de chocolate e rechear diversas sobremesas achocolatadas.

INGREDIENTES

260 g (40 g + 220 g) de açúcar refinado
4 g de pectina de maçã
220 g de polpa de frutas
20 g de xarope de glicose
Suco de ½ limão

UTENSÍLIOS

1 termômetro de cozinha
1 moldura para confeitaria ou 4 réguas de inox
1 assadeira para confeitaria ou 1 esteira de silicone
1 folha de plástico*

Prepare seu material. Coloque a moldura em uma assadeira forrada* com a folha de plástico, ou disponha as réguas, levemente untadas, sobre a esteira de silicone.

Misture bem 40 g de açúcar refinado com a pectina de maçã. Em uma panela, aqueça a polpa de frutas até 40 °C. Incorpore a mistura de açúcar e pectina sem deixar de mexer, e leve à fervura.

Acrescente os 220 g de açúcar refinado e leve novamente à fervura. Acrescente o xarope de glicose. Continue o cozimento até 105 °C. Interrompa o cozimento e junte rapidamente o suco de limão. Verta a mistura imediatamente na moldura ou entre as réguas.

Deixe secar à temperatura ambiente por cerca de 24 horas.

Conselho do *chef*

Você pode aromatizar suas pastas de frutas acrescentando ervas finamente picadas, zestos de frutas cítricas ou outras especiarias.*

Bom saber

O abacaxi, o kiwi e o mamão papaia contêm uma enzima chamada enzima proteolítica que impede a geleificação e, portanto, o ponto da pasta de frutas. É preciso, obrigatoriamente, ferver essas frutas antes da utilização, a fim de destruir essa enzima.

1

2

3

4

5

Ideias de receitas

Biscoitos de chocolate, coco e maracujá > p. 252
Fondue de chocolate amargo > p. 314

As decorações

DECORAÇÕES COM CHOCOLATE

Discos ★★★

Esta técnica, muito simples, permite fazer discos de chocolate de vários tamanhos e muito finos, assim como outras decorações, com a ajuda de formas e cortadores.

INGREDIENTE
300 g de chocolate

UTENSÍLIOS
1 assadeira para confeitaria
2 folhas de plástico*
1 cortador
1 espátula
1 termômetro de cozinha

Unte uma assadeira para confeitaria bem plana com a ajuda de papel absorvente, depois aplique uma folha de plástico sobre toda a superfície eliminando as eventuais bolhas de ar (o óleo permite "colar" o plástico).

Tempere o chocolate (ver página 19). Verta um terço do chocolate temperado sobre a assadeira preparada. Cubra-o com outra folha de plástico e espalhe o chocolate com um rolo de abrir massa, até obter uma espessura de 1 mm **(1)**.

Assim que o chocolate começar a cristalizar,* ou seja, a endurecer, recorte discos com o cortador no tamanho desejado. Pressione o bastante para marcar o desenho **(2)**. Faça o mesmo com o restante do chocolate. Deixe cristalizar em ambiente fresco (17/18 °C) por cerca de 30 minutos.

Retire delicadamente a primeira folha de plástico e destaque os discos de chocolate. Conserve-os em local fresco e seco.

Conselho do *chef*
Você pode eventualmente colocar a chapa na geladeira por uns 10 minutos. Mas não esqueça que o chocolate não gosta de umidade!

Ideia de receita
Geleia ao leite, castanhas e espuma de soja > p. 382

1

2

1

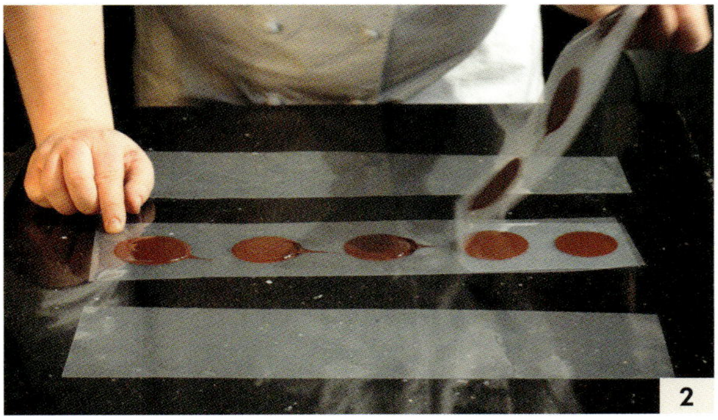

2

3

Telhas ★★★

Antes de cristalizar,* o chocolate toma a forma que você quiser lhe dar. Se você encurvá-lo colocando-o em uma calha para telhas, ou sobre um rolo de abrir massa, ele se transforma em telhas crocantes.

INGREDIENTE

300 g de chocolate temperado (ver página 19)

UTENSÍLIOS

1 saco de confeitar
2 folhas de plástico*
1 rolo de abrir massa ou uma calha para telhas

Com a ajuda de um saco de confeitar, disponha pequenas doses de chocolate temperado sobre uma tira de folha de plástico **(1)**.

Cubra com outra tira de folha de plástico e pressione levemente com um rolo de abrir massa, a fim de obter discos ovais (não muito finos). Logo depois, separe as duas tiras **(2)** e coloque os discos sobre um rolo de abrir massa ou em uma calha para telhas **(3)** para encurvá-los. Deixe cristalizar.

Repita a operação com diversas tiras de telhas de diâmetros diferentes. Descole-as delicadamente **(4)**.

Ideia de receita

Floresta negra > p. 165

4

1

2

3

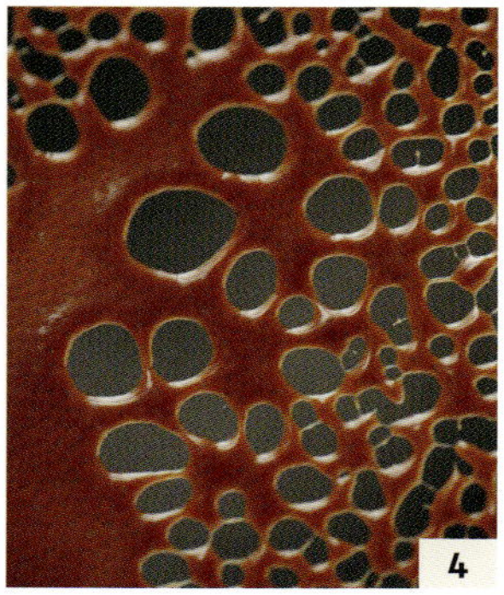
4

Opalinas ★★★

Muito utilizadas para decorar sobremesas de prato.

INGREDIENTES
225 g de *fondant* para confeitaria
150 g de xarope de glicose
20 g de chocolate amargo 70%

UTENSÍLIOS
1 esteira de silicone ou 1 assadeira para confeitaria
1 termômetro de cozinha
1 moedor
1 peneira ou 1 escorredor fino

Em uma panela, aqueça o *fondant* e o xarope de glicose até 155/160 °C.

Incorpore o chocolate picado misturando com um pão--duro.* Depois, despeje a mistura em uma esteira de silicone **(1)** ou assadeira forrada* de papel-manteiga.

Deixe esfriar. A seguir, descole a massa, quebre-a **(2)** e triture-a no moedor até obter um pó fino **(3)**. Com a peneira ou escorredor, salpique-a novamente sobre a esteira de silicone. Leve ao forno a 140/150 °C.

Quando o pó derreter e formar alvéolos, retire do forno e deixe esfriar. Descole delicadamente **(4)**.

Conserve ao abrigo da umidade.

Conselho do *chef*

Não salpique muito finamente, senão você obterá opalinas muito frágeis.
Antes do cozimento, você pode lhes dar uma forma (triângulo, quadrado, retângulo) com a ajuda de um palito.

Bom saber

O fondant *para confeitaria pode ser encontrado nas lojas especializadas ou em confeitarias.*

Ideia de receita

Efêmero de chocolate branco e café > p. 229

1

2

3

Chocolate plástico ★★

O chocolate plástico é uma massa de chocolate muito macia e maleável para se utilizar com uma boa espessura.

INGREDIENTES
250 g de chocolate amargo 60%, ou
325 g de chocolate branco 35%
Corantes (facultativos)
200 g de xarope de glicose

UTENSÍLIOS
1 assadeira para confeitaria
1 termômetro de cozinha

Deve ser feito na véspera da utilização.

Pique o chocolate e derreta-o lentamente, com o corante, se necessário, em banho-maria* ou no forno micro-ondas (posição descongelar ou potência de 500 W, mexendo regularmente).

Em uma panela, aqueça o xarope de glicose (a cerca de 40 °C) e misture-o delicadamente com o chocolate colorido **(1)**. Logo que a mistura ficar homogênea, retire do fogo e reserve até o dia seguinte em temperatura ambiente.

Trabalhe bem essa massa para deixá-la macia, até obter um chocolate plástico perfeitamente liso e homogêneo.

Espalhe-o sobre uma chapa **(2, 3)** e recorte-o nos formatos de sua escolha.

Conselho do *chef*

Utilize corantes lipossolúveis, isto é, solúveis na gordura (em razão da presença da manteiga de cacau no chocolate).*

Bom saber

Você pode conservar o chocolate plástico por cerca de 2 meses, bem embalado para que não seque. O chocolate plástico pode substituir o marzipã nas decorações.

Ideia de receita

Lollipops > p. 359

1

2

3

4

Gotas ★★★

Gotas, vírgulas, leques, pétalas de chocolate... essas formas variam em função dos instrumentos utilizados e de movimentos mais ou menos rigorosos. O sucesso vem com a prática. Não tenha medo de recomeçar diversas vezes o exercício.
Qualquer que seja sua forma, a "gota" é deliciosa...

INGREDIENTE

300 g de chocolate temperado (ver página 19)

UTENSÍLIOS

Tiras de papel-manteiga ou de plástico

Prepare o chocolate temperado.

Mergulhe três quartos da lâmina de uma faca de cozinha ou de uma espátula **(1)** no chocolate temperado. Apoie a lâmina deitada sobre a tira de papel ou de plástico **(2)** e levante-a subitamente, inclinando-a ligeiramente.

Repita a operação em todo o comprimento da tira. Deixe cristalizar* em temperatura ambiente por 30 minutos antes de utilizar **(3, 4)**.

Conselho do *chef*

Você pode encurvar as gotas deixando-as cristalizar em uma calha para telhas ou sobre um rolo de abrir massa.

Bom saber

Se quiser fazer gotas arredondadas, utilize uma espátula em vez da faca. Seguindo o mesmo procedimento, mergulhe a ponta de uma espátula triangular no chocolate temperado.
Apoie a espátula na tira de papel ou de plástico e deslize-a com um golpe seco para o lado direito, a fim de obter um efeito de "onda".

Palets ★★★

Essas moedinhas achatadas que enfeitam as mesas de Natal são feitas como os discos de chocolate. Junte a elas um fragmento de folha dourada ou prateada para aumentar a emoção da gula...

INGREDIENTES

300 g de chocolate temperado (ver página 19)
Fragmentos de folha de ouro

UTENSÍLIOS

Tiras de papel-manteiga ou de plástico
1 saco de confeitar

Utilizando o saco de confeitar, coloque pequenas porções de chocolate temperado sobre uma folha de papel ou de plástico. Decore com um fragmento de folha de ouro e cubra com outra folha de papel ou de plástico. Achate levemente com uma régua. Deixe cristalizar* em temperatura ambiente por cerca de 1 hora antes de utilizar.

Conselho do *chef*

Você pode enfeitar os palets com flores cristalizadas, chocolate granulado, açúcar colorido, café em pó, etc.

Decorações com cartucho ★★★

Quando o chocolate se torna material de desenho, ele desperta o artista adormecido em você. O domínio desta técnica está na forma de segurar o cartucho e na firmeza do traço. Depois disso, é só seguir seu impulso!

INGREDIENTE

300 g de chocolate temperado (ver página 19)

UTENSÍLIO

Cartuchos de papel-manteiga ou de plástico (para os fios grossos)

Faça um cartucho de papel-manteiga. Encha-o até a metade com o chocolate temperado, tomando o cuidado de fechá-lo muito bem. Corte levemente a pontinha e aperte-o para desenhar pequenos círculos ou quadrados, traçando-os em uma tira de papel-manteiga ou de plástico. Você pode também salpicar chocolate granulado, açúcar colorido, etc. Deixe cristalizar* em temperatura ambiente por cerca de 1 hora antes de utilizar. Descole delicadamente o enfeite da tira de papel ou plástico e coloque-o sobre seu bolo ou doce.

Se pretende realizar decorações muito finas, faça-as diretamente sobre o bolo ou doce.

Conselho do *chef*

Para dar uma forma curva aos fios, você pode utilizar uma calha para telhas ou um rolo de abrir massa.

1

2

Plaquinhas ★★★

O chocolate dobra-se a todos os caprichos da criação. Como matéria a ser esculpida, ele reflete a luz e permite jogar com efeitos opacos e brilhantes.

INGREDIENTE

300 g de chocolate temperado (ver página 19)

UTENSÍLIOS

1 assadeira para confeitaria
1 folha de plástico*
1 espátula

Com uma folha de papel absorvente, unte uma assadeira bem plana e cubra-a com uma folha de plástico. Despeje sobre ela um fio grosso de chocolate temperado **(1)** e espalhe-o com uma espátula.

Antes que o chocolate cristalize,* utilize a espátula em um movimento de vai e vem para obter um efeito ondulado. Depois, corte retângulos ou quadrados no tamanho desejado **(2)**.

Deixe cristalizar em temperatura ambiente por 30 minutos antes de utilizar.

Conselho do *chef*

Se quiser obter placas lisas e brilhantes, utilize a técnica dos discos de chocolate (ver página 48).

Canudos ★★★

Uma versão refinada do cigarro russo totalmente feita de chocolate. Uma receita bastante simples, desde que se saiba o momento certo de realizá-la.

INGREDIENTE

Chocolate temperado (ver página 19).

UTENSÍLIOS

1 espátula
1 espátula triangular

Em uma superfície de mármore, com uma espátula, espalhe o chocolate temperado em uma espessura de 2 mm. Logo que o chocolate começar a cristalizar,* empurre-o rapidamente, como um limpa-trilhos, com a espátula triangular, segurando-a firmemente **(1)**. Você obterá uma lasca de chocolate. Repita várias vezes essa operação.

Deixe cristalizar por 30 minutos antes de utilizar.

Conselho do *chef*

A textura do chocolate está correta quando a unha penetrar facilmente nele.

Bom saber

Quando o chocolate estiver excessivamente cristalizado, esta operação não pode mais ser realizada. Raspe o que sobrou e espalhe novamente o chocolate temperado.

Decorações em pó ★★★

É outra maneira de utilizar todas as potencialidades do chocolate. O pó oferece um suporte ideal para criar formas de acordo com sua inspiração. O aspecto do cacau bruto ou o brilho dourado permitem brincar com as texturas.

INGREDIENTES

Cacau amargo em pó, ou
Açúcar refinado, ou
Açúcar de confeiteiro
Chocolate temperado (ver página 19)

UTENSÍLIOS

1 travessa para gratinar
Cartuchos de papel-manteiga ou de plástico
1 pincel

Peneirar o pó de sua escolha (cacau, açúcar refinado ou açúcar de confeiteiro) em uma travessa. Depois, utilize um cartucho de papel-manteiga para desenhar formas sobre o pó com o chocolate temperado.

Deixe cristalizar* por 30 minutos antes de utilizar.

Recolha os enfeites e espane-os com o pincel.

Conselho do *chef*

Você também pode realizar as formas que desejar com o pó e preenchê-las com o chocolate temperado.

1

2

Leques ★★★

Os leques baseiam-se no mesmo princípio dos canudos, combinado a um movimento circular. Trata-se literalmente de "franzir" o chocolate, que toma então a forma de um drapeado da alta costura. Treine sem medo... mesmo os profissionais às vezes não conseguem bons resultados. Então, confiança!

INGREDIENTE

Chocolate temperado (ver página 19)

UTENSÍLIOS

1 espátula

1 espátula triangular

Sobre uma superfície de mármore, espalhe o chocolate temperado a uma espessura de 2 mm **(1)**. Logo que o chocolate começar a cristalizar,* apoie firmemente um dedo na ponta da espátula triangular e empurre o chocolate. O chocolate vai franzir naturalmente **(2)**. Repita várias vezes essa operação. Deixe cristalizar por 30 minutos antes de utilizar **(3)**.

Conselho do *chef*

A textura do chocolate está correta quando a unha penetrar facilmente nele.

Bom saber

Quando o chocolate estiver excessivamente cristalizado, esta operação não pode mais ser realizada. Raspe o que sobrou e espalhe novamente o chocolate temperado.

3

1

2

3

4

Nougatine de amêndoas de cacau trituradas ou frutas secas ★★

Esta *nougatine*, para ser degustada sozinha ou para servir como ornamento, é uma excelente combinação do crocante de uma telha fina, composta essencialmente de açúcar e manteiga, com o crocante delicado do cacau triturado.

INGREDIENTES

175 g de amêndoas de cacau trituradas ou frutas secas de sua preferência
150 g de açúcar refinado
2 g de pectina de maçã
125 g de manteiga
50 g de xarope de glicose
10 g (10 ml) de água

UTENSÍLIO

1 esteira de silicone

Processe levemente as amêndoas de cacau trituradas ou as frutas secas.

Em uma panela, misture o açúcar, a pectina, a manteiga, o xarope de glicose e a água **(1)**. Cozinhe em fogo brando até obter uma mistura homogênea e acrescente o cacau **(2)** ou as frutas secas para formar uma *nougatine*.

Disponha porções de nougatine sobre a esteira de silicone, mantendo um espaço de cerca de 5 cm entre elas **(3)**, e leve ao forno a 190 °C por cerca de 10 minutos.

Conselho do *chef*

Logo que retirá-las do forno **(4)**, *você pode dar uma forma encurvada às* nougatines, *colocando-as sobre um rolo de abrir massa.*

Ideia de receita

Sablés crocantes, frutas secas com chocolate > p. 256

Massa para cigarros de cacau ★

Os cigarros finos de nossa infância são bem mais fáceis de fazer do que imaginamos. Com aroma de chocolate, são uma saborosa opção aos clássicos biscoitos crocantes.

INGREDIENTES
100 g de manteiga
100 g de açúcar de confeiteiro
20 g de cacau amargo em pó
80 g de farinha
3 claras

UTENSÍLIOS
1 saco de confeitar
1 esteira de silicone ou 1 assadeira para confeitar
1 lápis

Em uma panela, leve ao fogo a manteiga, batendo até obter uma coloração castanho-clara. Reserve-a em outro recipiente.

Peneire* o açúcar de confeiteiro, o cacau em pó e a farinha **(1)**. Junte-os à manteiga já fria e à metade das claras. Misture. Incorpore o restante das claras, tomando o cuidado de não aerar* a massa.

Com a ajuda de uma colher ou de um saco de confeitar, disponha porções da massa **(2)** sobre uma esteira de silicone ou uma assadeira untada.

Espalhe a porção de massa no formato desejado, utilizando as costas de uma colher **(3)**. Leve ao forno a 200 °C por 5 a 8 minutos. Para fazer os cigarros, você deverá enrolar essas porções, logo que retirá-las do forno, em torno de um lápis previamente forrado com filme plástico **(4)**.

1

2

3

4

OUTRA DECORAÇÃO

Arlettes ★★

As *arlettes* são discos bem finos de massa folhada.

INGREDIENTES
200 g de massa folhada
100 g de açúcar refinado

UTENSÍLIOS
2 folhas de papel-manteiga

Recorte a massa folhada em um retângulo de 20 cm × 30 cm. Salpique-a com o açúcar refinado. Depois, com um rolo de abrir massa, abra-a novamente, até que fique com 3 mm de espessura. Enrole a massa a fim de obter um "rocambole" **(1)** e leve ao congelador por cerca de 10 minutos, para que ela endureça.

Em seguida, corte finas rodelas **(2)**, e coloque-as entre duas folhas de papel-manteiga.

Com um rolo, achate-as para ficarem bem finas. Leve-as ao forno a 160 °C em uma assadeira, sempre entre as folhas de papel-manteiga, por 10 minutos, até obter uma bela coloração dourada.

Conselho do *chef*

Salpique as arlettes *com açúcar de confeiteiro antes de distribuí-las, para que não grudem.*

Ideia de receita

Musse de amêndoas, recheio ao leite e peras tenras ao mel > p. 226

1

2

SERVIÇO DE MESA FEITO DE CHOCOLATE

Prato de chocolate ★★★

Ao mesmo tempo recipiente e conteúdo, o chocolate é comido até o fim da sobremesa... Essa técnica exige certa prática, mas o resultado é impressionante.

INGREDIENTES
Água
Gelo em grande quantidade
Chocolate derretido

UTENSÍLIO
1 saco de confeitar

Encha até a metade uma grande tigela com água e gelo, para obter água bem gelada.

Quando o chocolate derretido tiver esfriado e começar a se tornar espesso, derrame-o, com o saco de confeitar, na água gelada **(1)** e imediatamente, com o punho fechado, achate-o no fundo da tigela, dando-lhe a forma de um prato.

Espere alguns minutos antes de retirar da água **(2)** o prato de chocolate e coloque-o sobre papel absorvente. Seque-o bem.

—• Conselho do *chef*

Você pode decorar seu prato de chocolate com um spray de chocolate colorido de efeito aveludado.

1

2

1

2

Compressão ★★

Uma das inúmeras variantes esculpidas de uma obra em chocolate. O chocolate flerta com todas as tendências artísticas e se adapta especialmente bem ao estilo contemporâneo.

INGREDIENTES

Gelo em grande quantidade
Água
Chocolate derretido
Pó dourado cintilante

UTENSÍLIOS

1 molde em forma de cubo ou um recipiente quadrado de plástico
1 saco de confeitar
1 pincel

Encha uma tigela de fundo plano com água e gelo, para obter água bem gelada.

Mergulhe no fundo o molde em forma de cubo ou o recipiente quadrado de plástico.

Quando o chocolate derretido tiver esfriado e começar a ficar espesso, derrame-o, com o saco de confeitar, dentro do cubo, e coloque em seu centro, logo em seguida, uma garrafa cheia de água.

Espere alguns minutos antes de retirar o cubo da água **(1)**. Desenforme e coloque a escultura de chocolate sobre papel absorvente. Seque bem.

Passe com o pincel um pouco de pó dourado cintilante, para dar à escultura um aspecto brilhante bem realista **(2)**.

1

2

3

Taça chocofio ★★★

O êxito dessa taça supermoderna depende da execução de movimentos amplos e contínuos. Proceda rapidamente, sem hesitar, confie em você!

INGREDIENTE

Chocolate temperado (ver página 19)

UTENSÍLIO

1 saco de confeitar

Coloque uma travessa redonda de inox no congelador. Encha o saco de confeitar com chocolate temperado. Forme discos de chocolate sobre uma folha de papel-manteiga para ser as futuras bases. Deixe cristalizar.*

Tire a travessa do congelador, vire-a ao contrário e, com o saco de confeitar, derrame fios de chocolate sobre a abóbada, com um rápido movimento de vai e vem **(1)**. Forme uma faixa de fios. Faça no centro desta faixa uma bolinha do chocolate e cole imediatamente o disco de chocolate já cristalizado **(2)**.

Deixe o conjunto cristalizar por cerca de 1 hora **(3)**. Desenforme o chocolate e vire-o para cima.

A taça está pronta para apresentar suas receitas mais gostosas **(4)**.

4

1

Taça "impressa" ★★★

Como a areia permite moldar o bronze, o cacau em pó dobra-se a todas as formas possíveis. Utilize-o como suporte e derrame sobre ele o chocolate temperado nas marcas preparadas.

INGREDIENTES

Chocolate temperado (ver página 19)
Cacau amargo em pó

UTENSÍLIOS

1 travessa de bordas altas
1 tigela pequena
1 *ramequin*
1 saco de confeitar

2

Peneire* o cacau em pó na travessa até obter uma camada de cerca de 5 cm de espessura. Faça a base da taça apoiando o fundo da tigela pequena sobre o cacau em pó.

Pressione a lateral do *ramequin* no cacau em pó e retire-o cuidadosamente. Faça de 6 a 8 marcas. Com o saco de confeitar, derrame o chocolate temperado sobre as marcas **(1, 2)** e deixe cristalizar* por cerca de 1 hora antes da montagem. Recupere as formas de chocolate e espane-as. Cole as formas sobre a base utilizando chocolate temperado **(3)**.

3

GLAÇAGES

Elas são sua assinatura, fazem brilhar sua sobremesa e dão a elas um acabamento profissional incomparável. Existem diversos métodos muito simples de realizá-las, de acordo com o tipo de sobremesa.

Glaçage brilhantíssima ★

Esta *glaçage* deve ser utilizada em sobremesas muito frias ou saídas do congelador.

INGREDIENTES
12 g de gelatina em folhas
100 g (100 ml) de água
170 g de açúcar refinado
75 g de cacau amargo em pó
90 g (90 ml) de creme de leite líquido integral

UTENSÍLIOS
1 termômetro de cozinha
1 grelha
1 espátula

Amoleça a gelatina em um recipiente com água fria.

Em uma panela, misture a água, o açúcar refinado, o cacau em pó e o creme de leite líquido.

Ferva por cerca de 1 minuto. Acrescente a gelatina escorrida e deixe no refrigerador por uma noite.

Aqueça a *glaçage* em banho-maria* ou no forno micro-ondas. Quando ela atingir uma temperatura de cerca de 37 °C, coloque a sobremesa sobre uma grelha posicionada sobre uma travessa grande o suficiente para recolher o excesso.

Cubra a sobremesa inteiramente com a *glaçage* **(1, 2, 3)** e alise com uma espátula.

Ideias de receitas
Sachertorte > p. 166
Ópera > p. 182
Sobremesa *Palet or* > p. 323

1

2

3

1

2

Glaçage amarga e macia ★

Uma *glaçage* que privilegia a estética... para um toque a mais de chocolate, utilize a *nappage* amarga e macia!

INGREDIENTES

150 g de chocolate amargo 60%, ou
130 g de chocolate amargo 70%
250 g (250 ml) de creme de leite líquido integral
60 g de mel
60 g de manteiga

UTENSÍLIOS

1 termômetro de cozinha
1 grelha
1 espátula

Pique o chocolate e derreta-o em banho-maria* ou no forno micro-ondas (posição descongelar ou potência de 500 W, mexendo regularmente).

Em uma panela, leve à fervura o creme de leite líquido e o mel. Verta lentamente um terço da mistura fervente sobre o chocolate derretido. Com um pão-duro,* misture energicamente, descrevendo pequenos círculos, a fim de criar um "núcleo" elástico e brilhante. Incorpore mais um terço da mistura e continue mexendo da mesma forma. Em seguida, incorpore o restante da mistura, sempre mexendo.

Quando a temperatura estiver entre 35 °C e 40 °C, junte a manteiga cortada em cubinhos. Utilize o *mixer* para homogeneizar e finalizar a emulsão.

Coloque a sobremesa congelada sobre uma grelha posicionada sobre uma travessa grande o suficiente para recolher o excesso de *glaçage*.

Cubra a sobremesa inteiramente com a *glaçage* **(1)** e alise com uma espátula **(2)**.

Conselho do *chef*

Utilize a glaçage imediatamente para obter um acabamento liso, ou espere que ela cristalize um pouco se desejar obter um aspecto "espatulado".*

Ideia de receita

Bombas de chocolate > p. 181

1

2

3

4

—• Conselho do *chef*

Se desejar uma glaçage colorida, acrescente o corante de sua escolha no momento de processar com o mixer. Use corantes lipossolúveis, isto é, solúveis na gordura (em razão da presença da manteiga de cacau no chocolate).*

Glaçage branca e/ou para colorir ★

Uma variante marfim da *glaçage* brilhantíssima, que possibilita utilizar cor e originalidade! Para colorir como você quiser. Esta *glaçage* deve ser utilizada em sobremesas muito frias ou retiradas do congelador.

INGREDIENTES

265 g de chocolate branco 35%
4 g de gelatina em folhas
175 g (175 ml) de creme de leite líquido integral
40 g (40 ml) de água
30 g de xarope de glicose
25 g (25 ml) de óleo de sementes de uva

UTENSÍLIOS

1 termômetro de cozinha
1 grelha
1 espátula

Pique o chocolate e derreta-o em banho-maria* ou no forno micro-ondas (posição descongelar ou potência de 500 W, mexendo regularmente). Amoleça a gelatina em um recipiente com água fria. Em uma panela, leve à fervura o creme de leite, a água e o xarope de glicose **(1)**.

Verta lentamente um terço da mistura fervente sobre o chocolate derretido **(2)**. Com um pão-duro,* misture energicamente, fazendo pequenos círculos, a fim de criar um "núcleo" elástico e brilhante. Incorpore mais um terço da mistura e continue mexendo da mesma forma. Por fim, incorpore o restante da mistura, sempre mexendo **(3)**.

Junte a gelatina escorrida, misture e acrescente o óleo de sementes de uva. Utilize o *mixer* para homogeneizar e finalizar a emulsão **(4)**, tomando o cuidado de não aerar a mistura. Reserve na geladeira. Aqueça a *glaçage* em banho-maria ou no micro-ondas. Quando a temperatura atingir cerca de 37 °C, coloque a sobremesa sobre uma grelha posicionada sobre uma travessa grande o suficiente para recolher o excesso de *glaçage*. Cubra a sobremesa inteiramente e alise com uma espátula.

Ideia de receita

Flora > p. 324

Glaçage de avelãs e chocolate ★

Beleza, mas, sobretudo, sabor. Uma receita que nos lembra de que a *glaçage* deve ser antes de tudo gostosa... mas também bonita.

INGREDIENTES

80 g de chocolate amargo 70%
180 g de gianduia de avelã caseira (ver página 40) ou comprada pronta
175 g (175 ml) de creme de leite líquido integral
40 g (40 ml) de água
30 g de xarope de glicose
25 g (25 ml) de óleo de sementes de uva

UTENSÍLIOS

1 termômetro de cozinha
1 grelha
1 espátula

Pique o chocolate e a gianduia e derreta-os em banho-maria* ou no forno micro-ondas (posição descongelar ou potência de 500 W, mexendo regularmente).

Em uma panela, leve à fervura o creme de leite líquido, a água e o xarope de glicose. Verta lentamente um terço da mistura fervente sobre o chocolate derretido. Com um pão-duro,* misture energicamente, fazendo pequenos círculos, a fim de criar um "núcleo" elástico e brilhante. Incorpore mais um terço da mistura e continue mexendo da mesma forma. Em seguida, incorpore o restante da mistura, sempre mexendo.

Acrescente o óleo de sementes de uva. Utilize o *mixer* para homogeneizar e finalizar a emulsão, tomando o cuidado de não aerar a mistura. Reserve na geladeira.

Aqueça a *glaçage* em banho-maria ou no micro-ondas. Quando a temperatura atingir cerca de 37 °C, coloque a sobremesa sobre uma grelha posicionada sobre uma travessa grande o suficiente para recolher o excesso. Cubra a sobremesa completamente e alise com uma espátula.

Conselho do *chef*

Acrescente lascas de avelãs ou amêndoas torradas e picadas para incrementar essa guloseima!

As massas e os biscoitos

MASSAS

Massa *sablée* de amêndoas ★

Massa clássica que constitui uma base perfeita para a maioria das tortas recheadas de chocolate. Sua textura tenra e "arenosa" oferece o complemento ideal para a textura do chocolate.

INGREDIENTES
120 g de manteiga
2 g de sal fino
90 g de açúcar de confeiteiro
15 g de pó de amêndoas
1 ovo
240 g (60 g + 180 g) de farinha

UTENSÍLIOS
Folhas de plástico*

Em uma tigela, misture a manteiga pomada,* o sal fino, o açúcar de confeiteiro, o pó de amêndoas, o ovo e 60 g de farinha. Assim que a mistura ficar homogênea, acrescente o restante da farinha e misture rapidamente **(1)**. Abra a massa em uma espessura de 3 mm entre duas folhas de plástico **(2)**. Leve ao congelador por 1 hora. Quando a massa tiver endurecido completamente, descole as folhas de plástico. Corte no formato desejado **(3)**. Deixe descansar por 30 minutos na geladeira antes de levar ao forno na temperatura de 150/160 °C, por cerca de 15 minutos, até obter uma bela coloração dourada.

Ideias de receitas

Torta extraordinária de chocolate > p. 175
Réguas de ouro > p. 192
Torta de nozes, caramelo e chocolate > p. 195
Torta sol de pera e chocolate > p. 196
Tortinhas diferentes > p. 198
Tortinhas de chocolate, clementina e flor de laranjeira > p. 201
Ondulados de avelãs > p. 205
Torta de chocolate servida quente > p. 210
Outra ideia para o Mont-Blanc > p. 305
Mimos de pera e caramelo ao leite > p. 321
Barras de chocolate amargo, caramelo de manteiga salgada e amêndoas cristalizadas > p. 332

1

2

3

Massa *sablée* confeitada ★

Uma massa *sablée* leve o bastante para ser utilizada com o saco de confeitar e adquirir a forma que você desejar. Provavelmente um derivado dos deliciosos *Spritz* alsacianos.

INGREDIENTES
150 g de manteiga
100 g de açúcar de confeiteiro
1 ovo
15 g (15 ml) de creme de leite líquido integral
200 g de farinha
20 g de amido de milho
1 pitada de sal
1 pitada de baunilha em pó

UTENSÍLIOS
1 assadeira para confeitaria
1 saco de confeitar

Em uma tigela, misture a manteiga pomada* e o açúcar de confeiteiro peneirado.* Depois, incorpore o ovo e o creme de leite. Conclua acrescentando a farinha, o amido de milho, o sal e a baunilha. Tenha cuidado para não misturar demais.

Com o saco de confeitar, disponha porções de massa em uma assadeira forrada* com papel-manteiga ou em uma forma. Leve ao forno a 150/160 °C até que a massa esteja ligeiramente dourada.

Ideia de receita

Sablés crocantes, frutas secas com chocolate > p. 256

Sablé breton com pérolas de chocolate ★

Com uma boa proporção de manteiga, o *sablé breton* apresenta uma maravilhosa textura crocante, macia e agradavelmente "arenosa". Ainda que baste a si mesmo, encontra o equilíbrio perfeito com chocolate cremoso ou com os *coulis* de frutas.

INGREDIENTES
2 gemas
80 g de açúcar refinado
80 g de manteiga
120 g de farinha T55*
4 g de fermento químico
1 g de sal
75 g de pérolas de chocolate

UTENSÍLIO
1 esteira de silicone ou 1 assadeira para confeitaria

Em uma tigela, branqueie* as gemas com o açúcar refinado **(1, 2)**.

Incorpore a manteiga pomada,* depois a farinha, o fermento químico e o sal peneirados* juntos. Acrescente as pérolas de chocolate **(3)**. Misture.

Abra a massa em uma espessura de 5 mm. Corte os biscoitos **(4)** e coloque-os em uma esteira de silicone ou em uma assadeira forrada* de papel-manteiga. Deixe repousar por 30 minutos na geladeira.

Leve ao forno a 170 °C por cerca de 15 minutos.

1

2

3

4

Bom saber
É preferível abrir a massa entre duas folhas de plástico a fim de não acrescentar farinha e conservar o caráter crocante deste biscoito.*

Conselho do *chef*
Para obter a espessura correta dos sablés bretons, asse os biscoitos em pequenos aros para confeitaria não untados.

Ideia de receita
Transparência de chocolate, café e creme > p. 217

1

2

3

4

Massa de biscoito *speculoos* ★

Massa de biscoito aromatizada com canela que possibilita trabalhar associações com os aromas de especiarias de certos chocolates.

INGREDIENTES

250 g de manteiga
250 g de açúcar demerara
75 g de açúcar refinado
1 ovo
14 g de canela em pó
450 g de farinha
20 g (20 ml) de leite integral

Retire a manteiga da geladeira algumas horas antes de utilizá-la e coloque-a em uma tigela. Com a ajuda de uma espátula, misture-a vigorosamente para obter uma manteiga pomada.*

Se, no entanto, a manteiga ainda estiver dura, você pode levá-la ao forno micro-ondas por alguns segundos ou aquecê-la em banho-maria.* Termine de fazer a "pomada" utilizando uma espátula ou um *fouet*.

Acrescente o açúcar demerara e o açúcar refinado. Misture, depois incorpore o ovo, a canela e a farinha previamente peneirada* **(1)**.

Conclua acrescentando o leite e misture a fim de obter uma massa homogênea **(2, 3, 4)**.

Cubra com filme plástico e reserve na geladeira por cerca de 1 hora.

Abra a massa com espessura de 2 mm e recorte no formato desejado. Leve ao forno na temperatura de 170 °C por cerca de 15 minutos.

Conselho do *chef*

Abra a massa entre duas folhas de plástico antes de levar ao refrigerador. Isto facilitará o trabalho!*

Ideia de receita

Guloseimas de tangerina > p. 206

1

2

3

Massa *choux* ★★

A massa *choux*, base das *religieuses* e outras bombas de chocolate, exige certa destreza para ser adequadamente apurada* em fogo alto. Basta saber interromper no momento certo.

INGREDIENTES
75 g (75 ml) de água
75 g (75 ml) de leite integral
3 g de sal fino
3 g de açúcar refinado
60 g de manteiga
90 g de farinha
3 ovos

UTENSÍLIO
1 saco de confeitar

Em uma panela, leve à fervura a água, o leite, o sal, o açúcar refinado e a manteiga. Peneire* a farinha no líquido e apure* em fogo alto.

Fora do fogo, incorpore os ovos, um a um **(1, 2)**.

Com o saco de confeitar, disponha porções da massa no formato desejado em uma assadeira forrada* com papel-manteiga **(3)**. Leve ao forno a 250 °C e apague o fogo imediatamente.

Assim que massa *choux* estiver crescida e corada, acenda o forno novamente a 180 °C e termine de assar lentamente durante cerca de 10 minutos.

Conselho do *chef*

Para obter uma bela coloração, pincele as porções de massa com gema de ovo, pressionando-as levemente com um garfo.

Bom saber

Para saber se você chegou à consistência ideal da massa **(2)**, *pense no aspecto de uma pintura. A textura está ideal quando a massa parece acetinada. Ela não deve parecer fosca (estaria muito dura), nem brilhante (estaria muito líquida).*

Ideias de receitas

Profiteroles de chocolate > p. 172
Bombas de chocolate > p. 181

Massa de brioche ★★

1

2

Faça seu próprio brioche, como aquele da padaria. É um pouco demorado e bastante técnico, mas o aroma da casa recompensará, e muito, seus esforços.

INGREDIENTES

25 g (25 ml) de leite integral
6 g de fermento biológico
250 g de farinha T55*
25 g de açúcar refinado
5 g de sal
3 ovos + 1 ovo (para pincelar)
150 g de manteiga

UTENSÍLIOS

1 batedeira planetária com o batedor de gancho
1 pincel

Em uma panela, amorne o leite e dissolva o fermento. Na tigela da batedeira munido de um gancho, despeje a farinha, o açúcar, o sal, a mistura leite/fermento e os 3 ovos **(1)**. Processe por cerca de 15 minutos, a fim de que a massa descole da tigela. Incorpore progressivamente a manteiga em cubos **(2)** e misture até obter uma massa homogênea **(3)**. Cubra com um pano de prato úmido e deixe dobrar de volume.

Pressione a massa com os punhos para que ela retome seu volume inicial (retire seus "gases") e reserve por 1 hora na geladeira.

Modele* o(s) brioche(s). Coloque-o(s) em uma assadeira. Cubra outra vez com um pano de prato e deixe dobrar de volume.

Bata um ovo e passe-o em uma peneira cônica.* Com a ajuda de um pincel macio, pincele duas vezes o(s) brioche(s). Leve ao forno a 180 °C por cerca de 15 minutos.

3

Conselho do *chef*

A farinha gruau (farinha de trigo que passou por uma trituração especial) é perfeitamente apropriada para fazer brioches.

Bom saber

Os tipos de farinha (45, 55, 65, 80, 110, 150) têm aplicações diferentes. Utiliza-se em geral a farinha do tipo T45 na confeitaria e a farinha do tipo T55 para as viennoiseries.

Ideia de receita

No espírito de uma torta *tropézienne* de chocolate branco > p. 202

Massa de *croissant* ★★★

Mais do que a massa de brioche, a massa de *croissant* exige uma real motivação e muito trabalho durante todo o preparo. Mas o sabor dessas *viennoiseries* tipicamente francesas vale o esforço.

PARA 8 A 10 *CROISSANTS*
INGREDIENTES

600 g de farinha T55*
10 g de sal
70 g de açúcar refinado
12 g de fermento biológico
150 g a 200 g (150 ml a 200 ml) de água bem fria
320 g de manteiga
1 gema de ovo (para pincelar)

Prepare a massa *détrempe*:* Em uma tigela, peneire* a farinha e incorpore o sal, o açúcar e o fermento diluído em 150 ml de água bem gelada. Misture até obter uma massa homogênea. Se a massa parecer um pouco "dura", acrescente um pouco de água. Deixe crescer* em temperatura ambiente durante 1 hora a 1 hora e 30 minutos. Com os punhos, amasse a massa, fazendo-a voltar a seu volume inicial. Em seguida, deixe-a repousar na geladeira por 1 hora.

Abra a massa *détrempe* em um retângulo de 15 cm × 30 cm aproximadamente e disponha a manteiga amolecida em um retângulo de cerca de 10 cm × 18 cm na base da massa *détrempe* **(1)**.

Dobre a parte de cima da massa sobre a manteiga e a seguir dobre a parte amanteigada sobre esta última. Abra a massa em retângulo, envolva-a com filme plástico e deixe-a repousar na geladeira por pelo menos 1 hora.

Abra a massa novamente em um retângulo de aproximadamente 15 cm × 30 cm, tomando o cuidado de esticar a parte com a "dobra visível" diante de si. Dobre a massa da mesma maneira que anteriormente, envolva-a com filme plástico e deixe-a repousar na geladeira por pelo menos 1 hora.

Repita a operação três vezes, deixando a massa repousar na geladeira entre cada repetição. Uma vez terminada a massa, aguarde ainda por 1 hora em temperatura ambiente antes de abri-la em uma tira de aproximadamente 20 cm de largura. Recorte triângulos **(2)**, e enrole a massa sobre ela mesma, partindo da base do triângulo até a ponta. Deixe crescer. Pincele delicadamente com gema de ovo e leve os *croissants* ao forno a 180 °C por cerca de 20 minutos.

1

2

3

Conselho do *chef*

Comece a preparar a massa na véspera da degustação, no início da tarde. Faça os croissants ou pães de chocolate **(3)** *antes de dormir e deixe-os crescendo durante toda a noite, bem cobertos por um pano de prato para que não fiquem "cascudos". Levante-se antes de todos. Pincele os croissants com gema de ovo, leve-os ao forno e espere que os demais acordem e sintam o aroma envolvente. Uma experiência única!*

Ideia de receita

Croissants de chocolate em cubos > p. 280

Massa de *macarons* ★★

Essas pequenas guloseimas que há anos estimulam a imaginação dos confeiteiros podem ser feitas com todos os aromas. Quanto à massa, ela é simplesmente colorida em harmonia com o recheio.

INGREDIENTES PARA CERCA DE 40 *MACARONS*
150 g de farinha de amêndoas
150 g de açúcar de confeiteiro
150 g de açúcar refinado
50 g (50 ml) de água
100 g (50 g + 50 g) de claras
Corante em pó (facultativo)

UTENSÍLIOS
1 termômetro de cozinha
1 saco de confeitar
1 assadeira para confeitaria ou 1 esteira de silicone

Processe a farinha de amêndoas e o açúcar de confeiteiro.

Faça um merengue italiano: Em uma panela, cozinhe 150 g de açúcar refinado e a água a 110 °C. Bata* 50 g de claras em neve. Despeje a mistura açúcar/água sobre as claras em neve sem deixar de batê-las, depois deixe amornar. Quando a temperatura for de cerca de 45 °C, pare o batedor e acrescente ao merengue os 50 g de claras não batidas, assim como o eventual corante, depois os ingredientes secos. Misture vigorosamente com a ajuda de um pão-duro,* a fim de obter uma massa líquida em ponto de fita.*

Com um saco de confeitar, disponha porções da massa de *macarons* em uma assadeira forrada* com papel-manteiga ou em uma esteira de silicone e leve ao forno a 140 °C por cerca de 12 minutos, em função do tamanho dos *macarons*. Reserve à temperatura ambiente.

Conselho do *chef*

Processe a farinha de amêndoas e o açúcar de confeiteiro por um breve instante, para que o óleo das amêndoas não se solte.

Bom saber

Os macarons *recheados devem ser degustados no dia seguinte de sua fabricação. Este tempo de espera proporcionará uma casquinha crocante, um interior tenro e favorecerá o desenvolvimento dos aromas.*

Ideia de receita

Macarons sortidos > p. 283

Massa de *macarons* de cacau ★★

Os *macarons* de chocolate, por sua vez, levam uma pequena quantidade de cacau em pó. Seja qual for a receita, não se divirta mudando as proporções e pese escrupulosamente os ovos.

PARA APROXIMADAMENTE 40 *MACARONS*
INGREDIENTES
125 g de farinha de amêndoas
25 g de cacau amargo em pó
150 g de açúcar de confeiteiro
150 g de açúcar refinado
50 g (50 ml) de água
100 g (50 g + 50 g) de claras

UTENSÍLIOS
1 termômetro de cozinha
1 saco de confeitar
1 assadeira para confeitaria ou 1 esteira de silicone

Processe a farinha de amêndoas, o cacau em pó e o açúcar de confeiteiro.

Faça um merengue italiano: Em uma panela, cozinhe 150 g de açúcar refinado e a água a 110 °C. Bata* 50 g de claras em neve. Despeje a mistura açúcar/água sobre as claras em neve sem deixar de batê-las, depois deixe amornar. Quando a temperatura for de cerca de 45 °C, pare o batedor e acrescente ao merengue os 50 g de claras não batidas, depois os ingredientes secos. Misture energicamente com um pão-duro,* a fim de obter uma massa líquida em ponto de fita.*

Com o saco de confeitar, disponha porções da massa de *macarons* em uma assadeira forrada* com papel-manteiga ou em uma esteira de silicone e leve ao forno a 140 °C por cerca de 12 minutos, em função do tamanho dos *macarons*. Reserve à temperatura ambiente.

—• Ideias de receitas
Macarons sortidos > p. 283
Macarons marfim trufados > p. 388

1

2

Massa de *financier* de chocolate ★

Outro tipo de massa batida, composta unicamente por claras de ovos. Esta particularidade, aliada à farinha de amêndoas, é o que lhe confere sua tão característica textura leve e macia.

INGREDIENTES

190 g de farinha de amêndoas
150 g de açúcar de confeiteiro
10 g de amido de milho
10 g de cacau amargo em pó
9 claras
75 g (75 ml) de creme de leite líquido integral
50 g de chocolate amargo 60%

Em uma tigela, misture a farinha de amêndoas, o açúcar de confeiteiro, o amido de milho e o cacau em pó **(1, 2)**. Acrescente as claras batidas* e o creme de leite líquido. Reserve essa massa.

Pique o chocolate e derreta-o lentamente em banho--maria* ou no forno micro-ondas (posição descongelar ou potência de 500 W, mexendo regularmente).

Verta um pouco da massa sobre o chocolate derretido mexendo vigorosamente. Depois, acrescente esta mistura ao restante da massa e misture delicadamente. Reserve na geladeira por pelo menos 3 horas.

Coloque a mistura para *financier* de chocolate em moldes.

Leve ao forno a 175 °C por 15 a 20 minutos.

Deixe esfriar um pouco antes de desenformar.

Conselho do *chef*

É indispensável deixar a massa repousar por algumas horas na geladeira para otimizar o desenvolvimento dos financiers.

Ideia de receita

Financiers de chocolate amargo, *streuzel* de frutas cítricas e *confit* de laranja > p. 258

1

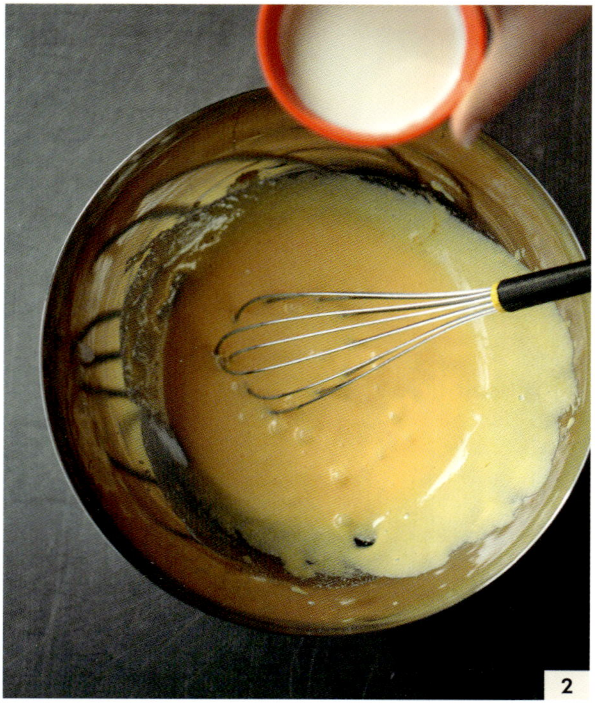

2

Massa de bolo para aromatizar ★

Massa clássica de textura agradavelmente alveolada. A umidade e a textura crocante dependem da maneira de conservar o bolo: com filme (mais macio) ou não (mais crocante).

INGREDIENTES

250 g de açúcar refinado
4 ovos
1 g de sal fino
110 g (110 ml) de creme de leite líquido integral
200 g de farinha
4 g de fermento químico
70 g de manteiga
Baunilha, zestos* de frutas cítricas, a escolher

UTENSÍLIO

1 forma de bolo inglês

Em uma tigela, misture o açúcar, os ovos, o sal e o creme de leite **(1, 2)**. Acrescente a farinha peneirada* com o fermento químico até obter uma massa. Derreta a manteiga e a incorpore à massa.

Acrescente os eventuais aromatizantes.

Forre* com papel-manteiga a forma de bolo inglês e despeje a massa.

Asse a 150 °C por cerca de 45 minutos e verifique o cozimento inserindo a lâmina de uma faca no bolo. Se a lâmina sair limpa, o cozimento está concluído.

Ideia de receita

Cupcakes > p. 262

Massa de bolo de chocolate ★

Pense em utilizar cacau amargo em pó de qualidade. O gosto final da sobremesa de fato será outro.

INGREDIENTES

70 g de chocolate amargo 70%
120 g de manteiga
6 ovos inteiros
100 g de mel de acácia
170 g de açúcar refinado
100 g de farinha de amêndoas
160 g de farinha
10 g de fermento químico
30 g de cacau amargo em pó
160 g (160 ml) de creme de leite líquido integral
70 g (70 ml) de rum

UTENSÍLIO

1 forma de bolo inglês

Pique o chocolate, corte a manteiga em pedaços **(1)** e derreta-os lentamente em banho-maria* ou no forno micro-ondas (posição descongelar ou potência de 500 W, mexendo regularmente).

Em uma tigela, misture com a ajuda de um *fouet* os ovos, o mel e o açúcar refinado. Acrescente a farinha de amêndoas, a farinha peneirada* com o fermento químico e o cacau em pó, assim como o creme de leite. Incorpore a manteiga e o chocolate derretidos e também o rum.

Forre* com papel-manteiga a forma de bolo inglês e despeje a massa **(2)**.

Asse a 150 °C por cerca de 40 minutos e verifique o cozimento inserindo a lâmina de uma faca no bolo. Se a lâmina sair limpa, o cozimento está concluído.

Conselho do *chef*

Você pode assar esta massa em uma assadeira rasa. O cozimento será então diferente: cerca de 10 minutos a 180 °C.

1

2

Ideias de receitas

Efêmero de chocolate branco e café > p. 229
Cupcakes > p. 262
Sobremesa *Palet or* > p. 323
Flora > p. 324
Mister Clown > p. 327

BISCUITS

Biscuit colher de cacau ★

Este *biscuit** bem aerado com casquinha crocante casa maravilhosamente bem com texturas tenras de chocolate ou sorbets.

INGREDIENTES
3 ovos
75 g de açúcar refinado
25 g de farinha
20 g de cacau amargo em pó
45 g de amido de milho
Açúcar de confeiteiro

UTENSÍLIO
1 saco de confeitar

Bata* as claras em neve acrescentando aos poucos o açúcar refinado. Incorpore delicadamente as gemas às claras com a ajuda de um pão-duro,* depois acrescente a farinha, o cacau amargo em pó e o amido de milho peneirados* **(1)**. Com a ajuda de um saco de confeitar, molde *quenelles** de 10 cm de comprimento **(2)**. Polvilhe uma primeira vez com açúcar de confeiteiro. Espere alguns minutos e polvilhe novamente com o açúcar de confeiteiro, a fim de obter um efeito perolado. Leve ao forno a 200 °C por alguns minutos até obter uma bela coloração dourada.

1

2

Dacquoise de amêndoas ou avelãs ★

Esse tipo de massa constitui uma base ao mesmo tempo leve, crocante e saborosa para inúmeras sobremesas de chocolate.

INGREDIENTES
30 g de farinha
85 g de farinha de amêndoas ou de avelãs
100 g de açúcar de confeiteiro
3 claras
50 g de açúcar refinado

UTENSÍLIOS
1 saco de confeitar
1 aro para confeitaria ou 1 assadeira para confeitaria

Em uma tigela, peneire* a farinha com a farinha de amêndoas ou de avelãs e o açúcar de confeiteiro.

Bata* as claras em neve acrescentando desde o começo os 50 g de açúcar refinado. Conclua incorporando delicadamente com o pão-duro* a mistura dos ingredientes peneirados.

Molde com o saco de confeitar, ou espalhe a massa em um aro ou em uma assadeira, seguindo as indicações da receita.

Leve ao forno a 180/190 °C por cerca de 10 minutos.

Ideias de receitas
Royal > p. 170
Glasgow > p. 313
Biscoito leve de *confit* de tangerina e *suprême* de chocolate amargo > p. 385

Biscuit Joconde de cacau ★★

Um *biscuit fino e macio com amêndoas e cacau que irá compor principalmente a base do célebre Ópera.**

INGREDIENTES

2 ovos inteiros + 3 claras
65 g de farinha de amêndoas
65 g de açúcar de confeiteiro
25 g de açúcar refinado
25 g de farinha
20 g de cacau amargo em pó
25 g de manteiga

UTENSÍLIOS

1 assadeira para confeitaria forrada* de papel-manteiga
1 espátula

Em uma tigela, coloque os 2 ovos inteiros, a farinha de amêndoas e o açúcar de confeiteiro. Bata tudo com uma batedeira. Em outra tigela, bata* as 3 claras em ponto de bico e acrescente aos poucos o açúcar refinado.

Peneire* a farinha e o cacau em pó, derreta a manteiga.

Com o auxílio de um pão-duro,* misture um quarto das claras em ponto de bico com a primeira mistura, depois acrescente a farinha e o cacau em pó peneirados, o restante das claras em ponto de bico e a manteiga derretida **(1)**.

Espalhe a massa em uma assadeira forrada com papel-manteiga e leve ao forno a 220 °C por 6 a 8 minutos **(2)**.

Ideia de receita

Ópera > p. 182

1

2

1

2

Streuzel de amêndoas e chocolate ★

Esta receita de massa esfarelada dá um realce de textura a inúmeras receitas. É um componente gustativo interessante para ser usado em *verrines*.

INGREDIENTES
75 g de açúcar demerara
75 g de farinha de amêndoas
10 g de cacau amargo em pó
75 g de farinha
3 g de flor de sal
75 g de manteiga

UTENSÍLIO
1 assadeira para confeitaria

Em uma tigela, misture o açúcar demerara, a farinha de amêndoas, o cacau em pó, a farinha e o sal. Corte a manteiga fria em pequenos cubos, acrescente-os aos demais ingredientes e misture com as mãos para formar uma mistura arenosa **(1)**.

Reserve na geladeira por no mínimo 30 minutos. Espalhe a massa em uma assadeira e asse-a a 159/160 °C por cerca de 10 minutos, até obter uma bela coloração castanho-dourada.

Conselho do *chef*

Para um resultado mais regular, você também pode fazer uma bola antes de levar a massa à geladeira, e depois passá-la por um cesto de fritura **(2)**.

Ideias de receitas

Torta de abacaxi e manga com coentro fresco > p. 209
Coulant de chocolate morno, banana crocante e tenra > p. 224
Bolo de chocolate e pistache, *streuzel* de amêndoas e anis > p. 249
Financiers de chocolate amargo, *streuzel* de frutas cítricas e *confit* de laranja > p. 258
Geleia ao leite, castanhas e espuma de soja > p. 382
Biscoito leve de *confit* de tangerina e *suprême* de chocolate amargo > p. 385

1

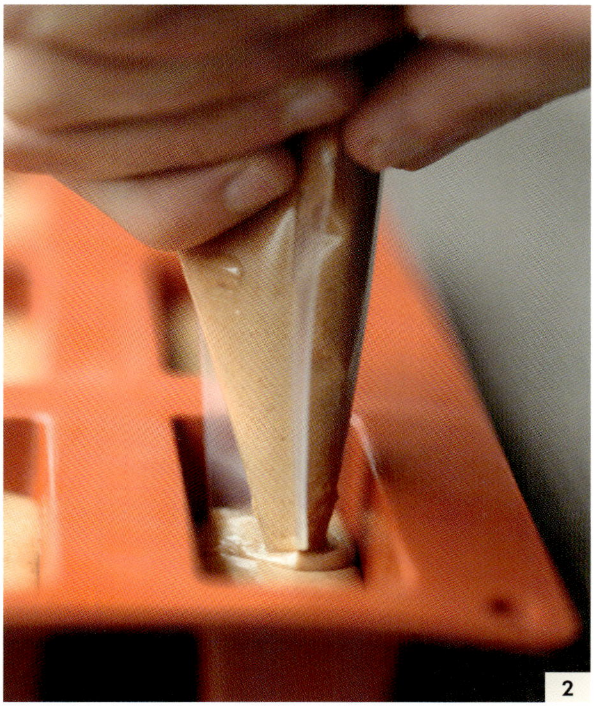
2

Pão de ló de Gênova de chocolate ★★

Este tipo de massa "batida" cresce com o cozimento. Aromatizado com chocolate, o pão de ló de Gênova constitui uma excelente base de sobremesas, mas servido sozinho também pode proporcionar um bom momento de gula com chá ou café.

INGREDIENTES

75 g de chocolate ao leite 40%
50 g de manteiga
160 g de marzipã (ver página 41)
3 ovos inteiros
30 g de farinha
2 g de fermento químico
10 ml de álcool de anis
70 g de açúcar granulado

UTENSÍLIOS

1 termômetro de cozinha
1 saco de confeitar (facultativo)

Pique o chocolate e derreta-o lentamente em banho-maria* ou no forno micro-ondas (posição descongelar ou potência de 500 W, mexendo regularmente). Acrescente a manteiga quente. Aqueça levemente o marzipã no forno micro-ondas. Com um *fouet*, bata os ovos em um recipiente em banho-maria. Quando a temperatura atingir 50 °C, verta-os aos poucos sobre o marzipã, sem deixar de misturar.

Assim que a mistura estiver homogênea, incorpore delicadamente a farinha e o fermento químico peneirados* juntos **(1)**, depois o álcool e a mistura chocolate/manteiga derretidos. Recheie as formas **(2)**.

Salpique com o açúcar granulado e leve ao forno a 160/170 °C durante cerca de 14 minutos.

Conselho do *chef*

Para conservar o volume da massa, é preferível acrescentar progressivamente o chocolate e a manteiga derretidos, antes de juntar as duas misturas.

Ideia de receita

Bolinhos macios de chocolate e maçã > p. 255

Biscuit macio de amêndoas ou coco ★

Mais macio que a *dacquoise*, o *biscuit macio faz jus a seu nome e constitui uma base interessante para sobremesas que associam chocolate e frutas.**

INGREDIENTES
55 g de farinha de amêndoas
25 g de farinha
55 g de açúcar de confeiteiro
6 claras
15 g (15 ml) de creme de leite líquido integral
70 g açúcar refinado

UTENSÍLIOS
1 assadeira rasa
1 esteira de silicone ou 1 assadeira para confeitaria forrada* com papel-manteiga

Em uma tigela, misture a farinha de amêndoas, a farinha, o açúcar de confeiteiro com duas claras não batidas* e o creme de leite líquido integral. Bata* as 4 claras restantes em neve, adicionando aos poucos o açúcar refinado. Incorpore delicadamente as claras em neve açucaradas à primeira mistura.

Espalhe em uma assadeira rasa forrada com papel-manteiga ou em uma esteira de silicone.

Leve ao forno a 180 °C por cerca de 10 minutos.

Conselho do *chef*

Para um biscuit *macio de coco, substitua a farinha de amêndoas por coco ralado nas mesmas proporções.*

Ideia de receita

Klemanga > p. 308

Biscuit natura para rocambole ★

Nada é mais simples do que este *biscuit feito de ovos, farinha e açúcar. No entanto, atenção ao cozimento que deve preservar certa maciez, se você não quiser deixá-lo muito anguloso...**

INGREDIENTES
4 ovos (2 inteiros + 2 separados)
110 g (80 g + 30 g) de açúcar refinado
50 g de farinha

UTENSÍLIO
1 assadeira rasa

Com a ajuda de um *fouet*, branqueie* 2 gemas, 2 ovos inteiros e 80 g de açúcar refinado. Bata* 2 claras em neve adicionando imediatamente os 30 g de açúcar refinado. Incorpore delicadamente as claras em neve à primeira mistura e acrescente a farinha peneirada* em chuva. Espalhe a massa em uma assadeira rasa e leve ao forno a 210 °C por 5 a 7 minutos.

Ideia de receita

Bûche de pralina de avelãs > p. 306

Biscuit de cacau para rocambole ★

Pense em utilizar cacau amargo em pó de qualidade. O gosto final da sobremesa de fato será outro.

INGREDIENTES

6 ovos (3 inteiros + 3 separados)
110 g de açúcar refinado
45 g de *vergeoise** escura
40 g de farinha
30 g de cacau amargo em pó

UTENSÍLIO

1 assadeira rasa

Com um *fouet*, branqueie* 3 ovos inteiros, 3 gemas e o açúcar refinado. Bata* as 3 claras em neve adicionando imediatamente a *vergeoise* escura.

Incorpore delicadamente as claras em neve à primeira mistura e acrescente em chuva a farinha e o cacau amargo em pó peneirados*. Disponha em uma assadeira rasa e leve ao forno a 210 °C por cerca de 15 minutos.

Biscuit de chocolate sem farinha ★

Uma textura extraordinária e o verdadeiro gosto de chocolate. Asse-o numa espessura muito fina e utilize--o mais como base!

INGREDIENTES

30 g de chocolate amargo 60%
10 g de manteiga
1 ovo
10 g de açúcar refinado

UTENSÍLIO

1 assadeira para confeitaria

Derreta o chocolate e a manteiga em banho-maria* ou no forno micro-ondas (posição descongelar ou potência de 500 W, mexendo regularmente). Enquanto isso, bata* a clara em neve acrescentando o açúcar refinado desde o princípio. Acrescente a gema, depois incorpore delicadamente com um pão-duro* a manteiga e o chocolate, ambos derretidos.

Despeje a mistura em uma assadeira forrada* com papel-manteiga ou em uma esteira de silicone. Leve ao forno a 180 °C por cerca de 5 minutos.

As texturas cremosas

A emulsão

O objetivo de uma emulsão é diminuir a sensação de gordura na boca, obter texturas lisas, untuosas e tenras, assim como a melhor conservação. Tratando-se de chocolate, a emulsão permite obter uma musse de chocolate ou um *ganache* com gosto marcante de chocolate e com textura ultracremosa!

Uma emulsão é a mistura de dois líquidos que não se misturam naturalmente, como a água e o óleo, por exemplo. Para melhor compreender o princípio da emulsão, faça uma pequena experiência: despeje óleo em um copo de água e misture com uma colher. Em alguns segundos, você constatará que o óleo boia na água! Emulsificar é tornar possível essa mistura de dois corpos, chamados também de "fases", dispersando uma substância em outra sob a forma de pequenas gotículas.

Existem duas formas de emulsão. No primeiro caso, incorpora-se o óleo à água. Assim, para a maionese, o óleo, chamado "fase oleosa", é incorporado progressivamente à mistura gema/vinagre/mostarda, chamada "fase aquosa". No segundo caso, incorpora-se a água ao óleo. Para o *ganache*, por exemplo, incorpora-se o chocolate, chamado "fase oleosa", ao líquido, como o creme de leite, o leite, o suco de fruta ou o café (a "fase aquosa").

Quando fazemos uma maionese, acrescentamos pouco a pouco o óleo às gemas e à mostarda até obter uma textura elástica e brilhante. Se continuarmos a acrescentar óleo (a famosa gota a mais que se torna a gota excessiva), a emulsão torna-se saturada em matéria gordurosa. Constatamos então uma "separação", ou seja, a textura não é mais homogênea, muito pelo contrário. A maionese deu errado, os profissionais diriam que ela "desandou", "separou", ou "estriou". Para consertar, basta acrescentar um pouco de líquido (água, limão, vinagre), sem esquecer a indispensável "energia" na batida, e a situação está contornada!

No que diz respeito ao *ganache*, acontece o contrário. Começamos com uma saturação em matéria gordurosa, já que vertemos progressivamente o líquido, o leite ou creme de leite líquido, sobre o chocolate. É por essa razão, aliás, que, assim que adicionamos um pouco de líquido ao chocolate, observamos um rápido espessamento da massa. Eis por que nunca devemos colocar duas colheradas de água no chocolate para derretê-lo! Este acréscimo resulta, na maioria dos casos, em uma inoportuna separação.

O aspecto do *ganache*, na primeira fase da emulsão, não é dos mais motivadores, mas isso é totalmente normal. Está tudo bem, não ceda ao pânico acrescentando rapidamente mais líquido. Ao contrário, gaste o tempo necessário para fazer a emulsão, o famoso "núcleo" elástico (sinal de uma emulsão que teve início), friccionando bem a preparação e acrescentando com precaução o líquido aos poucos, como você adicionaria o óleo à maionese...

O fato de misturar energicamente, descrevendo pequenos círculos no centro da preparação (dizemos que a "friccionamos"), permite quebrar, organizar de maneira regular e homogênea os glóbulos de gordura e as gotículas de água. Essa homogeneidade permite estabilizar a emulsão, e, ao mesmo tempo, reduzir a impressão de gordura na boca, obter texturas lisas, untuosas e tenras.

Assim, para ser bem-sucedido na execução do *ganache*, existe uma regra infalível que permite incorporar corretamente a fase oleosa à fase aquosa: trata-se da regra dos três terços.

A regra dos três terços

Pique o chocolate e derreta-o em uma panela em banho-maria* ou no forno micro-ondas (posição descongelar ou potência de 500 W, mexendo regularmente).

Em uma panela, leve o líquido (creme de leite ou leite acompanhado de mel, de baunilha ou de outros ingredientes) à fervura. Verta lentamente um terço da mistura fervente sobre o chocolate derretido. Com um pão-duro,* misture energicamente, descrevendo pequenos círculos, a fim de criar um "núcleo" elástico e brilhante.

Incorpore o segundo terço e continue mexendo da mesma forma. Depois, incorpore o último terço, seguindo o mesmo procedimento.

Controle a temperatura: a mistura deve alcançar mais de 35 °C. Utilize o *mixer* para finalizar a emulsão

Ganache para rechear tortas e sobremesas ★

Este *ganache* é composto unicamente de chocolate, de creme de leite líquido e de mel. Sua textura, relativamente tenra, faz dele o recheio perfeito para tortas e algumas sobremesas.

INGREDIENTES
200 g de chocolate amargo 70%, ou
270 g de chocolate amargo 60%, ou
450 g de chocolate ao leite 40%, ou
600 g de chocolate branco 35%
300 g (300 ml) de creme de leite líquido integral
50 g de mel

Pique o chocolate e derreta-o em banho-maria* ou no forno micro-ondas (posição descongelar ou potência de 500 W, mexendo regularmente).

Em uma panela, leve à fervura o creme de leite e o mel. Verta lentamente um terço da mistura fervente sobre o chocolate derretido.

Com um pão-duro,* misture energicamente, descrevendo pequenos círculos, a fim de criar um "núcleo" elástico e brilhante. Incorpore mais um terço da mistura e continue mexendo da mesma forma. Depois, incorpore o último terço, seguindo o mesmo procedimento.

Utilize o *mixer* para homogeneizar e finalizar a emulsão.

Conselho do *chef*

Utilize imediatamente este ganache, *vertendo-o em uma base de torta assada previamente, ou então na montagem de sobremesas do tipo* Palet or, Succès *ou trufadas, a fim de obter um acabamento perfeitamente liso. Deixe o* ganache *cristalizar* à temperatura ambiente por 1 ou 2 horas se quiser decorar um rocambole ou uma* génoise, *a fim de poder espalhá-lo com uma espátula.*

Ideias de receitas

Sachertorte > p. 166
Torta extraordinária de chocolate > p. 175
Réguas de ouro > p. 192
Torta de nozes, caramelo e chocolate > p. 195
Guloseimas de tangerina > p. 206

Ganache batido ★★

O *ganache* batido é uma inovação da École du Grand Chocolat Valrhona. É um creme untuoso que substitui vantajosamente o creme à base de manteiga. É hoje muito utilizado por um grande número de profissionais.

INGREDIENTES

90 g de chocolate 70% + 200 g de creme de leite líquido integral, ou
110 g de chocolate amargo 60% + 220 g de creme de leite líquido integral, ou
150 g de chocolate ao leite 40% + 260 g de creme de leite líquido integral, ou
160 g de chocolate branco 35% + 270 g de creme de leite líquido integral
110 g (110 ml) de creme de leite líquido integral

Pique o chocolate e derreta-o em banho-maria* ou no forno micro-ondas (posição descongelar ou potência de 500 W, mexendo regularmente). Em uma panela, leve à fervura os 110 g de creme de leite. Verta lentamente um terço do creme fervente sobre o chocolate derretido.

Com um pão-duro,* misture energicamente, descrevendo pequenos círculos, a fim de criar um "núcleo" elástico e brilhante. Incorpore mais um terço do creme e continue mexendo da mesma forma. Depois, incorpore o último terço, seguindo o mesmo procedimento.

Utilize o *mixer* para homogeneizar e finalizar a emulsão.

Acrescente a quantidade indicada de creme de leite frio em função do chocolate escolhido. Misture, cubra com filme plástico em contato com a mistura e reserve na geladeira por pelo menos 3 horas.

Bata o *ganache* com um *fouet* até obter a consistência de um creme untuoso, que poderá ser trabalhado com a espátula ou com o saco de confeitar **(1, 2)**.

Conselho do *chef*

Tenha o cuidado de bater a uma velocidade moderada este famoso "ganache batido". Caso contrário, sua textura deixará de ser tenra, perderá rapidamente a leveza e se tornará gordurosa.

Bom saber

Você pode aromatizar este ganache como desejar, infundindo folhas de chá, baunilha, especiarias, ervas, etc. nos 110 g de creme de leite.

1

2

Ideias de receitas

Ópera > p. 182
No espírito de uma torta *tropézienne* de chocolate branco > p. 202
Cupcakes > p. 262
Macarons sortidos > p. 283
Bûche de pralina de avelãs > p. 306
Cappuccino Manhattan > p. 317

Creme inglês de base ★★

Esta receita serve de base para diferentes cremes e algumas texturas espumantes.

INGREDIENTES
3 gemas
50 g de açúcar refinado
250 g (250 ml) de leite integral
250 g (250 ml) de creme de leite líquido integral

UTENSÍLIO
1 termômetro de cozinha

Em uma tigela, misture as gemas e o açúcar **(1)**. Verta esta mistura em uma panela, acrescente o leite e o creme de leite **(2)**, e cozinhe tudo em fogo brando, mexendo até engrossar ligeiramente. A temperatura deve ficar entre 82 °C e 84 °C **(3)**.

Retire do fogo e coloque o creme inglês em um recipiente fundo. Utilize o *mixer* por alguns segundos para obter uma textura lisa e untuosa.

Conselho do *chef*

O cozimento de um creme inglês é finalizando entre 82 °C e 86 °C. No entanto, é preferível interromper o cozimento por volta de 82 °C, a fim de aproveitar a inércia do calor. Seu creme está um pouco cozido demais? Ele talhou. Em um primeiro momento, filtre-o. Depois, processe-o com o mixer *por alguns segundos. Mas, atenção, sua textura não será tão sedosa, então esforce-se para acertar na primeira vez!*

Bom saber

Para saber se você obteve um cozimento apropriado, mergulhe rapidamente uma espátula no creme inglês. Passe seu dedo na espátula. O creme está cozido quando o rastro deixado pelo dedo fica visível.

Ideias de receitas

Transparência de chocolate, café e creme > p. 217
Bolo crocante de três chocolates > p. 310

Cremoso para perfumar ★★

O cremoso é uma das texturas mais utilizadas na composição de sobremesas de chocolate. Aromatizado a gosto, é uma bela ferramenta à disposição do confeiteiro.

INGREDIENTES
4 g de gelatina em folhas
6 gemas
100 g de açúcar refinado
500 g (500 ml) de creme de leite líquido integral

UTENSÍLIO
1 termômetro de cozinha

Amoleça a gelatina em um recipiente com água fria. Em uma tigela, misture as gemas e o açúcar. Transfira esta mistura para uma panela, acrescente o creme de leite e cozinhe em fogo brando, mexendo sempre, até engrossar ligeiramente. A temperatura deve ficar entre 82 °C e 84 °C. Escorra a gelatina e acrescente-a à mistura. Retire do fogo e coloque o creme em um recipiente fundo. Utilize o *mixer* por alguns segundos para obter uma textura lisa e untuosa.

Conselho do *chef*

Para obter um aroma de caramelo, acrescente à receita 25 g de açúcar. Caramelize o açúcar em uma panela sem água e em fogo brando, depois acrescente metade do creme de leite previamente aquecido. Uma vez que o caramelo tenha completamente dissolvido no creme, acrescente fora do fogo o creme de leite frio e as gemas, e então cozinhe. Para aromatizar com mel, escolha um que seja bem perfumado (de lavanda, por exemplo) e utilize entre 50 g e 75 g no lugar dos 100 g de açúcar. Para aromatizar com bebidas alcoólicas, deixe esfriar o preparado antes de incorporar a bebida, a fim de evitar a evaporação do aroma. Para aromatizar o cremoso com ervas ou especiarias, faça uma infusão com as folhas ou especiarias no creme de leite frio com 24 horas de antecedência, ou no creme quente, de acordo com o tipo de infusão. Tenha o cuidado de compensar o peso de creme perdido durante a infusão, acrescentando um pouco mais de creme de leite.

Ideia de receita

Flora > p. 324

Cremoso de chocolate ★★

Com o acréscimo do chocolate, o cremoso oferece outra base perfeita para criar todo tipo de sobremesas apetitosas com texturas variadas.

INGREDIENTES

Chocolate a ser dosado conforme a porcentagem de cacau:
190 g de chocolate amargo 70%, ou
210 g de chocolate amargo 60%, ou
250 g de chocolate ao leite 40%, ou
225 g de chocolate branco 35% + 3 g de gelatina
5 gemas
50 g de açúcar refinado
250 g (250 ml) de leite integral
250 g (250 ml) de creme de leite líquido integral

UTENSÍLIO

1 termômetro de cozinha

1

Pique o chocolate ou utilize pastilhas **(1)** e derreta-o lentamente em banho-maria* ou no forno micro-ondas (posição descongelar ou potência de 500 W, mexendo regularmente). Enquanto isso, prepare o creme inglês.

Em uma tigela, misture as gemas e o açúcar. Verta esta mistura em uma panela, acrescente o creme de leite e o leite **(2)**, e cozinhe tudo em fogo brando, mexendo sempre, até que o creme engrosse ligeiramente. A temperatura deve ficar entre 82 °C e 84 °C.

Para fazer um cremoso de chocolate branco, acrescente a gelatina previamente amolecida e escorrida.

Retire do fogo e coloque o creme inglês em um recipiente fundo. Utilize o *mixer* por alguns segundos para obter uma textura lisa e untuosa. Verta lentamente um terço do creme inglês sobre o chocolate derretido **(3)**. Com um pão-duro,* misture energicamente, descrevendo pequenos círculos, a fim de criar um "núcleo" elástico e brilhante. Incorpore mais um terço e continue mexendo da mesma forma. Depois, incorpore o último terço, seguindo o mesmo procedimento. Utilize o *mixer* para homogeneizar e finalizar a emulsão **(4)**. Verta em um recipiente, cubra com filme plástico em contato com a mistura **(5)** e reserve por uma noite na geladeira.

Ideias de receitas

Ópera > p. 182
Tortinhas diferentes > p. 198
Efêmero de chocolate branco e café > p. 229
Miscelânea de frutas tropicais, cremoso de chocolate branco e limão > p. 233

2

3

4

5

1

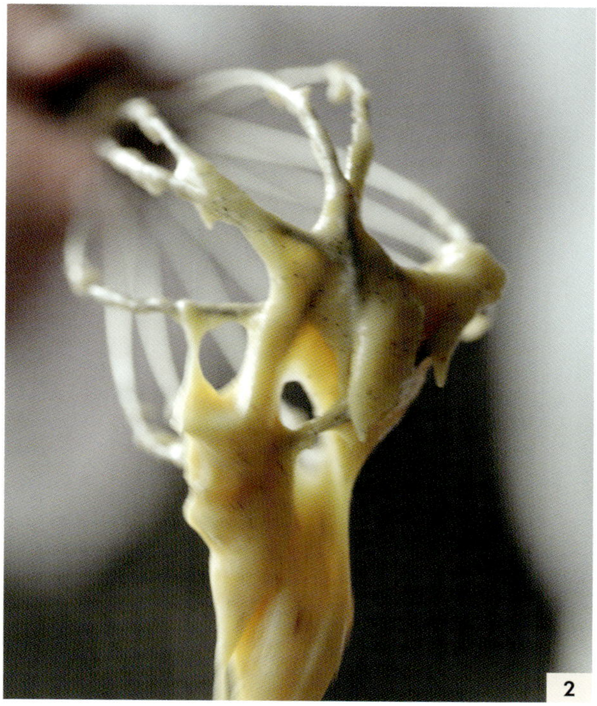
2

Creme confeiteiro de baunilha ★

Um dos cremes mais utilizados em confeitaria. Ele é perfeito para rechear tortas de frutas.

INGREDIENTES
2 favas de baunilha
25 g de amido de milho
15 g de farinha
150 g de açúcar refinado
3 gemas
450 g (450 ml) de leite integral
50 g (50 ml) de creme de leite líquido integral

Raspe as favas de baunilha para extrair as sementes.

Em uma tigela, misture com um *fouet* o amido de milho, a farinha, o açúcar refinado e as gemas.

Em uma panela, leve à fervura o leite e o creme de leite e dissolva a mistura de ingredientes secos e gemas com uma parte do líquido fervente.

Leve à fervura o restante do leite e do creme, depois transfira a mistura anterior para a panela e cozinhe em fogo brando. Tenha o cuidado de mexer constantemente com o *fouet* até que a massa engrosse **(1)**.

Mantenha o cozimento por mais alguns instantes sem parar de mexer, para que o creme não pegue no fundo da panela.

O creme deve ficar mais cremoso e, sobretudo, brilhante **(2)**. Utilize o *mixer* para alisar e finalizar a emulsão.

Conselho do *chef*

Para obter mais aroma, você pode deixar em infusão a fava de baunilha no creme de leite, colocando-o na véspera na geladeira.

Bom saber

O amido de milho reage com o calor. Se o creme não ferveu o suficiente, ele não engrossará.

Ideia de receita

Ondulados de avelãs > p. 205

1

2

Creme confeiteiro de chocolate ★

Creme famoso por ser a base das bombas de chocolate.

INGREDIENTES

Chocolate a ser dosado conforme a porcentagem de cacau:
85 g de chocolate amargo 70%, ou
95 g de chocolate 60%
10 g de amido de milho
30 g de açúcar refinado
2 gemas
220 g (220 ml) de leite integral
50 g (50 ml) de creme de leite líquido integral

Pique o chocolate e derreta-o lentamente em banho--maria* ou no forno micro-ondas (posição descongelar ou potência de 500 W, mexendo regularmente).

Em uma tigela, utilizando um *fouet*, misture o amido de milho, o açúcar refinado e as gemas.

Em uma panela, leve à fervura o leite e o creme de leite e dissolva a mistura de ingredientes secos e gemas com uma parte do líquido fervente.

Ferva o restante do leite e do creme de leite, depois despeje a mistura anterior na panela e cozinhe em fogo brando, tenha o cuidado de mexer constantemente com o *fouet* até que massa engrosse. Mantenha o cozimento por mais alguns instantes sem parar de mexer, para que o creme não pegue no fundo da panela. O creme deve ficar mais cremoso e, sobretudo, brilhante.

Verta lentamente um terço deste creme quente sobre o chocolate derretido **(1)**. Misture energicamente, descrevendo pequenos círculos, a fim de criar um "núcleo" elástico e brilhante **(2)**. Incorpore mais um terço do creme e continue mexendo da mesma forma. Depois, incorpore o último terço, seguindo o mesmo procedimento. Utilize o *mixer* para homogeneizar e finalizar a emulsão.

Ideias de receitas

Bombas de chocolate > p. 181
Croissants de chocolate em cubos > p. 280

Creme de amêndoas com baunilha ★

Ele é particularmente interessante para a confecção do bolo de Reis ou de *pithiviers*.

INGREDIENTES
150 g marzipã (ver página 41)
2 ovos
1 fava de baunilha
75 g de manteiga
10 g de amido de milho
20 g de farinha de amêndoas
75 g de creme confeiteiro de baunilha (ver página 102)

Amoleça ligeiramente o marzipã no forno tradicional ou no forno micro-ondas (posição descongelar ou potência de 500 W, mexendo regularmente). Depois, incorpore um a um os ovos ao marzipã **(1)**, tomando o cuidado de misturar bem entre cada um dos ovos. Acrescente as sementes de baunilha e a manteiga pomada.*

Com um *fouet*, bata ligeiramente esta massa, depois acrescente o amido de milho peneirado* **(2)** e a farinha de amêndoas **(3)**.

Conclua incorporando o creme confeiteiro frio. Reserve na geladeira ou utilize imediatamente.

Conselho do *chef*

Não misture muito a massa depois de acrescentar a manteiga, para que o creme não desande.

Panacotta de chocolate ★

Uma versão revisitada do "creme cozido" à italiana.

INGREDIENTES
4 g de gelatina em folhas
200 g (200 ml) de leite integral
300 g (300 ml) de creme de leite líquido integral
Chocolate a ser dosado conforme a porcentagem de cacau:
175 g de chocolate branco 35%, ou
160 g de chocolate ao leite 40%, ou
110 g de chocolate amargo 70%, ou
130 g de chocolate amargo 60%

Amoleça a gelatina em um recipiente com água fria. Leve o leite e o creme de leite à fervura, e então acrescente a gelatina escorrida.

Pique o chocolate e derreta-o lentamente em banho-maria* ou no forno micro-ondas (posição descongelar ou potência de 500 W, mexendo regularmente). Verta lentamente um terço do leite sobre o chocolate derretido. Com um pão-duro,* misture energicamente, descrevendo pequenos círculos, a fim de criar um "núcleo" elástico e brilhante. Incorpore mais um terço do leite e continue mexendo da mesma forma. Depois, incorpore o último terço, seguindo o mesmo procedimento.

Utilize o *mixer* para homogeneizar e finalizar a emulsão, aguarde o espessamento da mistura e depois distribua o conteúdo em recipientes de sua preferência.

Bom saber

A verdadeira panacotta *é um creme "cozido". Nesta receita, a gelatina possibilita obter um efeito similar sem dificuldade.*

Ideias de receitas

Panacotta marfim com fava de tonka, *coulis* de morango > p. 234
Panacotta de chocolate amargo com abacaxi, espuma de coco e capim-santo > p. 237

Namelaka ★

O *namelaka* é um creme muito tenro que cristaliza* lentamente. Deve ser utilizado em *verrines* ou em *quenelles** sobre as sobremesas.

INGREDIENTES
Chocolate a ser dosado conforme a porcentagem de cacau:
250 g de chocolate 70% + 5 g de gelatina, ou
350 g de chocolate ao leite 40% + 5 g de gelatina, ou
340 g de chocolate branco 35% + 4 g de gelatina
200 g (200 ml) de leite integral
10 g de xarope de glicose
400 g (400 ml) de creme de leite líquido integral

Pique o chocolate e derreta-o lentamente em banho-maria* ou no forno micro-ondas (posição descongelar ou potência de 500 W, mexendo regularmente).

Amoleça a gelatina em um recipiente com água fria.

Em uma panela, leve o leite à fervura, e então acrescente o xarope de glicose e a gelatina escorrida.

Verta lentamente um terço da mistura fervente sobre o chocolate derretido. Com um pão-duro,* misture energicamente, descrevendo pequenos círculos, a fim de criar um "núcleo" elástico e brilhante. Incorpore mais um terço da mistura e continue mexendo da mesma forma. Depois, incorpore o último terço, seguindo o mesmo procedimento. Acrescente o creme de leite frio. Utilize o *mixer* para homogeneizar e finalizar a emulsão. Deixe cristalizar na geladeira.

Bom saber

Namelaka *significa "ultracremoso" em japonês.*

As texturas espumantes

Aerar

Aerar é incorporar ar em algum produto capaz de capturá-lo (as claras de ovos ou o creme de leite líquido integral, por exemplo). O objetivo é fabricar texturas leves e volumosas, que não "afundem"... ou, pelo menos, não imediatamente! Em outras palavras, a incorporação de ar é a arte de bater bem as claras em neve ou um creme espumante!

É impossível aerar adequadamente um produto em alta velocidade. Sua estabilidade é devida à arquitetura das bolhas de ar no interior da mistura. Ora, a velocidade produz a formação de grandes bolhas de ar anárquicas não perenes e cria um "capital de fragilidade" na incorporação de ar.

Por outro lado, quando a velocidade é moderada, as bolhas de ar tornam-se cada vez menores e oferecem então resistência bem mais elevada aos choques. A incorporação de ar "se sustenta" melhor.

Bater as claras

Batamos as claras na batedeira a uma velocidade média. Assim que apresentarem pequenas "ondas", teremos claras em ponto de bico, ou para falar de maneira mais simples, uma textura de creme de barbear para os homens ou de musse de cabelo para as mulheres. As claras são mais leves e mais estáveis e também mais fáceis de misturar. Se continuarmos a bater, elas começarão a se aglomerar sobre o *fouet* e poderemos observar a presença de pequenos gãos: dizemos que as claras "granularam".

Conselho do *chef*

Quanto mais frio estiver o creme de leite, mais facilmente ele aumentará de volume.

Bom saber

Atenção: não tente bater o creme de leite light. É impossível em razão do teor insuficiente de gordura.

Bater o creme de leite líquido integral

Batamos na batedeira a uma velocidade média o creme de leite líquido integral bem gelado. Ele aumenta de volume. O creme batido espumante é o estágio no qual o creme aprisiona o máximo de ar. É o momento ideal para se fazer a musse de chocolate, por exemplo! Seu volume aumenta em 220%. Se continuarmos a bater o creme, não apenas ele não captura mais ar como seu volume diminui. O creme se transforma então em *chantilly* (mais de 160% de aumento de volume) e, se continuarmos a bater, ele se transforma em um torrão de manteiga!

MUSSES DE CHOCOLATE

Cada musse oferece um potencial achocolatado mais ou menos pronunciado e condições de degustação ou de utilização diferentes: variações de temperatura, textura, persistência na boca, etc.

Essas diferenças permitem conjugar suas criações e obter assim equilíbrio de texturas e de sabores.
Uma boa musse de chocolate deve ser leve, tenra e não gordurosa.

Todas as musses de chocolate devem cristalizar* por pelo menos 12 horas na geladeira. A maioria deve ser degustada à temperatura ambiente. É preciso pensar em tirá-las da geladeira 30 minutos antes da degustação, salvo no caso da musse leve sem ovos e da musse de chocolate com soja.

Musse de chocolate à base de claras de ovos ★

É a musse da vovó, com uma textura bem alveolada. Muito rica em chocolate, oferece a sensação de doçura e de derretimento na boca.

INGREDIENTES

Chocolate a ser dosado conforme a porcentagem de cacau:
300 g de chocolate amargo 70%, ou
330 g de chocolate amargo 60%, ou
390 g de chocolate ao leite 40% + 3 g de gelatina, ou
390 g de chocolate branco 35% + 6 g de gelatina
150 g (150 ml) de creme de leite líquido integral
3 gemas (60 g)
6 a 7 claras (200 g)
50 g de açúcar refinado

UTENSÍLIO

1 termômetro de cozinha

Pique o chocolate e derreta-o em banho-maria* ou no forno micro-ondas (posição descongelar ou potência de 500 W, mexendo regularmente). Se for fazer uma musse de chocolate ao leite ou branco, amoleça a gelatina em água fria. Em uma panela, ferva o creme de leite e, fora do fogo, acrescente a gelatina escorrida. Verta lentamente um terço do creme quente sobre o chocolate derretido **(1).** Com um pão-duro,* misture energicamente, descrevendo pequenos círculos, a fim de criar um "núcleo" elástico e brilhante. Incorpore mais um terço do creme mexendo da mesma forma. Depois, incorpore o último terço seguindo o mesmo procedimento. Acrescente as gemas para alisar o conjunto. Paralelamente, bata* as claras em neve com o açúcar. Quando a mistura de chocolate tiver alcançado 35/45 °C para as musses de chocolate ao leite/chocolate branco, ou 45/50 °C para as musses de chocolate amargo, incorpore um quarto das claras em neve, misture, depois incorpore delicadamente o restante **(2)**. Reserve por 12 horas na geladeira.

Bom saber

Esta musse não deve ser conservada por mais de 24 horas, em função da presença de gemas cruas.

Ideias de receitas

Musse de chocolate amargo > p.186
Coroa de chocolate com frutas de inverno > p. 221

1

2

3

Musse de chocolate sem ovos ★

Uma textura extremamente leve à base de leite e de gelatina que realça nitidamente o chocolate utilizado. Tem a vantagem de poder ser consumida ao sair da geladeira.

INGREDIENTES

Chocolate a ser dosado conforme a porcentagem de cacau:
285 g de chocolate amargo 70% + 3 g de gelatina, ou
330 g de chocolate amargo 60% + 4 g de gelatina, ou
340 g de chocolate ao leite 40% + 5 g de gelatina, ou
470 g de chocolate branco 35% + 10 g de gelatina
250 g (250 ml) de leite integral
500 g (500 ml) de creme de leite líquido integral

UTENSÍLIO

1 termômetro de cozinha

Amoleça a gelatina em um recipiente com água fria. Pique o chocolate e derreta-o em banho-maria* ou no forno micro-ondas (posição descongelar ou potência de 500 W, mexendo regularmente). Em uma panela, leve o leite à fervura, e então acrescente a gelatina escorrida. Verta lentamente um terço do leite quente sobre o chocolate derretido **(1)**. Com um pão-duro,* misture energicamente, descrevendo pequenos círculos a fim de criar um "núcleo" elástico e brilhante **(2)**. Incorpore mais um terço e continue mexendo da mesma forma. Depois, incorpore o último terço, seguindo o mesmo procedimento. À mão ou com uma batedeira, bata energicamente* o creme de leite bem frio para lhe dar uma textura macia e espumante, conhecida como "batida espumante". Quando a mistura de chocolate tiver alcançado 35/45 °C para as musses de chocolate ao leite/chocolate branco, ou 45/50 °C para as musses de chocolate amargo, incorpore o creme de leite batido espumante, misturando delicadamente com um pão-duro **(3)**. Reserve na geladeira por cerca de 12 horas.

Bom saber

Esta musse é ideal no caso de uma alergia a ovos. Criada para ser consumida em países quentes, deve ser servida imediatamente. Pode ser conservada por 1 ou 2 dias na geladeira e congela muito bem.

Ideias de receitas

Spoon de chocolate e caramelo > p. 240
Flora > p. 324

Musse *chantilly* de chocolate ★

O *chantilly* de chocolate resulta em uma musse de chocolate alveolada mais densa, mais seca na boca e com um gosto de chocolate bastante pronunciado. Interessante para combinar com algum cremoso.

INGREDIENTES

Chocolate a ser dosado conforme a porcentagem de cacau:
320 g de chocolate 70%, ou
360 g de chocolate 60%, ou
400 g de chocolate ao leite 40%, ou
450 g de chocolate branco 35% + 6 g de gelatina
600 g (400 g + 200 g) de creme de leite líquido integral

Pique o chocolate e derreta-o em banho-maria* ou no forno micro-ondas (posição descongelar ou potência de 500 W, mexendo regularmente). Se for fazer uma musse de chocolate branco, amoleça a gelatina em um recipiente com água fria.

À mão ou com uma batedeira, bata energicamente* 400 g de creme de leite bem frio para lhe dar uma textura macia e espumante, conhecida como "batida espumante". Reserve na geladeira.

Em uma panela, aqueça os 200 g de creme de leite restantes. Fora do fogo, acrescente a gelatina escorrida, se necessário. Verta lentamente um terço deste creme quente sobre o chocolate derretido **(1)**.

Com um pão-duro,* misture energicamente, descrevendo pequenos círculos, a fim de criar um "núcleo" elástico e brilhante **(2)**. Incorpore mais um terço e continue mexendo da mesma forma. Depois, incorpore o último terço, seguindo o mesmo procedimento.

Acrescente o creme de leite batido espumante, misturando delicadamente com um pão-duro **(3)**.

Reserve na geladeira por cerca 12 horas.

Conselho do *chef*

Para evitar a formação de "pepitas de chocolate", verifique a temperatura da mistura creme/chocolate antes de incorporar o creme de leite batido espumante. Ela deve estar entre 45/50 °C.

Bom saber

Pode ser conservada na geladeira por dois dias e congela bem.

Ideias de receitas

Klemanga > p. 308
Mimos de pera e caramelo ao leite > p. 321
Mister Clown > p. 327

Musse de chocolate à base de creme inglês ★★

Musse de chocolate bastante untuosa com bela intensidade de chocolate que faz um feliz casamento com frutas.

INGREDIENTES

Chocolate a ser dosado conforme a porcentagem de cacau:
325 g de chocolate amargo 70%, ou
360 g de chocolate amargo 60%, ou
560 g de chocolate ao leite 40%, ou
500 g de chocolate branco 35% + 5 g de gelatina
2 gemas
25 g de açúcar refinado
130 g (130 ml) de leite integral
600 g (150 g + 450 g) de creme de leite líquido integral

UTENSÍLIO

1 termômetro de cozinha

Pique o chocolate e derreta-o em banho-maria* ou no forno micro-ondas (posição descongelar ou potência de 500 W, mexendo regularmente). Se for fazer uma musse de chocolate branco, amoleça a gelatina em um recipiente com água fria.

Prepare um creme inglês. Em uma tigela, misture as gemas e o açúcar. Verta esta mistura em uma panela, acrescente o leite e 150 g de creme de leite, e cozinhe tudo em fogo brando, mexendo sempre, até que o creme engrosse ligeiramente. A temperatura deve ficar ente 82 °C e 84 °C. Retire do fogo e coloque o creme inglês em um recipiente fundo. Utilize o *mixer* por alguns segundos para obter uma textura lisa e untuosa. Se necessário, acrescente a gelatina escorrida.

Verta lentamente um terço do creme inglês quente sobre o chocolate derretido. Com um pão-duro,* misture energicamente, descrevendo pequenos círculos, a fim de criar um "núcleo" elástico e brilhante. Incorpore mais um terço e continue mexendo da mesma forma. Depois, incorpore o último terço, seguindo o mesmo procedimento. Utilize o *mixer* para homogeneizar e finalizar a emulsão. À mão ou com uma batedeira, bata energicamente* 450 g de creme de leite bem frio para dar uma textura macia e espumante, conhecida como "batida espumante". Quando a temperatura da mistura tiver alcançado 45/50 °C, acrescente um terço do creme batido espumante. Misture e acrescente delicadamente com um pão-duro o restante do creme. Reserve por 12 horas na geladeira.

Conselho do *chef*

É importante "soltar" a mistura chocolate/creme inglês com um terço do creme espumante, a fim de obter uma consistência leve quase semelhante à do creme. Isto permite conservar o máximo de volume.*

Ideias de receitas

Royal > p. 170
Transparência gelada de avelãs e chocolate amargo, creme leve de dois limões > p. 295
Glasgow > p. 313

Musse de chocolate à base de *pâte à bombe* ★★★

Musse mais untuosa e doce, com uma bela intensidade de chocolate.

INGREDIENTES

Musse de chocolate
200 g (200 ml) de creme de leite líquido integral
Chocolate a ser dosado conforme a porcentagem de cacau:
150 g de chocolate amargo 70%, ou
170 g de chocolate amargo 60%, ou
230 g de chocolate ao leite 40% + 2,5 g de gelatina, ou
250 g de chocolate branco 35% + 4 g de gelatina

Pâte à bombe
3 gemas
1 ovo inteiro
45 g de açúcar refinado
30 g (30 ml) de água

UTENSÍLIO
1 termômetro de cozinha

À mão ou com uma batedeira, bata energicamente* o creme de leite bem frio para lhe dar uma consistência macia e espumante, conhecida como "batida espumante". Pique o chocolate e derreta-o banho-maria* ou no forno micro-ondas (posição descongelar ou potência de 500 W, mexendo regularmente). Se fizer uma musse de chocolate ao leite ou branco, amoleça a gelatina em um recipiente com água fria.

Prepare a *pâte à bombe*. Em um recipiente, misture as gemas, o ovo, o açúcar e a água. Coloque o recipiente em banho-maria e mexa constantemente até alcançar uma temperatura de 82 °C. Retire o recipiente do banho-maria. Acrescente a gelatina escorrida, se necessário, e bata energicamente a mistura até ela amornar.

Proceda à mistura. Com o *fouet*, incorpore um terço do creme de leite batido espumante ao chocolate derretido, a fim de obter uma textura brilhante e elástica. Reaqueça ligeiramente em banho-maria ou no forno micro-ondas. Conclua incorporando delicadamente com um pão-duro* o restante do creme, e depois a *pâte à bombe* morna. Reserve na geladeira por cerca de 12 horas.

Conselho do *chef*

Para evitar a formação de "grãos de chocolate", verifique a temperatura da mistura creme/chocolate antes de incorporar o creme batido espumante. Ela deve estar entre 45/50 °C.

Bom saber

A gelatina funciona como um endurecedor e compensa a falta de manteiga de cacau dos chocolates ao leite e branco. A musse pode ser conservada por 1 ou 2 dias na geladeira.*

Musse de chocolate e soja ★

Esta musse apresenta uma textura muito espumante e fresca na boca. Tem ainda a vantagem de não conter gordura animal.

INGREDIENTES

150 g de chocolate amargo 70%
3 claras
70 g (35 g + 35 g) de açúcar refinado
300 g (300 ml) de creme de soja líquido
3 g de ágar-ágar
2 favas de baunilha
180 g (180 ml) de leite de soja

Pique o chocolate e derreta-o em banho-maria* ou no forno micro-ondas (posição descongelar ou potência de 500 W, mexendo regularmente). Bata* as claras e 35 g de açúcar refinado em ponto de bico. À mão ou com uma batedeira, bata energicamente* o creme de soja para lhe dar uma textura macia e espumante, conhecida como "batida espumante". Misture os 35 g de açúcar restantes ao ágar-ágar.

Raspe as favas de baunilha para extrair as sementes e deixe-as em infusão no leite de soja por alguns minutos. Coe. Em uma panela, leve à fervura o leite de soja e a mistura açúcar/ágar-ágar. Verta lentamente um terço da mistura fervente sobre o chocolate derretido.

Com um pão-duro,* misture energicamente, descrevendo pequenos círculos, para criar um "núcleo" elástico e brilhante. Incorpore mais um terço e continue mexendo da mesma forma. Depois, incorpore o último terço, seguindo o mesmo procedimento. Acrescente um terço das claras batidas a fim de deixar a massa mais leve. Depois, com o pão-duro, incorpore delicadamente o restante das claras. Reserve por 12 horas na geladeira.

—• Conselho do *chef*

É indispensável ferver o ágar-ágar para que ele gelifique. Mas, atenção, o ágar-ágar não pode ser congelado, pois pode resultar em uma musse sem consistência e que perde água ao descongelar.

—• Bom saber

A presença da baunilha equilibra o gosto da soja. Você pode utilizar um outro aroma a sua escolha.

Bavaroise de chocolate ★★

Musse muito tenra e uma das menos achocolatadas.

INGREDIENTES

Chocolate a ser dosado conforme a porcentagem de cacau:
150 g de chocolate amargo 70%, ou
160 g de chocolate amargo 60%, ou
190 g de chocolate ao leite 40%
6 g de gelatina em folhas
350 g (350 ml) de creme inglês de base (ver página 98)
450 g (450 ml) de creme de leite líquido integral

UTENSÍLIO

1 termômetro de cozinha

Pique o chocolate e derreta-o lentamente em banho-maria* ou no forno micro-ondas (posição descongelar ou potência de 500 W, mexendo regularmente) **(1).**

Amoleça a gelatina em um recipiente com água fria **(2).**

Prepare o creme inglês. Utilize uma pequena parte do creme inglês para derreter a gelatina. Quando a mistura estiver bem homogênea, incorpore-a ao restante do creme inglês.

Verta lentamente um terço deste creme quente sobre o chocolate derretido. Com um pão-duro,* misture energicamente, descrevendo pequenos círculos, a fim de criar um "núcleo" elástico e brilhante. Incorpore mais um terço e continue mexendo da mesma forma. Depois, incorpore o terceiro terço, seguindo o mesmo procedimento.

À mão ou com uma batedeira, bata energicamente* o creme de leite bem frio para lhe dar uma textura macia e espumante, conhecida como "batida espumante".

Quando a temperatura da mistura alcançar 45/50 °C, acrescente um terço do creme batido espumante. Misture e acrescente delicadamente o restante do creme com um pão-duro.

Reserve por 12 horas na geladeira.

—• Conselho do *chef*

Esta musse é mais utilizada em sobremesas.

1

2

Os sorvetes e as caldas

SORVETES

Sorvete de chocolate ★★

Sorvete de chocolate caseiro, particularmente rico em chocolate e deliciosamente cremoso.

INGREDIENTES

180 g de chocolate amargo 70%
660 g (660 ml) de leite integral
20 g (20 ml) de creme de leite líquido integral
30 g de leite em pó
70 g de açúcar refinado
60 g de mel

UTENSÍLIOS

1 termômetro de cozinha
1 sorveteira

Pique o chocolate (ou utilize pastilhas) e derreta-o lentamente em banho-maria* ou no forno micro-ondas (posição descongelar ou potência de 500 W, mexendo regularmente).

Em uma panela, aqueça o leite, o creme de leite, o leite em pó, o açúcar refinado e o mel **(1, 2)**. Verta lentamente um terço da mistura fervente sobre o chocolate derretido. Com um fouet **(3)** misture energicamente, descrevendo pequenos círculos, a fim de criar um "núcleo" elástico e brilhante. Incorpore mais um terço e continue mexendo da mesma forma. Depois, incorpore o último terço, seguindo o mesmo procedimento.

Utilize o *mixer* por alguns segundos para homogeneizar e finalizar a emulsão.

Transfira a mistura para uma panela e aqueça, sem parar de mexer, até alcançar 85 °C. Mantenha esta temperatura por 2 minutos, sempre mexendo, a fim de pasteurizar o "*mix* sorvete".

Resfrie rapidamente a mistura transferindo-a para um recipiente mergulhado em gelo. Deixe repousar por uma noite na geladeira, a fim de propiciar o desenvolvimento dos aromas (os profissionais dizem "maturar").

Transfira a mistura para a vasilha de uma sorveteira e processe conforme as indicações do fabricante. Conserve a -18 °C.

1

2

3

Ideias de receitas

Profiteroles de chocolate > p. 172
Crocante gelado de chocolate, caramelo e maracujá > p. 299

1

Creme gelado com amêndoas de cacau trituradas ★★

Sua cor clara faz o gosto encorpado do creme gelado com amêndoas de cacau trituradas ser ainda mais surpreendente.

INGREDIENTES
150 g de amêndoas de cacau trituradas
750 g (750 ml) de leite integral
225 g (225 ml) de creme de leite líquido integral
55 g de leite em pó
170 g de açúcar refinado
2 gemas
15 g de mel

UTENSÍLIOS
1 sorveteira
1 termômetro de cozinha

Aqueça as amêndoas de cacau trituradas levando-as ao forno por 10 minutos a 150 °C.

Em uma panela, misture o leite, o creme de leite, o leite em pó, o açúcar refinado, as gemas e o mel. Aqueça e depois acrescente as amêndoas de cacau trituradas **(1)**. Mexa constantemente até alcançar 85 °C. Resfrie rapidamente a mistura transferindo-a para um recipiente mergulhado em gelo. Deixe repousar (maturar) por uma noite na geladeira, a fim de propiciar o desenvolvimento dos aromas.

Coe, transfira para a vasilha de uma sorveteira e processe conforme as indicações do fabricante. Conserve a -18 °C.

Conselho do *chef*
A torrefação das amêndoas de cacau trituradas permite desenvolver ainda mais seus aromas particularmente agradáveis e surpreendentes.

Bom saber
As amêndoas de cacau trituradas são obtidas das amêndoas de cacau torradas e peladas. São comercializadas por alguns artesãos confeiteiros, pela Valrhona, assim como por lojas especializadas em confeitaria.

Ideia de receita
Esquimós de cacau com lascas de amêndoas e amendoins > p. 290

1

2

3

Parfait de chocolate ★★

Eis uma técnica interessante: uma sobremesa gelada que dispensa a sorveteira!

INGREDIENTES

3 claras
100 g de açúcar refinado
Chocolate a ser dosado conforme a porcentagem de cacau:
150 g de chocolate amargo 70%, ou
225 g de chocolate 60%, ou
200 g de chocolate ao leite 40%, ou
225 g de chocolate branco 35%

200 g (200 ml) de creme de leite líquido integral

UTENSÍLIO

1 termômetro de cozinha

Faça um merengue suíço. Em uma tigela, misture as claras e o açúcar, depois esquente em banho-maria.* Quando a temperatura atingir 55/60 °C **(1)**, bata* as claras em neve fora do fogo, até esfriarem **(2)**.

Durante esse tempo, pique o chocolate e derreta-o em banho-maria ou no forno micro-ondas (posição descongelar ou potência de 500 W, mexendo regularmente).

Com o *fouet*, bata energicamente* o creme de leite líquido integral para lhe dar uma textura macia e espumante, conhecida como "batida espumante".

Acrescente um quarto deste creme ao chocolate e misture até obter uma textura elástica e brilhante. Reaqueça ligeiramente a mistura em banho-maria ou no forno micro-ondas.

Acrescente o merengue suíço, misture delicadamente e conclua a mistura acrescentando o restante do creme batido **(3)**.

Disponha em forminhas ou *verrines* e leve ao congelador por pelo menos 3 horas.

Ideia de receita

Parfait gelado de chocolate, calda de *cappuccino*
> p. 292

1

2

Granité de chocolate ★

O *granité* apresenta textura gelada e crocante, que possibilita choques interessantes de temperaturas e de substâncias.

INGREDIENTES

Chocolate a ser dosado conforme a porcentagem de cacau:
170 g de chocolate amargo 70%, ou
190 g de chocolate amargo 60%
650 g (650 ml) de água
10 g de leite em pó
125 g de açúcar refinado
25 g de mel

Pique o chocolate e derreta-o lentamente em banho-maria* ou no forno micro-ondas (posição descongelar ou potência de 500 W, mexendo regularmente).

Em uma panela, ferva por 2 minutos a água, o leite em pó, o açúcar refinado e o mel. Verta lentamente um terço deste xarope sobre o chocolate derretido. Com um pão-duro,* misture energicamente, descrevendo pequenos círculos, a fim de criar um "núcleo" elástico e brilhante. Incorpore mais um terço e continue mexendo da mesma forma. Depois, incorpore o último terço seguindo o mesmo procedimento. Utilize o *mixer* por alguns segundos para homogeneizar e finalizar a emulsão.

Transfira para uma travessa, formando uma camada de cerca de 3 cm de espessura **(1)**. Coloque no congelador por cerca de 3 horas, mexendo regularmente, a fim de obter belos cristais **(2)**.

Conselho do *chef*

É preciso mexer o granité *regularmente, sob o risco de obter um bloco de água achocolatada congelada...*

Ideia de receita

Coulant de chocolate morno, banana crocante e tenra > p. 224

Sorbet de chocolate amargo ★★

Contrariamente ao sorvete à base de leite, o *sorbet* é constituído de água e um pouco de leite em pó. Um encontro fresco e leve com o chocolate.

INGREDIENTES
325 g de chocolate amargo 70%
1 litro de água
20 g de leite em pó
250 g de açúcar refinado
50 g de mel

UTENSÍLIOS
1 sorveteira
1 termômetro de cozinha

Pique o chocolate e derreta-o lentamente em banho-maria* ou no forno micro-ondas (posição descongelar ou potência de 500 W mexendo de tempos em tempos). Em uma panela, ferva por dois minutos a água, o leite em pó, o açúcar refinado e o mel **(1)**. Verta lentamente um terço deste xarope sobre o chocolate derretido. Com um pão-duro,* misture energicamente, descrevendo pequenos círculos, a fim de criar um "núcleo" elástico e brilhante **(2)**. Incorpore mais um terço e continue mexendo da mesma forma. Depois, incorpore o último terço, seguindo o mesmo procedimento.

Utilize o *mixer* por alguns segundos para homogeneizar e finalizar a emulsão.

Transfira a mistura para uma panela e aqueça, mexendo continuamente até alcançar 85 °C. Resfrie rapidamente, transferindo a mistura para um recipiente mergulhado em gelo.

Deixe repousar (maturar) por uma noite na geladeira, a fim de propiciar o desenvolvimento dos aromas. Transfira a mistura para a vasilha de uma sorveteira e processe conforme as indicações do fabricante. Conserve a -18 °C.

Conselho do *chef*

Prefira utilizar mel de gosto mais neutro, como o de acácia ou o silvestre, a fim de não alterar o gosto do chocolate.

1

2

Sorbet de chocolate ao leite ★★

Chocolate ao leite, um pouco mais de leite em pó... o resultado é mais doce, com um leve toque de caramelo e de mel que lembra a doçura da infância...

INGREDIENTES
390 g de chocolate ao leite 40%
1 litro de água
80 g de leite em pó
120 g de açúcar refinado
70 g de mel

UTENSÍLIOS
1 sorveteira
1 termômetro de cozinha

Pique o chocolate e derreta-o lentamente em banho-maria* ou no forno micro-ondas (posição descongelar ou potência de 500 W, mexendo regularmente). Em uma panela, ferva por 2 minutos a água, o leite em pó, o açúcar refinado e o mel. Verta lentamente um terço deste xarope sobre o chocolate derretido. Com um pão-duro,* misture energicamente, descrevendo pequenos círculos, a fim de criar um "núcleo" elástico e brilhante. Incorpore mais um terço e continue mexendo da mesma forma. Depois incorpore o último terço, seguindo o mesmo procedimento.

Utilize o *mixer* por alguns segundos para homogeneizar e finalizar a emulsão.

Transfira o conteúdo para uma panela e aqueça, sem deixar de mexer, até alcançar 85 °C.

Resfrie rapidamente a mistura transferindo-a para um recipiente mergulhado em gelo. Deixe repousar (maturar) por uma noite na geladeira, a fim de propiciar o desenvolvimento dos aromas.

Coloque no recipiente da sorveteira e processe conforme as indicações do fabricante, depois conserve a -18 °C.

Sorbet marfim ★★

O último elo desta cadeia de *sorbets* de chocolate: branco marfim e ainda mais lácteo do que os dois anteriores.

INGREDIENTES

550 g de chocolate branco 35%
1 litro de água
140 g de leite em pó
40 g de açúcar refinado
90 g de mel

UTENSÍLIOS

1 sorveteira
1 termômetro de cozinha

Pique o chocolate e derreta-o lentamente em banho-maria* ou no forno micro-ondas (posição descongelar ou potência de 500 W, mexendo regularmente).

Em uma panela, ferva por 2 minutos a água, o leite em pó, o açúcar refinado e o mel. Verta lentamente um terço deste xarope sobre o chocolate derretido. Com um pão-duro,* misture energicamente, descrevendo pequenos círculos, a fim de criar um "núcleo" elástico e brilhante. Incorpore mais um terço e continue mexendo da mesma forma. Depois, incorpore o último terço, seguindo o mesmo procedimento. Utilize o *mixer* por alguns segundos para obter uma textura lisa e untuosa. Transfira o conteúdo para uma panela e aqueça até alcançar 85 °C. Resfrie rapidamente a mistura transferindo-a para um recipiente mergulhado em gelo. Deixe repousar (maturar) por uma noite na geladeira, a fim de propiciar o desenvolvimento dos aromas.

Coloque no recipiente da sorveteira e processe conforme as indicações do fabricante, depois conserve a -18 °C.

CALDAS

Calda de chocolate ★

A calda de chocolate é utilizada no lugar de qualquer outra. Para dar o último toque em diversas sobremesas geladas, combinando com frutas, a começar pela mítica pera ao chocolate, para coroar profiteroles ou banana split... A qualidade do chocolate muda tudo!

INGREDIENTES

Chocolate a ser dosado conforme a porcentagem de cacau:
85 g de chocolate amargo 70%, ou
90 g de chocolate 60%, ou
130 g de chocolate ao leite 40%, ou
140 g de chocolate branco 35%
100 g (100 ml) de leite integral

UTENSÍLIO

1 termômetro de cozinha

Pique o chocolate e derreta-o lentamente em banho-maria* ou no forno micro-ondas (posição descongelar ou potência de 500 W, mexendo regularmente).

Ferva o leite. Verta lentamente um terço do leite fervente sobre o chocolate derretido. Com um pão-duro,* misture energicamente, descrevendo pequenos círculos, a fim de criar um "núcleo" elástico e brilhante. Incorpore mais um terço e continue mexendo da mesma forma. Depois, incorpore o último terço, seguindo o mesmo procedimento. Processe com o *mixer* por alguns segundos.

Reserve na geladeira ou sirva bem quente.

Sirva as caldas de chocolate ao leite ou chocolate branco a 20/25 °C, e as de chocolate amargo a 35/40 °C.

Conselho do *chef*

É possível adoçar uma calda de chocolate amargo acrescentando chocolate ao leite ou um pouco de açúcar, se necessário.

Ideias de receitas

Profiteroles de chocolate > p. 172
Efêmero de chocolate branco e café > p. 229

Calda de chocolate e caramelo ★★

A combinação chocolate/caramelo é uma das mais clássicas e bem-sucedidas do mundo das sobremesas. Uma calda que também pode ser degustada sozinha, por prazer...

INGREDIENTES
220 g de chocolate ao leite 40%
470 g (470 ml) de creme de leite líquido integral
25 g de xarope de glicose
240 g de açúcar refinado
75 g de manteiga

UTENSÍLIOS
1 termômetro de cozinha

Pique o chocolate e derreta-o lentamente em banho-maria* ou no forno micro-ondas (posição descongelar ou potência de 500 W, mexendo regularmente).

Em uma panela, aqueça o creme de leite e o xarope de glicose.

Enquanto isso, em outra panela, prepare o caramelo a seco, levando o açúcar a 180/185 °C. Com precaução, acrescente a manteiga, depois, progressivamente, a mistura quente de creme de leite e xarope de glicose. Leve à fervura.

Verta lentamente um terço do líquido fervente sobre o chocolate derretido. Com um pão-duro,* misture energicamente, descrevendo pequenos círculos, a fim de criar um "núcleo" elástico e brilhante. Incorpore mais um terço e continue mexendo da mesma forma. Depois, incorpore o terceiro terço, seguindo o mesmo procedimento. Processe com o *mixer* por alguns segundos.

Deixe cristalizar* na geladeira por algumas horas antes de utilizar.

Conselho do *chef*

É possível aromatizar esta calda acrescentando especiarias, zestos, suco de gengibre, de maracujá, de frutas cítricas...*

Bom saber

O xarope de glicose impede que o açúcar refinado recristalize no caramelo.

Ideias de receitas

Churros do deserto, chocolate ao leite e gengibre > p. 219
Waffles marmorizados de chocolate e baunilha > p. 222
Crocante gelado de chocolate, caramelo e maracujá > p. 299

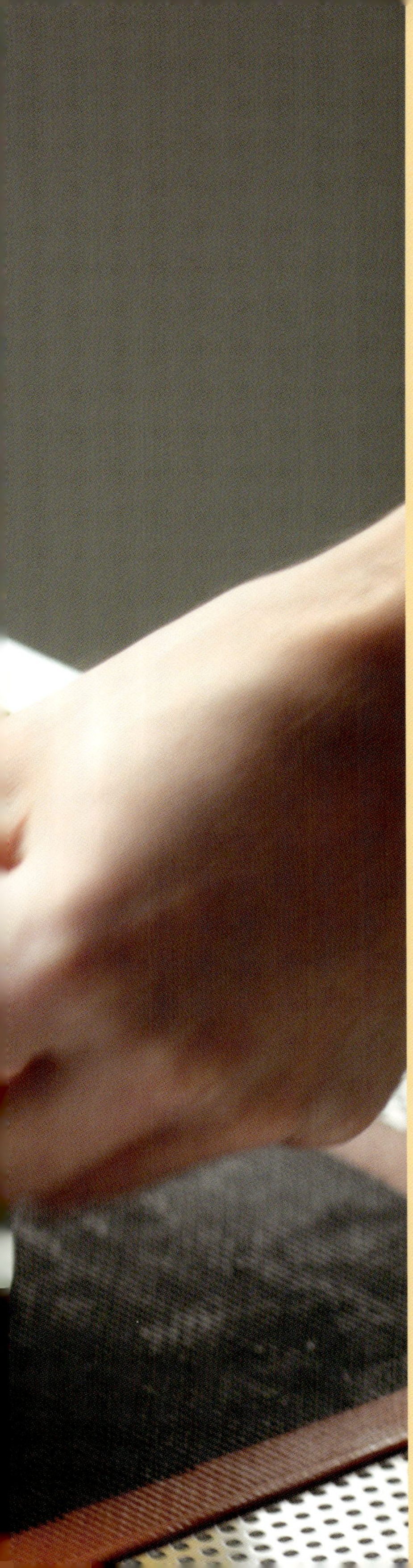

Os movimentos a dominar

132

Marmorização

Para obter uma bela marmorização, cubra o fundo da forma com um terço da massa de baunilha. Depois, com um saco de confeitar, acrescente, no centro e longitudinalmente, metade da massa de chocolate. Cubra com um terço da massa de baunilha, depois acrescente, sempre no centro do bolo e longitudinalmente, o restante da massa de chocolate. Cubra com o restante da massa de baunilha.

Fazer um belo bolo

Para otimizar o preparo de um bolo, é preferível reservar a massa por uma noite na geladeira antes de assá-la. A seguir, é necessário fazer uma "incisão" antes do cozimento com uma espátula meia-lua* (ou outro objeto similar) previamente untado de manteiga derretida. Faça uma incisão de 1 cm a 2 cm de profundidade em todo o comprimento do bolo. Você irá obter um bolo bem crescido e com uma bonita crosta.

Ao sair do forno, é melhor aguardar alguns minutos antes de desenformá-lo e deitá-lo "de lado" enquanto esfria, para que fique impecavelmente reto.

Encher um saco de confeitar

Coloque o bico em seu lugar no interior do saco. Torça de maneira a preencher a ponta. A seguir, vire do avesso as bordas do lado aberto, para poder encher seu saco sem sujá-lo. Você pode repousar o saco em um jarro a fim de ter as duas mãos livres para enchê-lo. Quando o saco estiver cheio, desvire as bordas e feche-o torcendo a extremidade. Faça subir levemente a massa antes de cortar a ponta.

Mantenha-o bem ereto enquanto o manipula.

—• Conselho do *chef*

Um saco de confeitar deve ser manipulado com a palma da mão com que escreve. Não o encha muito, pois isto dificulta sua manipulação. Um pequeno truque para fechar o saco antes do enchimento: use um pregador de roupas.

Confeitar *macarons* bem redondos

O saco de confeitar deve estar perpendicular à sua folha de papel-manteiga e quase em contato com ela. Aperte sem mexer até obter o tamanho desejado, depois deixe de apertar e retire o saco com um rápido movimento de punho.

1

2

3

Guarnecer um fundo de torta

Utilize formas untadas com manteiga (aros para confeitaria ou formas de fundo removível).
É preferível utilizar formas metálicas em vez de formas de porcelana ou cerâmica, a fim de obter uma massa mais crocante.

Montagem clássica (1)

Abra a massa ultrapassando levemente o tamanho de sua forma. Para dispor corretamente a massa no fundo da forma, utilize seu rolo de abrir massa. Usando os dedos, pressione levemente a massa para que ela adira às laterais da forma. Nivele as bordas e reserve na geladeira.

Montagem em tiras (2)

Abra a massa e corte o fundo utilizando o aro como cortador. Faça uma bola com as sobras, abra novamente e depois corte em tiras que servirão para forrar as laterais da forma.

Coloque o fundo de massa sobre a assadeira e passe água em todo o perímetro com um pincel. A seguir, coloque as tiras nas laterais da forma. Usando os dedos, pressione levemente a massa. Nivele as bordas e reserve na geladeira.

Montagem em escamas (3)

Abra a massa e corte o fundo utilizando o aro como cortador. Com o restante da massa, faça um tronco de 3 cm de diâmetro e reserve por alguns minutos no congelador para endurecê-lo levemente. Corte-o em "rodelas" de 3 mm a 4 mm de espessura. Sobreponha estas rodelas, como escamas, nas laterais da forma. Você irá obter uma bela borda ornada.

Sem forma

Corte a massa aberta em disco, quadrado, retângulo ou qualquer outra forma que desejar. Disponha esta massa em uma assadeira e belisque as bordas entre o polegar e o indicador, de forma a obter um efeito "dentado".

Bater claras em neve

É aconselhável bater as claras em neve a uma velocidade média. Assim, a incorporação de ar se faz sob a forma de pequenas bolhas que asseguram delicadeza e estabilidade à estrutura das claras.

Batê-las em alta velocidade faz com que a incorporação de ar não produza o mesmo resultado. A mistura é mais frágil, menos estável e tende a ser, às vezes, menos "volumosa".

As claras devem crescer "espumantes", ou seja, não muito firmes, contrariamente a uma crença difundida. Elas apresentam então uma textura conhecida como ponto de bico, ou a textura de um bom creme de barbear ou de uma musse de cabelo. É mais fácil incorporar claras batidas desta forma em outras misturas.

Preparar manteiga pomada

Gostaríamos que ficasse pronta de imediato, mas é impossível. A manteiga pomada precisa de tempo e de energia...

Tire a manteiga da geladeira algumas horas antes de utilizá-la e coloque-a em uma tigela. Com uma espátula, misture-a vigorosamente.

Se a manteiga ainda estiver dura, você pode levá-la ao forno micro-ondas por alguns segundos ou ao banho-maria.* Termine de transformá-la em "pomada" utilizando a espátula ou um *fouet*.

Torrar frutas secas

A torrefação permite expressar e revelar ao máximo o aroma das frutas secas.

É preferível usar calor brando (150 °C) a fim de obter a mesma coloração no interior e no exterior das frutas secas, sinal de uma boa torrefação.

Leve as frutas secas ao forno a 150 °C por 10 a 15 minutos, até obter uma bela coloração dourada.

Preparar uma bela musse de chocolate

"Frequentemente aparecem grânulos de chocolate na minha musse..."

Tome o cuidado de reaquecer ligeiramente sua mistura de chocolate antes de incorporar as claras em neve ou o creme de leite batido espumante.

De fato, se a mistura já está um pouco fria, o fato de acrescentar uma massa considerável de claras ou de creme de leite frio faz o chocolate endurecer, o que explica os "grãos"...

"Restam claras líquidas no fundo da minha tigela..."

Tome o cuidado de bater as claras em ponto de bico. Se as claras foram batidas mais firmes, o fato de misturá-las com o chocolate faz com que elas "desandem", e uma clara que desanda se liquidifica.

"Minha musse está muito firme ou muito líquida."

Certifique-se de ter usado o chocolate conforme a porcentagem de cacau indicada na receita. Se for o caso, você deve modificar o peso do chocolate em função da porcentagem de cacau presente no chocolate utilizado (ver "Caderno teórico", página 144), pois a manteiga de cacau contida no chocolate é um "gelificador". Em função da proporção de manteiga de cacau acrescentada, você pode ter uma quantidade excessiva ou insuficiente de gelificador, por isso as consistências muito firmes ou muito líquidas!

"Minha musse está seca e/ou granulada"

Você "emulsionou" corretamente o chocolate com o líquido, respeitando a regra dos três terços (ver página 94)? Sempre que realizar uma emulsão, não se esqueça: verta lentamente um terço do líquido fervente sobre o chocolate derretido. Com um pão-duro,* misture energicamente, descrevendo pequenos círculos, a fim de criar um "núcleo" elástico e brilhante. Incorpore mais um terço e continue mexendo da mesma forma. Depois, incorpore o último terço, seguindo o mesmo procedimento...

CADERNO TEÓRICO

OS SEGREDOS DE UM BOM CHOCOLATE

À primeira vista, nada diferencia um chocolate amargo 80% de outro chocolate amargo 80%. E, no entanto, por vezes há um mundo de distinções entre os dois. De uma marca a outra, de uma origem a outra, de um processo de fabricação a outro, o aspecto, os aromas, a textura e o derretimento podem variar completamente. De onde vêm essas diferenças? De uma multiplicidade de parâmetros que é muito difícil imaginar ao mordermos com prazer nossa barra preferida.

O *terroir*

Desconhecida há cerca de vinte anos, a noção de *terroir* em chocolate começa a ser incorporada por consumidores experientes. O chocolate vem do cacau, fruto do cacaueiro. As favas são um produto agrícola e, como todos os produtos agrícolas, são influenciadas por esta combinação de fatores que se chama *terroir*: a origem, a escolha das variedades, o meio-ambiente e o *savoir-faire*.

É preciso saber que existem três principais variedades de cacaueiros – o Crioulo, o Forasteiro e o Trinitário –, que produzem cacaus de características diferentes. Por exemplo, o Forasteiro é reputado por ser mais amargo e mais adstringente, enquanto o Crioulo parece mais suave com notas de frutas vermelhas ou de frutas secas e mel. Essas sutis diferenças estão na origem da construção do gosto do chocolate. Além das variedades, o meio ambiente é igualmente importante. A exposição ao sol influencia no teor de matéria gordurosa dos cacaus, a proporção de nitrogênio contido no solo modifica o teor de polifenóis, as chuvas desempenham um papel importante na fermentação... Finalmente, o trabalho dos homens pode modificar radicalmente os aromas de uma produção. Durante a quebra, a fermentação e a secagem, a mínima negligência pode resultar em um aroma ruim: gosto de mofo ou de fumaça, excesso de acidez...

Todos esses fatores, muito variáveis de uma plantação a outra, de um ano a outro, influenciam o aroma final do chocolate. No entanto, eles não bastam para garantir sua qualidade. O viticultor que sabe explorar seu *terroir* é o responsável por um bom vinho, assim como o mestre chocolateiro que sabe explorar "suas" plantações é o responsável por um bom chocolate.

O *savoir-faire*

Nas plantações, existe um *savoir-faire* empírico, transmitido de geração a geração, que se aplica às técnicas de colheita, aos métodos de brassagem, de secagem, os tempos de fermentação. Esses gestos ancestrais não estão perto de desaparecer nos países produtores, ainda que sejam conhecidos os meios para se criar cientificamente as condições de uma boa matéria-prima. Quanto à transformação do cacau em chocolate, ela obedece a um processo industrial bastante codificado. As inovações tecnológicas implementadas pelos grandes fabricantes de chocolate ao longo do século XIX realmente permitiram que o chocolate adquirisse a textura e os aromas que são os seus atualmente, a anos-luz do chocolate pré-colombiano feito de pasta de cacau raspado, de aromatizantes e de especiarias, e consumido sob a forma de bebida.

Um rápido sobrevoo dos nomes que marcaram a história da fabricação do chocolate nos faria cruzar com o suíço François Louis Cailler, inventor do tablete de chocolate em 1820, seu compatriota Philippe Suchard, que implementou um moedor que misturava o açúcar e o cacau, depois Charles-Amédée Kohler, mais um suíço, que em 1831 introduziu a avelã na massa. Um pouco depois, o holandês Casparus Van Houten teve a ideia de extrair a manteiga de cacau do restante da massa, que ele transformou em pó. Em 1849, Henri Nestlé, um farmacêutico alemão instalado na Suíça, inventou o leite em pó e lançou ao mesmo tempo o chocolate ao leite. Mas é a Rudolf Lindt que devemos duas descobertas maiores: a técnica da conchagem e o acréscimo de manteiga de cacau, que, a partir de 1879, darão ao chocolate toda a sua untuosidade.

Se o encadeamento das etapas de fabricação permanece relativamente imutável, as técnicas de torrefação e de conchagem revelam o *savoir-faire* dos mestres chocolateiros, e é o conhecimento íntimo dos cacaus que permite conhecer os bons parâmetros que resultarão no aroma e na textura procurados.

TERROIRS E AROMAS

À diferença do vinho, é muito difícil ligar um *terroir* a um gosto de chocolate. Primeiro, porque as variedades de cacau são muito menos divididas do que as das cepas de uvas. Nas plantações, cada fazendeiro constituiu sua própria mistura, pegando, por exemplo, plantas de seu vizinho ou de seu avô. Por outro lado, todas as pesquisas sobre o cacau dirigiram-se antes ao aumento do rendimento e à luta contra doenças que à definição de perfis aromáticos. Pouco a pouco, os artesãos chocolateiros e os clubes de apaixonados pelo chocolate evidenciam as relações entre o *terroir* e o gosto. As coisas evoluirão a ponto de um dia instaurar denominações de origem?

A criatividade

Por mais estranho que possa parecer, é exatamente uma receita que é elaborada no momento de criar um chocolate. Os rótulos dos tabletes de consumo corrente dão por vezes a impressão de que as coisas são simples: uma porcentagem mínima de cacau que indica a presença de massa de cacau e de manteiga de cacau, açúcar e um pouco de lecitina de soja, extrato natural de baunilha. Nada mais. Os adjetivos que servem para descrever o chocolate "intenso", "elegante", "distinto", "sutil", "sublime" raramente dão indicações sobre a origem ou a qualidade dos cacaus empregados. E por razões evidentes, toda a informação é baseada na porcentagem de cacau e de açúcar, enquanto as variações de gosto dependem das variedades de cacau, das origens e da maneira de trabalhá-lo (ver "A porcentagem de cacau", p. 144).

Ainda que não o digam, os industriais do chocolate devem velar pela continuidade dos aromas de um chocolate 60%, 70% ou 80%, estabelecendo uma mistura de favas com aromas idênticos ou equivalentes. Os mestres chocolateiros desempenham o papel de mestres de adegas, que devem garantir a estabilidade de um "*blend*", esta combinação de *single malt* e de *single grains* que permite compor um uísque idêntico, apesar do passar do tempo. Alguns artesãos chocolateiros e raros industriais, como a Valrhona ou muito recentemente a Nespresso, vão mais longe em suas receitas: eles valorizam as características de cada *terroir*, estabelecendo um verdadeiro perfil aromático do chocolate. É a busca por um gosto tipificado que os guia em seu trabalho de combinação.

Em 1987, a Valrhona foi a primeira a lançar um chocolate *grand cru*, feito exclusivamente com os cacaus Crioulos do Caribe. Em 1998, a marca de profissionais da gastronomia vai ainda mais longe, fabricando o primeiro chocolate de origem: o Grand Couva 64% (proveniente de Trinidad). O conjunto da gama, repartido em três grandes famílias, chama a atenção sistematicamente para a importância da origem: os *grands crus* de *assemblage* associam cacaus de diferentes plantações situadas em diversos países; os *grands crus* de *terroir* são compostos por cacaus oriundos de um só país produtor; e enfim, o chocolate de origem provém de uma única plantação. Entre um Andoa amargo 70% (*assemblage* de *grands crus*) e um Nyangbo 68% (*grand cru* de *terroir*), as sensações na boca são radicalmente diferentes, não em termos de intensidade, mas em termos de aroma, de textura e de "cor". O primeiro apresenta certo amargor, com notas de cítricos e de café torrado; o segundo é muito mais achocolatado, com notas de especiarias doces e de frutas secas torradas...

O trabalho dos mestres chocolateiros é precisamente o de encontrar em qual proporção de chocolate e de açúcar tal cacau, associado com outro, dará o melhor de si. Hoje seria possível distinguir duas grandes tendências na indústria do chocolate: os "partidários da infância", aqueles que buscam a redondeza, o açúcar e estimulam o toque de baunilha do chocolate, aromatizando-o por conta disso, e os "adeptos da autenticidade", aqueles que procuram o caráter bruto do cacau original e não temem exaltar o amargor das favas no produto final. Entre esses dois extremos, uma infinidade de combinações é possível e o chocolateiro, tal qual um organista que aciona diferentes acordes de seu instrumento, empenha-se em modular os aromas, do mais potente ao mais fraco, do mais floral ao mais frutado, do mais amargo ao mais suave...

DA FAVA À BARRA DE CHOCOLATE

Para compreender bem os mecanismos que conduzem do longínquo cacaueiro ao nosso tablete de chocolate, sigamos um punhado de favas retiradas de uma plantação da Venezuela até o local de produção de Valrhona, em Tain-l'Hermitage, na região de Drôme.

Sob o sol da Venezuela, como em toda a zona equatorial, os cacaueiros desabrocham e seus frutos amadurecem duas vezes por ano: entre novembro e janeiro, entre maio e julho. O cacau é um fruto alongado do tamanho de um melão. Sua espessa casca abriga as preciosas favas de cacau revestidas de mucilagem. Essa polpa branca de gosto doce e acidulante de lichia ou de graviola (fruto tropical) é consumida crua pelos habitantes. Depois da **quebra** – abertura da cabaça para extrair seu conteúdo –, as favas (ou sementes) frescas são espalhadas em grandes bacias ou caixas a fim de sofrerem sua primeira transformação. É a etapa crucial da **fermentação**, o momento em que as favas desenvolvem os famosos "precursores de aromas". Opera-se então uma cadeia de reações químicas clássicas: a formação de leveduras transforma o açúcar em álcool (formação alcoólica anaeróbica). Depois os fazendeiros revolvem as sementes durante um período de dois a oito dias, de acordo com as variedades, para acelerar a penetração do ar que favorecerá o desenvolvimento das bactérias (fermentação acética).

Quando o fazendeiro julga que a fermentação terminou, ele coloca as favas para secar ao sol em pranchas ou em esteiras. Este é um momento delicado, pois é preciso impedir que apodreçam revolvendo-as regularmente e cobrindo-as em caso de chuva. A taxa de umidade passa de 80% a 5%.
Nossas favas, armazenadas em grandes sacos de aniagem, viajam à Europa para sofrer sua segunda transformação. Neste estágio, se é difícil identificar seu gosto, é possível detectar seus defeitos (amargor, gosto pútrido, gosto de fumaça...). Um nariz experimentado perceberia até mesmo aromas de frutas e de flores.

Na chocolataria de Tain-l'Hermitage, como de praxe em qualquer indústria agroalimentícia, a recepção do cacau tem início com um drástico controle de qualidade. Separa-se uma amostra de favas, que é analisada, "desbacterizada", cortada e com a qual se fabrica um extrato de chocolate para definir o perfil aromático do lote e compará-lo ao padrão da mesma origem (Venezuela, Brasil, Equador, Costa do

Marfim). As favas aprovadas iniciam então seu périplo no interior de impressionantes máquinas ligadas por canos, espécies de artérias alimentadas constantemente, de onde finalmente escoará uma grande fita lisa de chocolate pronto para modelar.

Primeira etapa: torrefação
Ela parece confundir-se com aquela que ainda podemos observar em algumas lojas de café que têm um torrador à moda antiga. As favas são torradas entre 120 °C e 150 °C, durante um tempo mais ou menos longo (15 a 40 minutos), decidido pelo chocolateiro, para expressar o máximo de aromas. A torrefação encerra o trabalho de transformação do cacau iniciado com a fermentação das semanas anteriores, ainda na plantação. Os açúcares caramelizam e combinam-se com aminoácidos para produzir os compostos do aroma chocolate...

Segunda etapa: trituração
Sob as batidas de martelos que a atingem, a fava liberta-se de seu envelope e é reduzida a partículas de alguns milímetros. As cascas são expulsas por um sistema de peneira e de ventilação. As lascas de favas que subsistem são chamadas de **amêndoas de cacau trituradas**: pequenos pedaços amargos e crocantes que ainda não têm o gosto de chocolate... As amêndoas trituradas são colocadas em sacos e classificadas segundo sua origem, enquanto esperam ser escolhidas como ingrediente de uma "receita" de chocolate. Tomemos nossas favas da Venezuela selecionadas, por exemplo, para a fabricação de um *grand cru* de *terroir* Araguani 72%: elas serão dosadas em função das indicações da receita selecionada pelos mestres chocolateiros.

Terceira etapa: moagem
As amêndoas trituradas, que ainda não sofreram nenhum acréscimo, entram em um moinho para ser finamente moídas. Elas assumem a forma de um pó grosseiro que derrete na boca, com a textura de uma pralina. A isto chamamos **pasta de cacau**, **licor** ou **massa**. Mas esta substância ainda não tem o gosto do chocolate, é ainda amarga, ácida e um pouco granulada.

É o momento de acrescentar o açúcar na proporção necessária: o famoso complemento da porcentagem de cacau... É também aqui que entra o leite em pó, no caso do chocolate ao leite. A operação ocorre em vastos amassadouros onde o açúcar é incorporado à pasta. Na saída, esta massa, que se tornou pasta de chocolate e sai em porções, dá uma primeira ideia do gosto do produto final, com uma textura arenosa.

Quarta etapa: refinação
A pasta de chocolate bruta é reduzida a finíssimas lamínulas graças à ação de cinco a sete cilindros cada vez mais próximos. O tamanho das partículas de chocolate passa de 500 a 14 mícrons. O resultado é um pó sedoso que se evapora na boca. O chocolate não está mais muito longe.

Quinta etapa: conchagem
Criada por Rudolf Lindt no final do século XIX, a conchagem é a etapa que permite sublimar a textura do chocolate e expressar toda a sua força aromática. Em um tanque a 80 °C, um misturador industrial mistura continuamente a pasta de chocolate por um período de um a três dias. O calor e o atrito aquecem as partículas de gordura e liquefazem a matéria. Acrescenta-se então manteiga de cacau ao reservatório em funcionamento. Este ingrediente, cujas proporções não são precisadas pelos chocolateiros, desempenhará um papel de ligante e dará maior untuosidade ao chocolate, um pouco como em uma emulsão. A Valrhona, como a maior parte dos fabricantes, acrescenta também a lecitina de soja, um emulsificador que desempenha o mesmo papel que a manteiga de cacau, e extrato natural de baunilha para complementar os aromas. Enfim, resta a última etapa, a **temperagem**. O chocolate passa por um ciclo de variações de temperatura que o leva de 45 °C a 28 °C, antes de voltar a subir a 32 °C. Esta curva ideal, por razões ligadas à física, permite dar à matéria uma estabilidade perfeita: as moléculas de gordura ficam bem repartidas em volta das moléculas secas e o chocolate tem a consistência quebradiça necessária ao corte, o crocante esperado sob o dente e a tenrura uniforme e homogênea de uma textura que derrete no palato. Resta apenas moldar a joia amarga, marfim ou branca nas formas mais diversas: tabletes, pastilhas para os profissionais, quadrados de degustação, ovos de Páscoa e moldagens originais...

EXISTEM PÓS E PÓS DE CACAU

É preciso não confundir o pó extraído das amêndoas trituradas e o pó de cacau resultante da separação da matéria seca e da manteiga de cacau. O primeiro é o produto da moagem da fava inteira e constitui uma etapa do processo de fabricação do chocolate. Ele contém uma mistura de cacau e de manteiga de cacau naturalmente presente na fava. O segundo é feito à parte, frequentemente em usinas diferentes: trata-se de uma operação que consiste em prensar a massa de cacau para separar a manteiga de cacau do extrato seco (chamado de torta). O pó obtido serve de base ao cacau em pó. A manteiga de cacau é utilizada como ingrediente nas chocolatarias e serve à fabricação de certos cosméticos.

CHOCOLAT

DEGUSTAÇÃO, REVOLUÇÃO DO PALADAR

Mesmo dotada de um paladar excepcional, a maioria dos consumidores ficaria desestabilizada ao descobrir a gama de nuances que permitem descrever o perfil aromático de um chocolate. Graças às técnicas de cromatografia, os cientistas descobriram oficialmente mais de 400 notas aromáticas no fruto amargo de nossa guloseima. Os *experts* limitam-se, todavia, a cerca de cinquenta descritivos, classificados por família, para compor o retrato de um chocolate. Mergulhemos no coração de seus aromas.

Se os grandes fabricantes elencaram critérios de degustação personalizados, todos eles se inspiraram no vocabulário do vinho. Essa aproximação é perfeitamente lógica, já que as leveduras e as bactérias que contribuem para o desenvolvimento dos aromas do chocolate e do vinho são idênticos. No entanto, os enólogos reconhecem prontamente que é muito mais difícil degustar um chocolate do que um vinho, em função da presença da manteiga de cacau, que pode atrapalhar a percepção.

Para não perder os aromas do chocolate aprisionados na manteiga de cacau, é preciso derreter corretamente a substância no momento da degustação. As coisas podem se complicar no caso de uma temperagem imperfeita. Se as moléculas de gordura não forem corretamente repartidas ao redor das moléculas secas, o derretimento não ocorre de maneira correta e os aromas não se liberam completamente no palato... A técnica tem um impacto sensorial.

Na fábrica Valrhona, as sessões de degustação são primordiais e dão o ritmo ao cotidiano de cerca de vinte pessoas. A cacauteca, criada nos anos 1980, fica sob a responsabilidade de um júri interno de "juízes *experts*", renovados regularmente, que seguem um protocolo de aprendizado de um ano. Eles devem primeiro aprender a identificar e reconhecer as moléculas aromáticas simples a partir de frascos de aromatizadores (aroma de pêssego, de fruta vermelha, de alcaçuz, de couro...). A seguir, devem transferir esses conhecimentos para o chocolate e reaprendê-los nessa textura complexa. Enfim, é preciso trabalho sobre uma escala de percepções em comum para que se possa perfilar um chocolate com o máximo de "objetividade" possível.

Se quiser fazer uma experiência de degustação, faça-a longe das refeições. Pegue um pequeno pedaço de chocolate, depois observe sua cor e a forma como ele se parte. Ele deve ser brilhante, liso e quebrar de forma precisa. Sinta seu odor e comece a buscar os aromas mais flagrantes. Depois, deixe-o derreter lentamente na boca, analise suas percepções em função das grandes famílias de aromas: ácido, amargo, achocolatado, frutado, doce, caramelo, condimentado. Para cada uma delas, tente indicar uma intensidade, anotada em uma escala de 1 a 8.

Você pode aprofundar a degustação detalhando a natureza do frutado (frutas frescas, secas, vermelhas, amarelas) e pesquisar as sensações que se desprendem em uma relação direta com a textura: persistência aromática na boca, oleoso, seco, tenro, adstringente... Ao repetir a experiência com diversos chocolates de marcas e de porcentagens diferentes, você descobrirá sutilezas inesperadas e aumentará seu nível de exigência. Se o exercício lhe parece difícil, tranquilize-se: mesmo os juízes *experts* reconhecem perder muito rapidamente suas referências depois de algumas semanas de inatividade, apesar do aprendizado de um ano.

A PORCENTAGEM DE CACAU

"Quanto mais forte em cacau, melhor é o chocolate." Inúmeros *gourmets* acreditam nisso, e alguns profissionais também. No entanto, a porcentagem de cacau inscrita em um tablete não é uma garantia de qualidade. Um chocolate é saboroso, sedutor, surpreendente, no equilíbrio que ele propõe entre a proporção de fruta (o cacau) e de açúcar que contém, assim como apreciamos o sabor de uma marmelada ou de uma geleia de morangos em função de sua dosagem equilibrada de frutas e de açúcar.

Tal como com um bom vinho, ou com um bom azeite de oliva, o que é importante, ou mesmo essencial, no chocolate é a origem da fruta, da fava de cacau, é seu *terroir*, a forma como ela foi cultivada, fermentada, seca, e também trabalhada e transformada, com um cuidado bem particular, pela mão, sensibilidade e talento do homem. Se a oliveira Tanche, uma variedade plantada e cuidadosamente trabalhada em Nyons, dá o delicioso azeite que conhecemos, a mesma oliveira plantada nos pomares gregos ou colhida de outra forma daria um azeite extremamente diferente em gosto, cor e textura. O mesmo se aplica ao cacau. Favas de cacau venezuelanas não dão o mesmo chocolate que as favas malgaxes... Seria, portanto, absurdo escolher um chocolate com base na porcentagem, como seria também ridículo escolher um vinho por sua cor ou teor alcoólico. Perguntar a alguém se prefere chocolate 60%, 70% ou 80%, seria o mesmo que lhe perguntar se prefere um vinho com uma dosagem de 10 ou 12 graus de álcool. Melhor interrogar o amador sobre um Saint-Joseph ou um Hermitage, ou melhor ainda, sugerir tal ou tal vinícola.

CŒUR DE GUANAJA 80% VALRHONA

Os profissionais criaram novos chocolates que vêm contradizer a teoria por características técnicas extraordinárias. Este é o caso do Cœur de Guanaja 80% criado pela Valrhona.

Do ponto de vista dos *chefs* confeiteiros de Valrhona, chocolates que oferecem entre 60% e 70% de cacau, o que implica 25% a 40% de açúcar no máximo, apresentam o bom equilíbrio em termos de porcentagem e de gosto. Também é possível apreciar um bom chocolate ao leite, ainda que o açúcar esteja presente em maior quantidade, com a condição de que ele seja bem composto de chocolate e de leite, e não simplesmente de açúcar com um pouco de cacau e matéria láctea.

Fava, pasta e manteiga de cacau

A porcentagem de cacau indicada em um tablete designa a porcentagem total de cacau, ou seja, de produtos procedentes do cacaueiro. Assim como uma oliveira, o cacaueiro pode produzir uma espécie de "*tapenade*", a pasta de cacau, mas também de "azeite de oliva", a manteiga de cacau. Um não é, aliás, menos nobre do que o outro, mas o uso que se faz deles é diferente. Seguindo esta lógica, quanto mais rico é um chocolate em cacau, mais ele contém manteiga de cacau, presente na fava a uma proporção de 50% a 55%. Para fabricar o que chamamos de cobertura de chocolate, que serve para cobrir, ou seja, para revestir os interiores de bombons de chocolate, a técnica exige acrescentar à pasta de cacau uma porcentagem de manteiga de cacau, mais ou menos significativa de acordo com os fabricantes. Essa manteiga de cacau, matéria gordurosa nobre, fluidifica o chocolate e contribui de modo evidente à forma como ele se parte, à caraterística crocante e ao aspecto acetinado e apetitoso do produto final. Desde que adicionada em quantidade adequada, a manteiga de cacau funciona como um "amplificador" do prazer.

O papel de endurecedor

A manteiga de cacau é o fabuloso "endurecedor" de nossos *ganaches*, de nossas musses e de muitas outras guloseimas. Isto explica por que, quer sejamos profissionais ou amadores, a porcentagem de cacau utilizada é fundamental para o êxito de nossas receitas. Em outras palavras, quanto mais cacau em um tablete, mais manteiga de cacau, e, portanto, mais o chocolate endurecerá a receita. É por isso que 100 g de chocolate terão uma capacidade de endurecimento mais ou menos intensa de acordo com a porcentagem de cacau que contiverem. Se as porcentagens de cacau estiverem muito distantes das indicações da receita, isto pode facilmente acarretar o fracasso de uma sobremesa. A *Enciclopédia do chocolate* oferece sugestões de variações, principalmente nas técnicas, para permitir o uso do chocolate ao leite ou do chocolate branco. Mudar de chocolate certamente permite mudar a textura e o gosto de uma sobremesa, mas esta é uma liberdade que deve ser usada com precaução...

O chocolate amargo

Quando lemos 70% de cacau no tablete de um chocolate amargo Valrhona, a que correspondem as porcentagens restantes? Menos de 0,5% é ocupado pela baunilha natural e a lecitina, o resto é simplesmente açúcar, cerca de 30%. Quanto aos 70% de cacau, eles são constituídos por volta de 80% a 90% de pasta de cacau, portanto de favas, e de manteiga de cacau adicionada.

O chocolate ao leite

No caso de um chocolate ao leite, o açúcar em geral ocupa um pouco mais de espaço, a fava de cacau um pouco menos, em benefício do leite em pó. Ainda assim, a porcentagem de cacau expressa sempre a quantidade de produtos oriundos do cacaueiro.

O chocolate branco

O chocolate branco, já que é "marfim", cor original da manteiga de cacau, não contém nada de "*tapenade*", ou pasta de cacau. É a própria manteiga que o aromatiza e também o colore, graças a seus pigmentos e taninos poderosos. Neste caso, a porcentagem de cacau é representada totalmente pela manteiga de cacau! O resto do chocolate é composto de açúcar e de leite em pó.

A CONSERVAÇÃO

Como conservar o chocolate?

Nunca na geladeira. A umidade é um dos piores inimigos do chocolate. Ela provoca traços de branqueamento (ver como evitar o branqueamento). Um chocolate bem embalado, ao abrigo da luz e em ambiente bem seco, pode se conservar por um bom tempo sem perder seus aromas.

Os bombons, melhor dentro de uma lata. No que diz respeito aos bombons de chocolate, é melhor conservá-los em uma lata hermeticamente fechada ou cobri-los com um filme plástico. Com efeito, sendo o chocolate um produto gorduroso, ele tende a captar os odores que o cercam (cebola, por exemple) e a perder os seus, como uma especiaria malconservada.

De preferência, em um ambiente fresco. A temperatura ideal de armazenamento situa-se entre 16 °C e 18 °C, mas o chocolate suporta muito bem temperaturas entre 22 °C e 24 °C.

Como evitar o branqueamento?

Tempere corretamente seu chocolate. A temperagem (ver o método p. 19) garante a estabilização e a homogeneização dos cristais de manteiga de cacau. Ela impede a migração desses cristais para as regiões periféricas do chocolate, que seriam a causa dos traços brancos. É importante, pois, respeitar escrupulosamente a curva de temperatura indicada, a fim de obter um chocolate liso e brilhante, sem traços brancos.

Conserve-o em boas condições. Se a temperatura de armazenamento flutuar ou ultrapassar 24 °C, um branqueamento "gorduroso" aparecerá. Ao contrário, se a temperatura de armazenamento baixar a menos de 15 °C, ou pior, se o chocolate for armazenado na geladeira, a condensação de água que se forma desencadeia uma recristalização do açúcar e resulta obrigatoriamente em um branqueamento "açucarado"... Um truque para distinguir um branqueamento gorduroso de um branqueamento açucarado: esfregue levemente a superfície do chocolate. Se os traços brancos desaparecerem, trata-se de branqueamento gorduroso.

O que fazer para "recuperar" um chocolate esbranquiçado?
Você esqueceu um tablete de chocolate no carro em uma bela tarde de verão? Você pode perfeitamente consumi-lo, de preferência transformando-o para lhe devolver uma parte de suas qualidades gustativas. Uma vez resfriado o tablete, utilize-o para fabricação de um *ganache*, uma musse, ou então tempere-o e depois molde-o outra vez na forma de tablete ou de bombons de chocolate (*mendiants*, *orangettes*, etc.).

O VERSO DO RÓTULO

As disposições sobre as denominações do chocolate são hoje padronizadas em toda a Europa desde a diretiva de 1973. Os diferentes tipos de chocolate (amargo, ao leite, branco, em pó) são classificados em função da presença de cacau (manteiga de cacau e pasta de cacau). A denominação chocolate impõe a presença mínima de 35% de "matéria seca total de cacau" (manteiga de cacau e cacau seco sem gordura). O chocolate ao leite contém um mínimo de 25%.

Os industriais que não fabricam seu chocolate das favas compram a pasta de cacau e devem mencionar isso na composição: assim, leremos "pasta de cacau" no lugar de "favas de cacau".

A partir de 1º de agosto de 2003, um decreto admite o uso de gordura vegetal (ilipê, óleo de palma, karité...) além da manteiga de cacau. O rótulo deve indicar esse acréscimo da seguinte forma: "contém gordura vegetal além de manteiga de cacau". Aqueles que respeitam a fabricação tradicional indicam "pura manteiga de cacau".

DESCONFIE DAS IDEIAS PRECONCEBIDAS

A porcentagem faz a qualidade

Falso > A porcentagem indica a quantidade de cacau (pasta e manteiga de cacau) presente no tablete. Ela não dá nenhuma indicação sobre o país de origem, a qualidade do cacau e o *savoir-faire* do mestre chocolateiro.

Quanto maior a porcentagem, mais amargo é o chocolate

Falso > Quando um tablete indica 70% de cacau, é verdade que a porcentagem restante indica o açúcar. Poderíamos pensar que quanto mais cacau houver, menos açúcar haverá. Mas o próprio cacau apresenta grandes variações de gosto. Certas favas produzem um chocolate mais suave e mais adocicado que outros. Consequentemente, existem chocolates 80% impossíveis de se comer e chocolates 85% fortes e aromáticos sem serem amargos.

Acrescenta-se manteiga de cacau ao chocolate

Verdadeiro > A manteiga de cacau adicionada no final do processo serve para formar um filme lipídico que confere tenrura ao chocolate e permite aos artesãos trabalhar mais facilmente. Em média, acrescenta-se cerca de 10% de manteiga de cacau à pasta de chocolate. Mas a proporção de manteiga de cacau é bem mais significativa em relação ao total, uma vez que ela já está presente na pasta de chocolate.

O chocolate branco não contém pasta de chocolate

Verdadeiro > A fabricação de um chocolate branco requer unicamente manteiga de cacau, açúcar e leite em pó. Esta composição explica a ausência de pigmentação do chocolate e sua característica doce, já que ele possui apenas 20% a 30% de cacau e mais de 55% de açúcar.

A lecitina de soja é um aditivo estrangeiro inútil

Falso > É um emulsificante que serve para ligar a manteiga de cacau, a pasta de cacau e o açúcar, assim como a gema de ovo na maionese. A lecitina está presente em quantidades bastante reduzidas no chocolate (menos de 1%) e suas propriedades são reconhecidas como excelentes para a saúde.

O chocolate de cobertura é um chocolate de qualidade

Verdadeiro ou falso! > É a base de todos os chocolates fornecidos aos profissionais. Recebe o nome de cobertura porque serve para revestir bombons de chocolate ou confeccionar moldagens. Existe apenas uma diferença de acondicionamento entre o chocolate de cobertura fornecido, por exemplo, em pastilhas ou em discos, e o chocolate apresentado em tablete.

É melhor jogar fora um chocolate que branqueou

Falso > O branqueamento é uma modificação do aspecto do chocolate que influencia um pouco seu gosto. Mas esta reação, em razão de condições de conservação ou de uma má temperagem, não apresenta nada de tóxico. O chocolate esbranquiçado é comestível.

Um bombom de chocolate não é um bombom

Verdadeiro > Na França, os "bombons de chocolate" designam todos os "pequenos" chocolates recheados com *ganache*, pralina, gianduia, etc. Este termo é às vezes mal compreendido pelos consumidores. Na Bélgica, os bombons são chamados de "*pralines*", na Suíça, de "*bouchées au chocolat*".

É possível temperar um chocolate em casa

Verdadeiro > Munido de um termômetro de cozinha e de um pouco de paciência, você pode perfeitamente temperar seu chocolate em casa. A *Enciclopédia do chocolate* está aqui para ajudá-lo (ver página 19).

A marmorização manual garante um bom chocolate

Falso > Esta técnica de temperagem, à qual associamos naturalmente o gesto do artesão chocolateiro, não é necessariamente uma garantia de qualidade. A curva de temperatura é respeitada da mesma maneira, ou até mais, em uma temperadeira eletrônica. Hoje em dia, aliás, a maioria dos artesãos está equipada com uma delas.

COMO CRIAR UMA SOBREMESA

Criar uma sobremesa é um pouco como um ato de amor, é preciso deixar sua imaginação vagar, abrir seu coração e escutar seus sentidos. Uma criação bem-sucedida é a concretização de uma intenção que se baseia em lembranças de infância, um sabor, uma emoção, um aroma, uma cor, uma forma...

Gulodice acima de tudo...
Sua criação não deve suscitar mais interrogações do que prazer. Uma sobremesa pode instigar e suscitar a vontade de distinguir os diferentes sabores, mas nunca deve ocultar o prazer da degustação.

Saiba ser simples
Lembre-se de que o "mais" é o inimigo do "bem". Pensando em fazer bem, frequentemente tendemos a acumular os ingredientes em detrimento da harmonia simples e precisa. Não confundamos complexidade e originalidade. Tente limitar-se a três sabores, no máximo cinco, a fim de que se possa identificá-los.

Finja ser um arquiteto
Um arquiteto não construiria um imóvel de vinte andares sem fundação, e o mesmo vale para a elaboração de uma sobremesa. Você deve proceder com lógica: da camada mais resistente, situada na parte inferior, à camada mais leve, situada no topo.

Tomemos um exemplo de incoerência
A gulodice poderia nos levar a imaginar uma *nougatine* de frutas secas sobre uma musse de chocolate untuosa e tenra. No entanto, a lógica e a técnica nos impediriam: com efeito, no momento de partir a sobremesa, nós esmagaríamos completamente a musse. Para resolver o problema, bastaria colocar a *nougatine* entre a massa e a musse!

Não hesite em surpreender
Ouse! Ouse com associações inéditas, ouse com sabores inesperados! Surpreenda com sabores e/ou texturas complementares: um suflê quente com sorvete frio, uma geleia de maracujá ácida acompanhada de uma musse de chocolate ao leite com um toque doce.

"Fazer vinte vezes e recomeçar a obra"
Como dizia Boileau a respeito da escrita, não hesite em recomeçar. Se sua sobremesa não der certo na primeira tentativa, não há problema. Arregace as mangas, pegue novamente seu pão-duro e sua batedeira, faça uma nova tentativa corrigindo seus erros. É muito raro um profissional concretizar sua intenção na primeira investida...

Alie técnica e imaginação
Uma sobremesa bem-sucedida resulta de um bom equilíbrio entre intenção e técnica. Quando você tiver adquirido as bases, poderá soltar a imaginação. A técnica, de fato incontornável, é apenas o suporte, a ferramenta de sua criatividade!

FRUTOS DE
CASCA RÍGIDA
Nozes de Grenoble
Castanhas-do-pará
Pistaches da Sicília
Avelãs do Piemonte
Amêndoas
da Provença
Castanhas-
de-caju
Nozes-pecã
Pinoli
Macadâmias

FRUTAS SECAS
Tâmaras
Passas brancas
Damascos
Ameixas
Figos

ESPECIARIAS E FLORES

AÇÚCARES

Açúcar
de confeiteiro
Mel
Açúcar demerara
Açúcar
colorido
Melaço
Vergeoise clara
Açúcar refinado
Vergeoise escura
Açúcar cristal
Açúcar mascavo
Xarope de glicose

Chá vermelho
Rooibos
Chá Earl Grey
com flores azuis
Chá de jasmim
Chá de menta
Café
Chá de rosa

AS RECEITAS

ALGUMAS PRECAUÇÕES

Antes de se lançar às receitas a seguir, é importante ler estas recomendações.

Leia com atenção a receita até o final

Antes de dar início à receita, leia-a integralmente, verifique se você tem todos os ingredientes e o material necessário e se dispõe de tempo para executá-la. Se precisar reportar-se ao procedimento de uma técnica, tenha o cuidado de utilizar as quantidades indicadas na receita. As quantidades da parte técnica estão ali apenas a título indicativo.

Seja preciso

Costuma-se dizer que um confeiteiro nunca sai sem sua balança e seu termômetro de cozinha. A confeitaria não tolera medidas aproximadas. É importante respeitar os pesos, as temperaturas, etc.

Pese todos os ingredientes

Mesmo os líquidos (para a água, o creme, etc., 100 g = 100 ml) e os ovos (1 gema = cerca de 20 g e 1 clara = cerca de 30 g). Pode parecer trabalhoso, mas uma diferença de 1 g pode gerar um resultado diferente.

Equipe-se (ver página 402)

Um termômetro de cozinha (ou sonda), um *mixer*, um pão-duro, uma assadeira para confeitaria, um saco de confeitar, um rolo de abrir massa... são alguns dos acessórios necessários. Mesmo seu congelador contribuirá mais do que você imagina. Ele facilitará as montagens e desenformações.

Escolha bem seu chocolate

As quantidades de chocolates não serão as mesmas de acordo com a porcentagem de cacau do chocolate que você utilizar (ver página 144). De fato, a manteiga de cacau desempenha o papel de endurecedor. Um chocolate com 50% de cacau e um com 70% de cacau não darão o mesmo resultado, principalmente em termos de texturas. Todas as receitas a seguir foram feitas com chocolate Valrhona: Guanaja 70% ou 61% de cacau, Jivara ou Ivoire. Todavia, mencionamos sempre que possível as variantes segundo o chocolate utilizado.

Tempo de cozimento/congelamento

Os tempos de cozimento, de refrigeração e de congelamento variam segundo o material. Fique sempre atento e siga os conselhos.

Desfrute!

Você tem neste livro todos os segredos e os truques para obter êxito com as receitas. Então, confie em si mesmo, divirta-se e desdobre essas receitas de acordo com suas vontades. A gula não tem limites (ver página 150)!

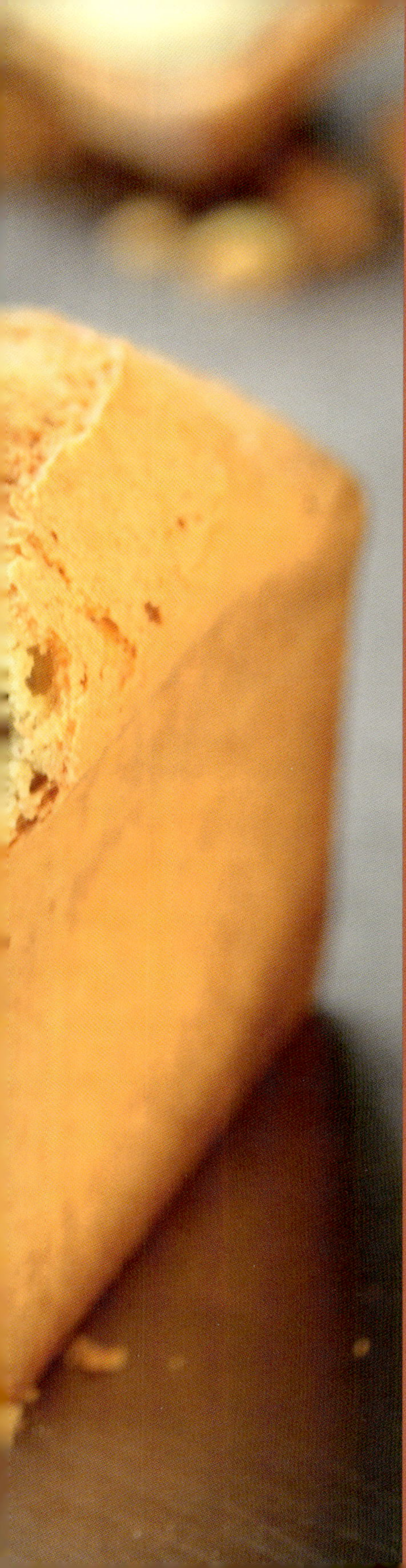

Grandes clássicos

O gosto pela confeitaria nasceu em mim de uma proximidade providencial... Meus pais eram donos de restaurante e tinham confeiteiros como vizinhos. Seus doces eram deliciosos e sua filha, encantadora. Muito rapidamente, quis fazer disso minha profissão. Comecei trabalhando o açúcar: grandes decorações, rosas, peças montadas. Essa dimensão artística permanece muito importante para mim. Gosto de provar com os olhos antes de degustar. Depois de sete anos trabalhando na Fauchon, eu me instalei por conta própria em Fontainebleau com minha esposa. Jamais refaço a mesma sobremesa. Procuro perturbar os hábitos dos clientes, atraí-los para criações efêmeras. Hoje, com minha equipe, nós criamos com base em temas a cada estação, imaginamos um novo *macaron* a cada mês e respeitamos escrupulosamente os produtos: nada de morangos no inverno, mas um *macaron* de lírios do vale na primavera, um *macaron* de vinho de missa para as comunhões!

FRÉDÉRIC CASSEL
apresenta sua receita

Religieuses Cœur de Guanaja

A massa *choux*

Preaqueça o forno a 180 °C. Em uma panela, leve à fervura a água, o leite, o açúcar, o sal e a manteiga. Acrescente a seguir a farinha peneirada.* Misture rapidamente com uma espátula para que a massa descole das bordas da panela. Assim, você apura* a massa a fim de retirar o excesso de água, o que fará com que ela cresça durante o cozimento. Fora do fogo, incorpore progressivamente os ovos, continuando a mexer.
Transfira a massa para um saco de confeitar. Em uma assadeira forrada* com papel-manteiga, faça as formas que desejar (bolas para os *choux*, bastões para as bombas). Tome o cuidado de espaçar bem as peças umas das outras para um cozimento ideal. Leve ao forno por 30 a 40 minutos a 180 °C.

O creme confeiteiro *Cœur* de Guanaja

Pique o chocolate sobre uma tábua. Com um *fouet*, bata energicamente* as gemas, o açúcar e o pó para flã até que a mistura branqueie.* Em uma panela, leve à fervura o leite e o creme de leite, verta a mistura gemas/açúcar/pó para flã (ou amido de milho). Mexa tudo durante 1 a 2 minutos no fogo. Incorpore o chocolate picado e misture. Reserve em uma tigela e deixe esfriar na geladeira. Com a ajuda de um saco de confeitar, decore os *choux* com o creme confeiteiro de chocolate.

Conselho do *chef*

Cubra com fondant *para confeitaria, que pode ser comprado em confeitarias.*

PARA 6 *RELIGIEUSES*

INGREDIENTES

Massa *choux*

75 g (75 ml) de água
75 g (75 ml) de leite integral
2 pitadas de açúcar refinado
1 pitada de sal
60 g de manteiga
90 g de farinha
3 ovos inteiros

Creme confeiteiro *Cœur* de Guanaja

84 g de chocolate amargo *Cœur* de Guanaja 80%
36 g de gemas
30 g de açúcar refinado
6 g de pó para flã (ou amido de milho)
200 g (200 ml) de leite integral
40 g de creme de leite líquido integral

DECORAÇÃO

Fondant para confeitar (compre em uma confeitaria)

UTENSÍLIOS

1 saco de confeitar
1 assadeira para confeitaria

Floresta negra ★★

PARA 6 A 8 PESSOAS
Tempo de preparo: 2 horas
Tempo de cozimento: 10 minutos
Tempo de refrigeração: 1 hora

INGREDIENTES

Biscuit* de chocolate
4 ovos (2 inteiros + 2 separados)
75 g de açúcar refinado
30 g de açúcar demerara
25 g de farinha
20 g de cacau amargo em pó

Creme leve de *kirsch*
2 g de gelatina em folhas
1 fava de baunilha
200 g (200 ml) de creme de leite líquido integral
15 g de açúcar refinado
20 g (20 ml) de *kirsch*

Embebição com *kirsch*
1 vidro de cerejas em calda (200 g)
300 g de xarope de cerejas
40 g (40 ml) de *kirsch*

***Ganache* de chocolate amargo**
135 g de chocolate amargo 60%
150 g (150 ml) de creme de leite líquido integral

DECORAÇÃO
Telhas de chocolate (ver página 49)
Açúcar de confeiteiro

UTENSÍLIOS
1 assadeira para confeitaria
1 aro de ø 16 cm
1 pincel

Faça o *biscuit* de chocolate. Em uma tigela, bata energicamente* com o *fouet* 2 gemas, 2 ovos inteiros e o açúcar. Paralelamente, bata* 2 claras em neve com o açúcar demerara. Misture progressivamente estes dois preparados. Acrescente em chuva a farinha e o cacau em pó peneirados* juntos. Verta em uma assadeira para confeitaria e asse a 180 °C por 7 a 8 minutos.

Faça o creme leve de *kirsch*. Amoleça a gelatina em um recipiente com água fria. Parta a fava de baunilha e raspe seu interior para extrair as sementes. Em uma panela, aqueça 3 colheres de sopa de creme de leite para dissolver a gelatina escorrida. Nesse tempo, bata energicamente com o *fouet* o creme de leite com o açúcar e as sementes de baunilha. Um pouco antes de obter uma textura de *chantilly*, incorpore a mistura creme/gelatina e o *kirsch*. Continue batendo até obter um *chantilly* de consistência leve.

Prepare o xarope para a embebição. Escorra as cerejas em calda em um coador cerca de meia hora antes de utilizá-las. Acrescente o *kirsch* à calda das cerejas.

Com o auxílio de um aro de 16 cm de diâmetro, recorte três discos de *biscuit* de chocolate. Acomode o primeiro disco sobre uma grade para confeitaria e embeba-o* com o xarope de *kirsch* utilizando um pincel. Espalhe sobre ele com uma espátula metade do creme leve de *kirsch*, depois reparta uniformemente metade das cerejas. Disponha o segundo disco de *biscuit* e repita a operação. Finalize com o terceiro disco de *biscuit*. Reserve na geladeira.

Prepare o *ganache* de chocolate amargo (ver página 96), utilizando as medidas ao lado. Verta o *ganache* sobre o bolo, glaçando-o* completamente. Reserve na geladeira por uma hora.

Disponha as telhas de chocolate sobre o *ganache*, a fim de cobrir inteiramente o bolo. Polvilhe ligeiramente com açúcar de confeiteiro.

Conselho do *chef*

Você pode perfeitamente preparar previamente seu floresta negra e congelá-lo. Mas cuidado! Decore-o com as telhas de chocolate apenas depois do descongelamento.

Remissão técnica

Telhas > p. 49
Ganache para rechear tortas e sobremesas > p. 96

Sachertorte ★★

PARA 6 A 8 PESSOAS
Para começar na véspera
Tempo de preparo: 1h10
Tempo de cozimento: cerca de 10 minutos
Tempo de congelamento: 12 horas
Tempo de refrigeração: 6 horas

Na véspera, prepare a *glaçage* brilhantíssima (ver página 66).

Confeccione o *biscuit* Sacher de cacau e chocolate. Amoleça o marzipã no forno micro-ondas, misture-o com 70 g de açúcar, depois incorpore as gemas e o ovo inteiro um a um. Bata* as claras acrescentando aos poucos os 65 g de açúcar restantes. Pique o chocolate, derreta-o lentamente em banho-maria* ou no forno micro-ondas (posição descongelar ou potência de 500 W, mexendo regularmente). Depois, acrescente a manteiga. Incorpore uma pequena parte das claras na mistura chocolate/manteiga derretida, depois acrescente a mistura marzipã, ovo inteiro e gemas. Incorpore delicadamente a farinha e o cacau em pó peneirados* e conclua acrescentando o restante das claras batidas. Verta em uma assadeira forrada* de papel-manteiga ou de uma esteira de silicone e leve ao forno a 180 °C por cerca de 10 minutos.

Prepare o purê de damascos secos. Ferva os damascos secos em água durante 15 minutos e escorra-os. Acrescente o licor de damascos e faça um purê com a ajuda de um *mixer*.

Faça o *ganache* de chocolate amargo (ver página 96), acrescentando a manteiga em pedaços no final, quando a mistura atingir 35/40 °C. Processe com o *mixer*.

Proceda à montagem da *Sachertorte*. Corte o *biscuit* no tamanho de sua moldura, depois corte-o horizontalmente em três camadas. Coloque a primeira camada na moldura posicionada dentro de uma assadeira para confeitaria forrada de papel-manteiga.* Cubra sua superfície com o purê de damascos, a uma razão de 70 g por camada. Cubra a seguir com o *ganache*, a uma razão de 100 g aproximadamente, depois coloque por cima outra camada de *biscuit*. Cubra novamente com o purê de damascos. Verta rapidamente 100 g de *ganache* sobre o purê e termine a montagem com uma última camada de *biscuit*. Alise com uma espátula o *ganache* restante, a fim de obter uma superfície bem plana. Reserve no congelador por 12 horas.

No dia de servir. Reaqueça a *glaçage* a cerca de 37 °C, coloque a *Sachertorte* desenformada e ainda congelada sobre uma grelha para confeitaria posicionada sobre uma travessa grande o suficiente para recolher o excesso de *glaçage*. Cubra inteiramente com a *glaçage* e alise com a ajuda de uma espátula. Decore com algumas pétalas de folhas de ouro. Reserve na geladeira por no mínimo 6 horas e deguste-o completamente descongelado.

INGREDIENTES

Biscuit** * Sacher de cacau e chocolate**
200 g de marzipã (ver página 41)
135 g (70 g + 65 g) de açúcar refinado
5 gemas
1 ovo inteiro grande (75 g)
2 claras grandes (75 g)
50 g de chocolate amargo 70%
50 g de manteiga
50 g de farinha
25 g de cacau amargo em pó

Purê de damascos secos
240 g de damascos secos
35 g (35 ml) de licor de damascos

***Ganache* de chocolate amargo**
150 g de chocolate amargo 70%
235 g (235 ml) de creme de leite líquido integral
25 g de mel
50 g de manteiga

***Glaçage* brilhantíssima**
12 g de gelatina em folhas
100 g (100 ml) de água
170 g de açúcar refinado
75 g de cacau amargo em pó
90 g (90 ml) de creme de leite líquido integral

ACABAMENTO
Algumas pétalas de folhas de ouro

UTENSÍLIOS
1 moldura para 6 a 8 pessoas
1 assadeira para confeitaria
1 termômetro de cozinha
1 espátula
1 grelha para confeitaria

Conselho do *chef*

Para ser degustada à temperatura ambiente.

Remissão técnica

Glaçage brilhantíssima > p. 66
Ganache para rechear tortas e sobremesas > p. 96

Royal ★★

PARA 6 A 8 PESSOAS
Tempo de preparo: 2 horas
Tempo de cozimento: de 10 a 12 minutos
Tempo de refrigeração: 6 horas
Tempo de congelamento: 13 horas

INGREDIENTES

***Dacquoise* de amêndoas**
35 g de farinha
100 g de farinha de amêndoas
120 g de açúcar de confeiteiro
6 claras (170 g)
60 g de açúcar refinado

Pralina crocante
20 g de chocolate ao leite 40%
100 g de pralina caseira (ver página 38)
40 g de biscoitos tipo *crêpes dentelle* esmagados

Musse de chocolate amargo à base de creme inglês
110 g de chocolate 70%
1 gema
10 g de açúcar refinado
50 g (50 ml) de leite integral
350 g (150 g + 200 g) de creme de leite líquido integral

1 lata de *spray* aveludado de chocolate

UTENSÍLIOS
1 aro de inox de ø 16 cm
1 assadeira rasa ou
1 esteira de silicone
1 termômetro de cozinha

Prepare a *dacquoise* de amêndoas. Em uma tigela, peneire* a farinha com a farinha de amêndoas e o açúcar de confeiteiro. Bata* as claras acrescentando o açúcar refinado aos poucos e rapidamente, para que as claras batidas tenham uma consistência perfeitamente lisa. Finalize incorporando com um pão-duro* a mistura peneirada. Espalhe em uma assadeira rasa forrada* de papel-manteiga ou sobre uma esteira de silicone. Leve ao forno a 180/190 °C, por 8 a 10 minutos.

Faça a pralina crocante. Pique o chocolate e derreta-o lentamente em banho-maria* ou no forno micro-ondas (posição descongelar ou potência de 500 W, mexendo regularmente). Acrescente a pralina ao chocolate derretido, incorpore os biscoitos esmagados e misture delicadamente. Disponha sobre a base de *dacquoise* e reserve na geladeira.

Faça a musse de chocolate amargo à base de creme inglês (ver página 114), utilizando as medidas ao lado.

Efetue a montagem. Coloque a montagem de *dacquoise* e pralina crocante no meio da forma. Despeje a musse de chocolate, tendo o cuidado de reservar uma pequena parte para a decoração, e reserve imediatamente no congelador. Assim que a musse estiver um pouco firme, faça uma decoração com o restante da musse de chocolate. Leve ao congelador por cerca de 12 horas. Desenforme a sobremesa e aplique o *spray* aveludado de chocolate. Reserve na geladeira por no mínimo 6 horas e deguste-a completamente descongelada.

Conselho do *chef*

Quando você fizer a musse de chocolate, é importante verificar a temperatura da mistura de chocolate antes de incorporar o creme batido espumante. Se a mistura estiver muito fria, pode "desandar" e formar "pepitas" de chocolate. Se estiver muito quente, o creme pode derreter...

Remissão técnica

Derretimento do chocolate > p. 18
Dacquoise de amêndoas ou avelãs > p. 86
Musse de chocolate à base de creme inglês > p. 114

Profiteroles de chocolate ★★

PARA 6 A 8 PESSOAS
Para começar na véspera
Tempo de preparo: 1h20
Tempo de cozimento: 20 minutos
Tempo de refrigeração: 1 noite
Tempo de congelamento: de 30 minutos a 3 horas, de acordo com o equipamento

Na véspera, prepare o sorvete de chocolate amargo (ver página 120), utilizando as medidas ao lado.

Prepare a massa *choux*. Em uma panela, leve à fervura a água, o leite, o sal, o açúcar e a manteiga. Peneire* a farinha sobre o líquido e depois apure* em fogo alto. Fora do fogo, incorpore os ovos aos poucos. Com um saco de confeitar, confeite belos *choux* em uma assadeira forrada* de papel-manteiga (conte 12 g de massa por *choux*). Com uma gema, pincele e aperte levemente os *choux* com um garfo. Salpique algumas amêndoas em filetes. Leve ao forno a 250 °C. Desligue o forno imediatamente. Assim que a massa *choux* estiver crescida e dourada, ligue o forno a 180 °C e termine de assá-los lentamente por cerca de 10 minutos.

Faça a calda de chocolate. Pique os dois chocolates e derreta-os lentamente em banho-maria* ou no forno micro-ondas (posição descongelar ou potência de 500 W, mexendo regularmente).
Leve à fervura o leite e o creme de leite. Verta lentamente um terço da mistura fervente sobre o chocolate previamente derretido. Com um pão-duro,* misture permanecendo no centro da preparação, a fim de criar um "núcleo" elástico e brilhante. Incorpore mais um terço e continue mexendo da mesma forma. Depois, incorpore o último terço, seguindo o mesmo procedimento. Reserve na geladeira até o momento de servir.

Prepare o creme *chantilly* de baunilha. Parta a fava de baunilha e raspe seu interior para extrair as sementes. Bata energicamente* com a ajuda de um *fouet* o creme de leite gelado com o açúcar e as sementes de baunilha, até obter um creme *chantilly*.
Com uma faca de serra, corte os chapéus dos *choux*. Coloque 3 *choux* em um prato e recheie o primeiro com o creme *chantilly* de baunilha, e os dois outros com o sorvete de chocolate. Coloque de volta os chapéus ligeiramente açucarados ou cubra com discos de chocolate (ver página 48). Sirva com a calda de chocolate bem quente.

—• Conselho do *chef*

Você pode preparar os choux recheados de sorvete de chocolate com antecedência e conservá-los no congelador. Retire-os do congelador 5 minutos antes de servir.

INGREDIENTES

Massa *choux*
75 g (75 ml) de água
75 g (75 ml) de leite integral
3 g de sal fino
3 g de açúcar refinado
60 g de manteiga
90 g de farinha
3 ovos inteiros + 1 gema
Um punhado amêndoas em filetes

Calda de chocolate
40 g de chocolate amargo 60%
10 g de chocolate ao leite 40 %
80 g (80 ml) de leite integral
80 g (80 ml) de creme leite fresco

Sorvete de chocolate amargo
90 g de chocolate amargo 70%
300 g (300 ml) de leite integral
35 g (35 ml) de creme de leite líquido integral
15 g de leite em pó
40 g de açúcar refinado
30 g de mel

Creme *chantilly* de baunilha
1 fava de baunilha
170 g (170 ml) de creme de leite líquido integral
15 g de açúcar refinado

UTENSÍLIOS
1 saco de confeitar
1 assadeira para confeitaria
1 termômetro de cozinha
1 sorveteira

—• Remissão técnica

Massa *choux* > p. 77
Sorvete de chocolate > p. 120
Calda de chocolate > p. 127

Torta extraordinária de chocolate ★

INGREDIENTES

Massa *sablée* de amêndoas
120 g de manteiga
2 g de sal fino
90 g de açúcar de confeiteiro
15 g de farinha de amêndoas
1 ovo inteiro
240 g (60 g + 180 g) de farinha

***Ganache* de chocolate amargo**
350 g de chocolate amargo 70%
250 g (250 ml) de creme de leite líquido integral
1 colher (sopa) de mel de acácia
50 g de manteiga

UTENSÍLIOS
1 forma de torta
1 termômetro de cozinha
Folhas de plástico* ou de papel-manteiga

PARA 6 A 8 PESSOAS
Tempo de preparo: 1 hora
Tempo de cozimento: 20 minutos
Tempo de congelamento: 30 minutos
Tempo de refrigeração: 2h30

Prepare a massa *sablée* de amêndoas. Em uma tigela, misture a manteiga pomada,* o sal fino, o açúcar de confeiteiro, a farinha de amêndoas, o ovo e 60 g de farinha. Assim que a mistura estiver homogênea, acrescente os 180 g restantes de farinha e misture brevemente.
Abra a massa a uma espessura de 3 mm entre duas folhas de plástico ou de papel-manteiga. Leve ao congelador por 30 minutos. Quando a massa estiver completamente endurecida, descole as folhas de plástico e corte-a no formato desejado. Forre* uma forma com a massa. Deixe repousar por 30 minutos na geladeira antes de levar ao forno a 150/160 °C, por 15 a 20 minutos, até obter uma bela coloração dourada.

Faça o *ganache* de chocolate amargo. Pique o chocolate e derreta-o lentamente em banho-maria* ou no forno micro-ondas (posição descongelar ou potência de 500 W, mexendo regularmente). Em uma panela, leve à fervura o creme de leite e o mel. Verta lentamente um terço da mistura fervente sobre o chocolate derretido. Com um pão-duro,* misture energicamente, descrevendo pequenos círculos, para criar um "núcleo" elástico e brilhante. Incorpore mais um terço e continue mexendo da mesma forma. Depois, incorpore o último terço, seguindo o mesmo procedimento. Quando a temperatura atingir 35/40 °C, acrescente a manteiga cortada em cubos. Utilize o *mixer* para homogeneizar e finalizar a emulsão. Despeje o *ganache* imediatamente sobre a base de torta assada. Deixe repousar na geladeira por cerca de 2 horas e sirva à temperatura ambiente.

Conselho do *chef*

A fim de preservar o crocante da massa da torta, é preferível impermeabilizá-la passando uma fina camada de chocolate derretido com um pincel sobre toda a superfície interior.
É importante degustar esta torta no mesmo dia, para preservar a característica crocante da massa e a untuosidade do ganache.

Remissão técnica

Massa *sablée* de amêndoas > p. 72
Ganache para rechear tortas e sobremesas > p. 96

Bolo marmorizado de chocolate e baunilha ★

PARA 6 A 8 PESSOAS
Tempo de preparo: 20 minutos
Tempo de cozimento: de 50 minutos a 1 hora

INGREDIENTES

Massa de baunilha
8 gemas
220 g de açúcar refinado
120 g (120 ml) de creme de leite líquido integral
1 fava de baunilha
165 g de farinha
3 g de fermento químico
65 g de manteiga

Massa de chocolate
70 g de chocolate amargo 70%
4 gemas
120 g de açúcar refinado
70 g (70 ml) de creme de leite líquido integral
80 g de farinha
5 g de cacau amargo em pó
2 g de fermento químico
20 g de óleo de sementes de uva

UTENSÍLIOS
1 forma de bolo de 8 cm × 30 cm × 8 cm
2 sacos de confeitar

Faça a massa de baunilha. Em uma tigela, misture as gemas e o açúcar, acrescente o creme de leite. Parta a fava de baunilha, raspe o interior para extrair as sementes e acrescente-as à preparação. Incorpore a farinha e o fermento químico peneirando-os, depois acrescente a manteiga derretida. Reserve.

Faça a massa de chocolate. Pique o chocolate e derreta-o lentamente em banho-maria* ou no forno micro-ondas (posição descongelar ou potência de 500 W, mexendo regularmente). Em uma tigela, misture as gemas e o açúcar, depois acrescente o creme de leite. Incorpore a farinha, o cacau em pó e o fermento químico peneirando-os juntos. Depois, acrescente o chocolate derretido e o óleo de sementes de uva.

Forre* uma forma de bolo inglês com papel-manteiga. Para obter uma marmorização fantástica (ver página 132), preencha a forma utilizando um saco de confeitar com um terço da massa de baunilha, depois, com outro saco de confeitar, acrescente no centro, no sentido longitudinal, metade da massa de chocolate.

Cubra com mais um terço da massa de baunilha, depois acrescente, sempre no centro do bolo, no sentido longitudinal, o restante da massa de chocolate. Cubra com o restante da massa de baunilha. Leve ao forno a 150 °C por 50 minutos a 1 hora. Verifique o cozimento espetando a ponta de uma faca no bolo: se a lâmina sair limpa, o cozimento está concluído.

Conselho do *chef*

Com uma espátula untada na manteiga derretida, faça um traço na superfície do bolo para otimizar seu desenvolvimento no forno. Desenforme o bolo sobre uma grelha e deixe-o de lado por 10 minutos para conservar sua forma.

Remissão técnica

Derretimento do chocolate > p. 18
Marmorização > p. 132

Coulant de chocolate ★

INGREDIENTES
125 g de chocolate 70%
100 g de manteiga para untar as formas
4 ovos inteiros
145 g de açúcar refinado
50 g de farinha

UTENSÍLIOS
De 6 a 8 forminhas
de ø 6 cm a 8 cm

PARA 6 A 8 PESSOAS
Tempo de preparo: 20 minutos
Tempo de cozimento: de 10 a 12 minutos

Unte as forminhas com manteiga.

Pique o chocolate e derreta-o lentamente em banho-maria* ou no forno micro-ondas (posição descongelar ou potência de 500 W, mexendo regularmente). Acrescente a manteiga.

Em uma tigela, branqueie os ovos e o açúcar com a ajuda de um *fouet*. Acrescente a mistura derretida, depois incorpore a farinha peneirando-a. Verta a massa nas forminhas. Leve ao forno a 190 °C por cerca de 10 a 12 minutos.

Desenforme sobre pratos e sirva imediatamente.

Conselho do *chef*

É possível preparar os coulants *com antecedência e conservá-los na geladeira até o momento de assá-los. Pense em acompanhar esta sobremesa com um* coulis *de fruta, um creme inglês ou um sorvete.*

Remissão técnica

Derretimento do chocolate > p. 18

Pasta caseira ★

PARA 6 A 8 PESSOAS
Tempo de preparo: 30 minutos
Tempo de cozimento: 10 minutos

INGREDIENTES

Chocolate a ser dosado conforme a porcentagem de cacau:
150 g de chocolate amargo 60%, ou
140 g de chocolate amargo 70%
40 g de amêndoas inteiras sem pele
160 g de avelãs inteiras com pele
400 g (400 ml) de leite integral
60 g de leite em pó
40 g de mel de acácia
150 g chocolate ao leite 40%

Torre as frutas secas. Leve ao forno as amêndoas e as avelãs a 150 °C, até obter uma bela coloração dourada. Para isso, conte cerca de 10 minutos. Deixe esfriar e retire a pele das avelãs friccionando-as com as mãos.

Em uma panela, misture o leite, o leite em pó e o mel e leve a mistura à fervura.

Na vasilha do processador de alimentos, triture as amêndoas e as avelãs até reduzi-las a uma pasta.

Pique o chocolate ao leite e o chocolate amargo em pedaços e derreta-os em banho-maria* ou no forno micro-ondas (posição descongelar ou potência de 500 W, mexendo regularmente). Transfira o chocolate para a vasilha do processador, depois despeje a mistura fervente de leite e de mel. Processe por alguns instantes. Passe em uma peneira cônica* e despeje em um pote.

Conselho do *chef*

Atenção: esta pasta caseira deve ser conservada na geladeira por no máximo uma semana.

Remissão técnica

Derretimento do chocolate > p. 18
Torrar frutas secas > p. 134

Bombas de chocolate ★★

PARA 6 A 8 PESSOAS
Tempo de preparo: 1 horas
Tempo de cozimento: 20 minutos
Tempo de refrigeração: 1 hora

INGREDIENTES
Creme confeiteiro de chocolate
85 g de chocolate amargo 70%
10 g de amido de milho
30 g de açúcar refinado
2 gemas
220 g (220 ml) de leite integral
50 g (50 ml) de creme
de leite líquido integral

Massa *choux*
50 g (50 ml) de água
50 g (50 ml) de leite integral
1 pitada de sal fino
1 pitada de açúcar refinado
40 g de manteiga
60 g de farinha
2 ovos inteiros

***Glaçage* amarga macia**
130 g de chocolate amargo 70%
100 g (100 ml) de creme de leite
líquido integral

UTENSÍLIOS
Assadeiras para confeitaria
Folhas de plástico* ou de
papel-manteiga
1 termômetro de cozinha
1 saco de confeitar

Faça o creme confeiteiro de chocolate (ver página 103). Reserve na geladeira.

Prepare a massa *choux* (ver página 77), utilizando as medidas indicadas ao lado. Com um saco de confeitar, confeite a massa em formato de bombas ou forme uma bomba com 3 pequenos *choux*, um ao lado do outro. Leve ao forno a 250 °C e desligue o fogo imediatamente. Assim que a massa *choux* estiver crescida e dourada, ligue o forno outra vez a 180 °C e termine de assar por cerca de 10 minutos.

Faça a *glaçage* amarga macia. Pique o chocolate e derreta-o lentamente em banho-maria* ou no forno micro-ondas (posição descongelar ou potência de 500 W, mexendo regularmente). Leve o creme de leite à fervura. Verta lentamente o creme fervente sobre o chocolate derretido. Misture obedecendo à regra dos três terços (ver página 94). Processe com o *mixer*, tomando cuidado para não aerar a mistura e reserve na geladeira.

Recheie as bombas com um saco de confeitar munido de um pequeno bico. Derreta a *glaçage* de chocolate a 28/30 °C e glace* as bombas em suas partes arredondadas. Reserve na geladeira.

Conselho do *chef*

É possível preparar a massa choux e congelá-la crua ou assada. Se for congelá-la crua, o tempo de cozimento será um pouco mais longo; se for congelá-la assada, descongele-a no forno tradicional a fim de deixá-la bem crocante!

Remissão técnica

Glaçage amarga e macia > p. 67
Massa *choux* > p. 77
Creme confeiteiro de chocolate > p. 103

Ópera ★★

PARA 8 PESSOAS
Para começar na véspera
Tempo de preparo: 2 horas
Tempo de cozimento: 8 minutos
Tempo de refrigeração: 9h30
Tempo de congelamento: 1 noite

Faça o *ganache* batido de chocolate branco e café. Prepare 100 g de café espresso. Pique o chocolate e derreta-o em banho-maria* ou no forno micro-ondas (posição descongelar ou potência de 500 W, mexendo regularmente). Verta lentamente um terço do café fervente sobre o chocolate derretido. Com um pão-duro,* misture permanecendo no centro da preparação para criar um "núcleo" elástico e brilhante. Incorpore mais um terço e continue mexendo da mesma forma. Depois, incorpore o último terço, seguindo o mesmo procedimento. Acrescente então o creme de leite frio. Deixe cristalizar* por pelo menos 3 horas na geladeira.

Prepare o *biscuit* Joconde de cacau (ver página 87). Espalhe a massa em uma assadeira forrada* com papel-manteiga e leve ao forno a 220 °C por 8 minutos. Corte horizontalmente três retângulos de 24 cm × 34 cm.

Faça o cremoso de chocolate amargo (ver página 100), utilizando os ingredientes indicados ao lado. Deixe cristalizar por pelo menos 3 horas na geladeira.

Prepare o xarope de café para a embebição. Prepare o café espresso e misture-o com o açúcar.

Faça a montagem. Coloque uma camada de *biscuit* em uma moldura posicionada dentro de uma assadeira forrada com papel-manteiga e embeba-o* com o xarope de café. Com um *fouet*, bata energicamente* o *ganache* batido até obter a consistência de um *chantilly* leve. Espalhe metade do *ganache* sobre a primeira camada de *biscuit*. Acrescente a segunda camada e embeba-a com o xarope de café. Espalhe novamente o *ganache* batido de chocolate e café. Acrescente a última camada e embeba-a com o xarope de café. Cubra a sobremesa com o cremoso de chocolate amargo, alise e congele por uma noite.
Uma vez congelado o Ópera, desenforme-o e cubra-o com a *glaçage* brilhantíssima (ver página 66). Reserve na geladeira por 6 horas até descongelar.

Conselho do *chef*

Corte as bordas da sobremesa ainda levemente congelada a fim de obter um acabamento perfeito.

Bom saber

Quando preparamos um ganache *batido de chocolate e café, utilizamos a técnica do* ganache *batido. No entanto, o creme que possibilita a emulsão é substituído pelo café.*

INGREDIENTES

Biscuit* Joconde de cacau
2 ovos inteiros
65 g de farinha de amêndoas
65 g de açúcar de confeiteiro
3 claras
25 g de açúcar refinado
25 g de farinha
20 g de cacau amargo em pó
25 g de manteiga

***Ganache* batido de chocolate branco e café**
100 g (100 ml) de café espresso
140 g de chocolate branco 35%
220 g (220 ml) de creme de leite líquido integral

Cremoso de chocolate amargo
110 g de chocolate amargo 70%
2 gemas (45 g)
20 g de açúcar refinado
110 g (110 ml) de leite integral
110 g (110 ml) de creme de leite líquido integral

Xarope de café para a embebição
265 g (265 ml) de café espresso
35 g de açúcar refinado

***Glaçage* brilhantíssima (ver página 66)**

UTENSÍLIOS
1 moldura de 24 cm × 34 cm
1 assadeira para confeitaria
1 termômetro de cozinha
1 grelha
1 espátula

Remissão técnica

Glaçage brilhantíssima > p. 66
Biscuit Joconde de cacau > p. 87
Ganache batido > p. 97
Cremoso de chocolate > p. 100

INGREDIENTES
Manteiga
Um pouco de açúcar refinado
150 g de chocolate amargo 70%
4 ovos
100 g de açúcar refinado
200 g (200 ml) de creme de leite líquido integral
1 colher (café) de amido de milho
1 colher (café) de cacau amargo em pó

UTENSÍLIOS
1 pincel
6 formas individuais para suflê ou *ramequins*

Suflê de chocolate ★★

PARA 6 PESSOAS
Tempo de preparo: 20 minutos
Tempo de cozimento: de 10 a 20 minutos
Tempo de refrigeração: 30 minutos

Com um pincel, unte cuidadosamente as formas e forre-as* com açúcar. Reserve na geladeira.

Pique o chocolate e derreta-o lentamente em uma grande tigela em banho--maria* ou no forno micro-ondas (posição descongelar ou potência de 500 W, mexendo regularmente).

Bata* as claras em neve lentamente, incorporando o açúcar aos poucos.

Coloque o creme de leite frio em uma panela, acrescente o amido de milho e o cacau em pó peneirados* juntos. Leve esta mistura à fervura sem deixar de mexer para evitar que grude no fundo. Verta progressivamente um terço deste creme espesso e quente sobre o chocolate derretido. Com um pão-duro,* misture energicamente, descrevendo pequenos círculos, a fim de criar um "núcleo" elástico e brilhante. Incorpore mais um terço e continue mexendo da mesma forma. Depois incorpore o último terço, seguindo o mesmo procedimento. Acrescente as gemas, misturando energicamente com um *fouet* até obter uma textura lisa e brilhante. Incorpore delicadamente com a espátula uma parte das claras em neve. Quando a consistência estiver "leve", acrescente cuidadosamente o restante das claras batidas.

Preencha até a borda com a massa de suflê as formas untadas e açucaradas. Reserve na geladeira até o momento de assar.

Cerca de 30 minutos antes de servir a sobremesa, preaqueça o forno a 210/220 °C.

Retire os suflês da geladeira e leve-os ao forno por cerca de 10 a 12 minutos.

Conselho do *chef*

Depois de preencher as forminhas, limpe em volta para que a massa não adira às paredes e o suflê possa crescer de modo uniforme. Sirva imediatamente.

Remissão técnica

Derretimento do chocolate > p. 18

Musse de chocolate amargo ★

PARA 6 A 8 PESSOAS
Tempo de preparo: 15 minutos
Tempo de refrigeração: 12 horas

INGREDIENTES

Musse de chocolate amargo
300 g de chocolate amargo 70%
150 g (150 ml) de creme de leite líquido integral
3 gemas (60 g)
6 a 7 claras (200 g)
50 g de açúcar refinado

Calda de chocolate
85 g de chocolate amargo 70%
100 g (100 ml) de leite integral

UTENSÍLIO
1 termômetro de cozinha

Faça a musse de chocolate. Pique o chocolate e derreta-o em banho-maria* ou no forno micro-ondas (posição descongelar ou potência de 500 W, mexendo regularmente).

Em uma panela, leve à fervura o creme de leite. Verta lentamente um terço do creme de leite quente sobre o chocolate derretido. Com um pão-duro,* misture energicamente, descrevendo pequenos círculos, a fim de formar um "núcleo" elástico e brilhante. Incorpore mais um terço e continue mexendo da mesma forma. Depois, incorpore o último terço, seguindo o mesmo procedimento. Acrescente as gemas para alisar a mistura.

Paralelamente, bata* as claras em neve acrescentando um pouco do açúcar já no começo e o restante no final. Quando a mistura de chocolate atingir 45/50 °C, incorpore um quarto das claras batidas, misture, e depois incorpore delicadamente o restante das claras.

Reserve por 12 horas na geladeira.

Faça a calda de chocolate (ver página 127). Trinta minutos antes da degustação, retire a musse da geladeira e acompanhe-a da calda quente ou fria.

Conselho do *chef*

Em função da presença de gemas cruas, esta musse não deve ser conservada por mais de 24 horas.

Remissão técnica

Derretimento do chocolate > p. 18
Musse de chocolate à base de claras de ovos > p. 110
Calda de chocolate > p. 127

Tortas e tortinhas

Gosto de chocolate, em primeiro lugar, por suas diferentes virtudes: ele afugenta nossas depressões passageiras, nos dá energia, estimula nosso espírito, é a mais inofensiva das "dependências", que nos faz navegar entre vícios e prazeres supremos...
Gosto também do chocolate porque ele me faz lembrar daqueles famosos "lanches das quatro" em que eu mordia um quadrado de chocolate com um pedaço de pão, ou ainda daquele aroma delicioso de néctar fumegante que me aguardava depois da escola.
Essas emoções permanecem em minha memória olfativa e me levam a integrá-la em algumas de minhas receitas, como a torta de chocolate degustada ainda morna.
Gosto também desse produto de múltiplas facetas, que nos impulsiona a conhecer novos horizontes graças a sua gama diversificada de sabores e de cores: amargo, picante, frutado; chocolate escuro, branco ou ao leite...

ÉRIC LÉAUTEY
apresenta sua receita

Torta de chocolate macio com caramelo

A massa. Misture a farinha, o açúcar de confeiteiro, as sementes de baunilha e o sal. Acrescente a manteiga bem gelada, cortada em cubos. Areie* a manteiga aos outros ingredientes, esfarelando com os dedos até obter uma farofa. A manteiga deve estar completamente incorporada antes que os 30 g de ovo sejam adicionados. Forme uma bola sem trabalhar muito a massa. Achate-a ligeiramente com um rolo de abrir massa. Embrulhe-a em filme plástico e deixe-a repousar por 30 minutos na geladeira.

O caramelo cremoso. Em uma frigideira antiaderente, aqueça o açúcar de confeiteiro em fogo brando para obter um caramelo dourado. Dissolva com o creme de leite, leve brevemente à fervura e apague o fogo. Acrescente então a manteiga cortada em cubos e incorpore-a com um *fouet*, e então deixe a mistura amornar. Em uma tigela, misture e branqueie* a gema com 15 g de açúcar. Despeje por cima o caramelo morno. Em outra tigela, bata* a clara em neve, e acrescente em seguida os 15 g de açúcar restantes. Com um pão-duro,* acrescente essa preparação à mistura anterior.

O *ganache*. Em uma tigela, corte o chocolate em pedaços pequenos, aqueça o creme e verta-o sobre o chocolate. Misture com um pão-duro, acrescente o leite gelado para abaixar a temperatura, e depois coloque o ovo batido.

A montagem. Preaqueça o forno a 180 °C. Forre com a massa uma forma sem fundo de 18 cm de diâmetro, disposta sobre uma esteira de silicone ou papel-manteiga. Fure a massa com um garfo e asse-a por 15 minutos. Nivele as bordas antes recheá-la. Despeje o creme de caramelo sobre o fundo e asse por mais 10 minutos. Depois, despeje o *ganache*, deixando-o escorrer sobre o dorso de uma colher para evitar que as duas preparações se misturem. Devolva a torta ao forno apagado por mais 15 minutos. Retire a torta e deixe-a à temperatura ambiente por 30 minutos.

A decoração. Em uma panela, faça um caramelo com o açúcar de confeiteiro, deixe-o repousar antes de mergulhar nele as amêndoas, erguendo-as a seguir para obter filamentos de caramelo. Deixe as amêndoas esfriarem sobre uma folha de papel-manteiga e decore a torta com elas.

→ Conselho do *chef*
Para servir a torta, corte-a com a lâmina quente de uma faca.

PARA 6 PESSOAS

INGREDIENTES

Massa *sablée*
125 g de farinha
60 g de açúcar de confeiteiro
1 fava de baunilha do Taiti
Flor de sal
60 g de manteiga
30 g de ovo (orgânico, de preferência)

Caramelo cremoso
75 g de açúcar de confeiteiro
40 ml de creme de leite fresco 40%
50 g de manteiga meio-salgada
1 ovo (orgânico, de preferência)
30 g (15 g + 15 g) de açúcar refinado

***Ganache* de chocolate**
50 g de chocolate amargo 70%
40 g de creme de leite fresco 40%
60 ml de leite integral
15 g de ovo (orgânico, de preferência)

Decoração
50 g de açúcar de confeiteiro
10 amêndoas com pele

UTENSÍLIOS
1 forma sem fundo de ø 18 cm
1 esteira de silicone

Réguas de ouro ★★

PARA 6 A 8 PESSOAS
Tempo de preparo: 1 hora
Tempo de cozimento: 20 minutos
Tempo de refrigeração: 3h30
Tempo de congelamento: 1 hora

INGREDIENTES
Massa *sablée* de amêndoas
180 g de manteiga + para a forma
1 pitada de sal fino
140 g de açúcar de confeiteiro
50 g de farinha de amêndoas
1 ovo inteiro
360 g (90 g + 270 g) de farinha

Geleia de laranja ou de *grapefruit*

***Ganache* de chocolate amargo**
Chocolate a ser dosado conforme a quantidade de cacau:
150 g de chocolate amargo 70%, ou
160 g de chocolate amargo 60%
150 g (150 ml) de creme de leite líquido integral
50 g de manteiga meio-salgada

DECORAÇÃO
Folhas de ouro

UTENSÍLIOS
2 réguas de inox com 1 cm de altura
1 assadeira para confeitaria
1 saco de confeitar
Folhas de plástico* ou de papel-manteiga

Prepare a massa *sablée* de amêndoas. Em uma tigela, misture a manteiga pomada,* o sal fino, o açúcar de confeiteiro, a farinha de amêndoas, o ovo e 90 g de farinha. Quando a mistura estiver homogênea, acrescente o restante da farinha (270 g) e misture brevemente. Abra a massa a uma espessura de 3 mm, entre duas folhas de plástico. Reserve no congelador por cerca de 1 hora.
Quando a massa tiver endurecido completamente, descole as folhas de plástico, recorte um longo retângulo de massa e coloque-o entre duas réguas de inox untadas com manteiga, posicionadas em uma assadeira forrada* de papel-manteiga. Pressione as laterais de modo a formar uma calha.
Deixe repousar por 30 minutos na geladeira antes de assar a 150/160 °C, até obter uma bonita coloração dourada.
Quando a massa esfriar, coloque uma fina camada de geleia de laranja ou de *grapefruit* no fundo das calhas.
Sele as extremidades da calha com filme plástico ou papel-alumínio.

Prepare o *ganache* de chocolate amargo. Pique o chocolate e derreta-o em banho-maria* ou no forno micro-ondas (posição descongelar ou potência de 500 W, mexendo regularmente).
Em uma panela, leve o creme de leite à fervura. Verta lentamente um terço da mistura fervente sobre o chocolate derretido. Com um pão-duro,* misture energicamente, descrevendo pequenos círculos, a fim de criar um "núcleo" elástico e brilhante. Incorpore mais um terço e continue mexendo da mesma forma. Depois, incorpore o último terço, seguindo o mesmo procedimento.
Quando o *ganache* atingir 35/40 °C, acrescente a manteiga cortada em cubos. Utilize o *mixer* para homogeneizar e finalizar a emulsão.
Com o saco de confeitar, preencha de *ganache* a régua de massa assada, dê leves batidinhas para nivelar o *ganache* e deixe endurecer na geladeira durante 3 horas.
Quando o *ganache* estiver bem firme, retire o papel-alumínio e corte as réguas do tamanho desejado. Decore com uma folha de ouro.

Conselho do *chef*

É possível variar as geleias e o tamanho das formas. Utilize o congelador para endurecer um pouco a massa e facilitar o corte. Sirva à temperatura ambiente.

Remissão técnica

Derretimento do chocolate > p. 18
Massa *sablée* de amêndoas > p. 72
Ganache para rechear tortas e sobremesas > p. 96

Torta de nozes, caramelo e chocolate ★★

INGREDIENTES

Massa *sablée* de amêndoas

180 g de manteiga + para a forma
1 pitada de sal fino
140 g de açúcar de confeiteiro
50 g de farinha de amêndoas
1 ovo inteiro
360 g (90 g + 270 g) de farinha

Nozes caramelizadas

100 g (100 ml) de creme de leite líquido integral
70 g de açúcar refinado
30 g de manteiga
60 g de chocolate ao leite 40%
50 g de nozes descascadas

***Ganache* de café**

80 g de chocolate amargo 60%
70 g (70 ml) de creme de leite líquido integral
10 g de mel de acácia
1 colher (sopa) de café solúvel
15 g de manteiga

UTENSÍLIOS

1 forma de torta
1 termômetro de cozinha
Folhas de plástico* ou de papel-manteiga

⟶ Remissão técnica

Derretimento do chocolate > p. 18
Massa *sablée* de amêndoas > p. 72
Ganache para rechear tortas e sobremesas > p. 96

PARA 8 PESSOAS

Tempo de preparo: 45 minutos
Tempo de cozimento: 20 minutos
Tempo de refrigeração: 2h30
Tempo de congelamento: 1 hora

Prepare a massa *sablée* de amêndoas. Em uma tigela, misture a manteiga pomada,* o sal fino, o açúcar de confeiteiro, a farinha de amêndoas, o ovo e 90 g de farinha. Quando a mistura estiver homogênea, acrescente o restante da farinha e misture brevemente. Abra a massa a uma espessura de 3 mm entre duas folhas de plástico. Deixe no congelador por cerca de 1 hora.
Quando a massa tiver endurecido completamente, descole as folhas de plástico, recorte no formato desejado e cubra uma forma previamente untada com manteiga. Deixe-a repousar por 30 minutos na geladeira.
Asse a 150/160 °C, por 20 minutos, até obter uma coloração dourada.

Prepare as nozes caramelizadas. Leve o creme à fervura. Em uma panela de fundo espesso, coloque um terço do açúcar. Deixe cozinhar até obter um caramelo, acrescente mais um terço do açúcar e mexa novamente, e depois incorpore o último terço.
Quando o caramelo estiver cozido, tomando cuidado com os respingos, acrescente a manteiga e o creme quente e deixe ferver por alguns instantes. Incorpore o chocolate ao leite picado e, em seguida, as nozes grosseiramente picadas. Despeje no fundo de torta assado e reserve.

Prepare o *ganache* de café. Pique o chocolate e derreta-o lentamente em banho-maria* ou no forno micro-ondas (posição descongelar ou potência de 500 W, mexendo regularmente). Em uma panela, esquente o creme, o mel e o café solúvel. Verta lentamente um terço da mistura fervente sobre o chocolate derretido.
Com um pão-duro,* misture energicamente, descrevendo pequenos círculos, a fim de criar um "núcleo" elástico e brilhante. Incorpore mais um terço e continue mexendo da mesma forma. Depois, incorpore o último terço, seguindo o mesmo procedimento.
Controle a temperatura. Quando o *ganache* atingir 35/40 °C, incorpore a manteiga e misture até a absorção completa.
Verta diretamente sobre o fundo de torta já guarnecido com as nozes caramelizadas e deixe cristalizar* por cerca de duas horas na geladeira.

⟶ Conselho do *chef*

É preferível aquecer o creme antes de incorporá-lo ao caramelo, a fim de evitar que este endureça.

Torta sol de pera e chocolate ★★

PARA 8 PESSOAS
Tempo de preparo: 45 minutos
Tempo de cozimento: 30 minutos
Tempo de refrigeração: 1h30

INGREDIENTES

Massa *sablée* de amêndoas
180 g de manteiga + para a forma
1 pitada de sal fino
140 g de açúcar de confeiteiro
50 g de farinha de amêndoas
1 ovo inteiro
360 g (90 g + 270 g) de farinha

Peras ao mel
4 peras williams ou doyenne du comice
100 g de mel

Flã de chocolate
65 g (65 ml) de leite integral
125 g (125 ml) de creme de leite fresco
½ fava de baunilha
1 ovo inteiro
25 g de açúcar refinado
40 g de chocolate amargo 70%

UTENSÍLIOS
1 forma de torta
Cortadores ou copos

Prepare a massa *sablée* de amêndoas. Em uma tigela, misture a manteiga pomada,* o sal fino, o açúcar de confeiteiro, a farinha de amêndoas, o ovo e 90 g de farinha. Quando a mistura estiver homogênea, acrescente o restante da farinha (270 g) e misture brevemente. Reserve na geladeira por cerca de 1 hora. Unte com manteiga uma forma de torta.
Abra a massa a uma espessura de 3 mm e guarneça a forma com ela. Abra as sobras de massa na espessura de 2 mm e, com os cortadores ou copos de diferentes diâmetros, recorte pequenos discos, para a decoração.
Deixe a massa repousar por mais 30 minutos na geladeira.
Asse a torta e os discos a 150/160 °C, até a obtenção de uma bonita coloração dourada.

Prepare as peras ao mel. Descasque as peras, corte-as ao meio e então corte cada metade em 4 ou 5 pedaços, de acordo com sua espessura. Com a ajuda de uma faca de cozinha, retire a parte central e as sementes de cada pedaço, a fim de obter fatias bem regulares.
Aqueça o mel em uma frigideira e caramelize-o ligeiramente.
Acrescente imediatamente alguns pedaços de pera e envolva-as com o mel. Deixe cozinhar por 2 a 3 minutos e reserve.

Prepare o flã de chocolate. Coloque o leite e o creme em uma panela. Parta a fava de baunilha e raspe o interior para extrair as sementes. Incorpore-as ao creme e ao leite e leve à fervura. Deixe amornar e acrescente o ovo, o açúcar e o chocolate picado. Misture e reserve.
Depois de assar o fundo da torta, disponha harmoniosamente os pedaços de pera ao mel. Despeje lentamente, a partir do centro, o flã de chocolate. Termine de assar a 150 °C por 10 a 12 minutos.
Quando o creme estiver firme, retire a torta do forno e deixe-a esfriar à temperatura ambiente. Coloque-a então na geladeira por no mínimo 1 hora.

Conselho do *chef*

Sempre que trabalhar a massa, coloque-a um pouco na geladeira: o descanso da massa é necessário para evitar que ela retraia durante o cozimento. Sirva esta torta à temperatura ambiente.

Remissão técnica

Massa *sablée* de amêndoas > p. 72

Tortinhas diferentes ★★

PARA 8 PESSOAS
Para começar na véspera
Tempo de preparo: 45 minutos
Tempo de cozimento: 20 minutos
Tempo de refrigeração: 1 noite
Tempo de congelamento: 30 minutos

Na véspera, prepare o cremoso de chocolate amargo. Pique o chocolate e derreta-o lentamente em banho-maria* ou no forno micro-ondas (posição descongelar ou potência de 500 W, mexendo regularmente).
Em uma tigela, misture as gemas e o açúcar. Transfira essa mistura para uma panela, acrescente o leite e o creme de leite e cozinhe em fogo brando, mexendo sempre, até que o creme engrosse ligeiramente (82/84 °C). Retire do fogo e despeje o creme inglês em uma tigela funda. Processe o creme por alguns segundos com o *mixer* para obter uma textura lisa e untuosa.
Verta lentamente um terço do creme inglês quente sobre o chocolate derretido.
Com um pão-duro,* misture energicamente, descrevendo pequenos círculos, a fim de criar um "núcleo" elástico e brilhante. Incorpore mais um terço e continue mexendo da mesma forma. Depois, incorpore o último terço, seguindo o mesmo procedimento. Transfira para outro recipiente, cubra com filme plástico em contato com a mistura e reserve por uma noite na geladeira.

No dia seguinte, prepare a massa *sablée* de amêndoas. Em uma tigela, misture a manteiga pomada,* o sal fino, o açúcar de confeiteiro, a farinha de amêndoas, o ovo e 90 g de farinha. Quando a mistura estiver homogênea, acrescente o restante da farinha (270 g) e misture brevemente.
Abra a massa a uma espessura de 3 mm, entre duas folhas de plástico e recorte 16 discos de 5 cm a 6 cm de diâmetro com um cortador ou um copo. Deixe no congelador por 30 minutos.
Quando a massa tiver endurecido completamente, descole as folhas de plástico e coloque os discos em uma assadeira.
Deixe repousar por 30 minutos na geladeira antes de assar a 150/160 °C, até a obtenção de uma bonita coloração dourada.
Quando os discos estiverem frios, coloque o creme de chocolate em um saco de confeitar com um bico grande e liso e coloque uma bola de creme sobre o disco. Coloque um disco de massa sobre a bola de creme e aperte levemente até que o creme atinja as extremidades do disco.
Repita a mesma operação com os outros discos.

—• Conselho do *chef*

O cremoso deve estar bem cristalizado para que as bolas fiquem bonitas.*

INGREDIENTES

Cremoso de chocolate amargo
120 g de chocolate amargo 70%
3 gemas
25 g de açúcar refinado
130 g (130 ml) de leite integral
130 g (130 ml) de creme de leite líquido integral

Massa *sablée* de amêndoas
180 g de manteiga
1 pitada de sal fino
140 g de açúcar de confeiteiro
50 g de farinha de amêndoas
1 ovo inteiro
360 g (90 g + 270 g) de farinha

UTENSÍLIOS
1 termômetro de cozinha
Folhas de plástico* ou de papel-manteiga
1 assadeira para confeitaria
1 cortador redondo ou 1 copo
1 saco de confeitar com um grande bico liso (14 a 16)

—• Remissão técnica

Derretimento do chocolate > p. 18
Massa *sablée* de amêndoas > p. 72
Cremoso de chocolate > p. 100

Tortinhas de chocolate, clementina e flor de laranjeira ★★

PARA 6 A 8 PESSOAS
Tempo de preparo: 1 hora
Tempo de cozimento: 55 minutos
Tempo de refrigeração: 3h40

INGREDIENTES

Massa *sablée* de amêndoas
120 g de manteiga + para as formas
2 g de sal fino
90 g de açúcar de confeiteiro
15 g de farinha de amêndoas
1 ovo inteiro
240 g (60 g + 180 g) de farinha

Cremoso de chocolate ao leite e clementina
140 g de chocolate ao leite 40%
2 gemas
25 g de açúcar refinado
125 g (125 ml) de leite
125 g (125 ml) de creme de leite líquido integral
Casca de 1 clementina não encerada

***Chantilly* com água de flor de laranjeira**
¼ de fava de baunilha
250 g (250 ml) de creme de leite líquido integral
25 g de açúcar refinado
Algumas gotas de água de flor de laranjeira

Clementinas desidratadas
100 g (100 ml) de água
100 g de açúcar refinado
2 clementinas não enceradas

UTENSÍLIOS
Formas para tortinhas
1 saco de confeitar de bico liso
1 termômetro de cozinha
Folhas de plástico* ou de papel-manteiga

Remissão técnica
Massa *sablée* de amêndoas > p. 72
Cremoso de chocolate > p. 100

Prepare as clementinas desidratadas. Em uma panela, aqueça a água e o açúcar por 1 minuto. Corte fatias finas de clementinas com a pele e deixe-as cozinhar por aproximadamente 10 minutos na calda. Coloque-as em uma travessa e deixe-as secar no forno a 120 °C por cerca de 35 minutos.

Prepare a massa *sablée* de amêndoas (ver página 72). Abra a massa a uma espessura de 3 mm e guarneça com ela forminhas de torta previamente untadas com manteiga. Deixa-as repousar por 30 minutos na geladeira antes de assá-las a 150/160 °C por 15 minutos, até obter uma bonita coloração dourada.

Prepare o cremoso de chocolate ao leite e clementina. Pique o chocolate e derreta-o lentamente em banho-maria* ou no forno micro-ondas (posição descongelar ou potência de 500 W, mexendo regularmente). Em uma tigela, misture as gemas e o açúcar. Acrescente o leite, o creme de leite e as cascas de clementina. Transfira para uma panela e cozinhe em fogo brando, mexendo sempre, até que o creme engrosse ligeiramente (82/84 °C). Retire do fogo, coe e verta o creme em uma tigela. Processe com o *mixer* por alguns segundos para obter uma textura lisa e untuosa. Verta lentamente um terço da mistura sobre o chocolate derretido. Com um pão-duro,* misture energicamente, descrevendo pequenos círculos, a fim de criar um "núcleo" elástico e brilhante. Incorpore mais um terço e continue mexendo da mesma forma. Depois, incorpore o último terço, seguindo o mesmo procedimento. Transfira para um recipiente e cubra com filme plástico em contato com a mistura. Reserve na geladeira. Quando os fundos das tortinhas estiverem assados, recheio-os com o cremoso de chocolate e clementina e deixe endurecer na geladeira por no mínimo 2 horas.

Prepare o *chantilly* com água de flor de laranjeira. Parta a fava de baunilha e raspe seu interior para extrair as sementes. Em uma tigela, coloque o creme bem gelado, o açúcar, as sementes de baunilha e a água de flor de laranjeira. Bata energicamente* com um *fouet* até obter a consistência de um *chantilly* leve. Com um saco de confeitar de bico liso, forme sobre as tortinhas uma bola de *chantilly* com água de flor de laranjeira e decore com uma fatia de clementina desidratada.

Conselho do *chef*
Para obter um efeito crocante, salpique o cremoso de chocolate e clementina com avelãs torradas e grosseiramente quebradas.

No espírito de uma torta *tropézienne* de chocolate branco ★★

PARA 6 A 8 PESSOAS
Tempo de preparo: 30 minutos
Tempo de cozimento: 25 minutos
Tempo de repouso: 1h30
Tempo de refrigeração: 3 horas no mínimo

Com três horas de antecedência, ou, de preferência, na véspera, prepare o *ganache* de chocolate branco e flor de laranjeira. Pique o chocolate e derreta-o lentamente em banho-maria* ou no forno micro-ondas (posição descongelar ou potência de 500 W, mexendo regularmente).
Em uma panela, aqueça 110 g de creme de leite integral. Verta lentamente um terço do creme fervente sobre o chocolate derretido. Com um pão-duro,* misture energicamente, descrevendo pequenos círculos, a fim de criar um "núcleo" elástico e brilhante. Incorpore mais um terço e continue mexendo da mesma forma. Depois, incorpore o último terço, seguindo o mesmo procedimento.
Acrescente os 270 g de creme de leite frio ao *ganache*, assim como um pouco de água de flor de laranjeira. Cubra com filme plástico em contato com a mistura. Reserve na geladeira por pelo menos 3 horas.

Prepare o brioche. Recorte um disco de 22 cm de massa de brioche crua. Deixe-a crescer* por 1h30, pincele com ovo, salpique com açúcar em grãos e/ou amêndoas de cacau trituradas e asse por cerca de 25 minutos a 170 °C. Deixe esfriar e corte horizontalmente em duas partes.

Prepare o xarope. Em uma panela, leve à fervura a água e o açúcar e acrescente a água de flor de laranjeira. Desligue assim que ferver.

Faça a montagem. Com um pincel, embeba* generosamente de xarope os discos de brioche. Bata energicamente* o *ganache* com um *fouet* até obter um creme untuoso. Com um saco de confeitar ou uma espátula, recheie a base de brioche com o *ganache* batido de chocolate branco e flor de laranjeira. Cubra com o segundo disco de massa e salpique com açúcar de confeiteiro. Sirva.

⊸ Conselho do *chef*

O açúcar em grãos pode ser encontrado nas gôndolas de açúcar dos supermercados. Ele pode ser substituído, eventualmente, por açúcar cristal.

INGREDIENTES
400 g de massa de brioche crua (caseira, ver receita na p. 78, ou comprada na padaria)
1 ovo para pincelar
Açúcar em grãos e/ou amêndoas de cacau trituradas
Açúcar de confeiteiro

***Ganache* batido de chocolate branco e flor de laranjeira**
160 g de chocolate branco 35%
380 g (110 g + 270 g) de creme de leite líquido integral
Algumas gotas de água de flor de laranjeira

Xarope
30 g (30 ml) de água
30 g de açúcar refinado
Algumas gotas de água de flor de laranjeira

UTENSÍLIOS
1 pincel
1 saco de confeitar

⊸ Remissão técnica

Massa de brioche > p. 78
Ganache batido > p. 97

Ondulados de avelãs ★★

PARA 6 A 8 PESSOAS
Tempo de preparo: 1h30
Tempo de cozimento: 40 minutos
Tempo de cristalização:* 3 horas
Tempo de refrigeração: 4 horas

INGREDIENTES

***Ganache* de chocolate ao leite**
225 g de chocolate ao leite 40%
150 g (150 ml) de creme de leite líquido integral
25 g de mel

Massa *sablée* de amêndoas
180 g de manteiga + para a forma
1 pitada de sal
140 g de açúcar de confeiteiro
50 g de farinha de amêndoas
1 ovo inteiro
360 g (90 g + 270 g) de farinha

Creme confeiteiro de baunilha
½ fava de baunilha
1 gema
30 g de açúcar refinado
8 g de farinha
5 g de amido de milho
125 g (125 ml) de leite integral

Creme de avelãs
100 g de manteiga
100 g de açúcar de confeiteiro
10 g de amido de milho
100 g de farinha de avelãs
1 ovo inteiro

UTENSÍLIOS
1 assadeira para confeitaria
1 saco de confeitar com bico chanfrado (conhecido como bico Saint-Honoré)

—• Remissão técnica

Ganache > p. 32
Massa *sablée* de amêndoas > p. 72
Creme confeiteiro de baunilha > p. 102

Prepare o *ganache* de chocolate ao leite. Pique o chocolate e derreta-o lentamente em banho-maria* ou no forno micro-ondas (posição descongelar ou potência de 500 W, mexendo regularmente). Em uma panela, leve o creme e o mel à fervura e verta lentamente um terço do creme fervente sobre o chocolate derretido. Com um pão-duro,* misture energicamente, descrevendo pequenos círculos a fim de criar um "núcleo" elástico e brilhante. Incorpore mais um terço e continue mexendo da mesma forma. Depois, incorpore o último terço, seguindo o mesmo procedimento.
Deixe cristalizar em local fresco durante 3 horas, sem levar à geladeira.

Prepare a massa *sablée* de amêndoas (ver página 72), utilizando as medidas indicadas ao lado. Abra a massa a uma espessura de 3 mm e asse a 150/160 °C por cerca de 20 minutos.

Prepare o creme confeiteiro de baunilha (ver página 102) utilizando as medidas indicadas ao lado. Cubra com filme plástico em contato com a mistura e reserve na geladeira por cerca de 1 hora.

Prepare o creme de avelãs. Em um recipiente, coloque a manteiga pomada.* Sem deixar de mexer, acrescente o açúcar de confeiteiro e o amido peneirados,* assim como a farinha de avelãs. Acrescente o ovo, depois incorpore o creme confeiteiro frio.
Sobre a massa já assada e fria, espalhe o creme de avelãs em toda a superfície. Asse a 190 °C durante cerca de 20 minutos e deixe esfriar completamente. Com um saco de confeitar de bico chanfrado, decore com o *ganache* de chocolate ao leite, criando um efeito de ondas e ondulações. Deixe cristalizar na geladeira por aproximadamente 3 horas.
Quando retirar da geladeira, corte com uma faca aquecida retângulos de aproximadamente 3 cm × 8 cm.

—• Conselho do *chef*

Depois de retirar os ondulados do forno, você pode colocar uma folha de papel-manteiga e uma assadeira por cima a fim de obter uma superfície perfeitamente plana durante o resfriamento. Esta receita pode ser preparada também com um ganache de chocolate amargo.

Guloseimas de tangerina ★

PARA 20 A 30 MINITORTINHAS
Tempo de preparo: 2 horas
Tempo de cozimento: 15 minutos
Tempo de repouso: 40 minutos
Tempo de refrigeração: 2 horas

INGREDIENTES

Massa de biscoito *speculoos*
125 g de manteiga
125 g de açúcar demerara
40 g de açúcar
½ ovo inteiro
½ colher (café) de canela em pó
250 g de farinha
10 g (10 ml) de leite integral

***Ganache* de chocolate amargo**
100 g de chocolate amargo 60%
150 g (150 ml) de creme de leite líquido integral
25 g de mel

Decoração
10 tangerinas sem sementes
1 tablete de chocolate amargo 60%

UTENSÍLIOS
Formas para minitortinhas

Remissão técnica

Derretimento do chocolate > p. 18
Massa de biscoito *peculoos* > p. 76
Ganache para rechear tortas e sobremesas > p. 96

Prepare a massa de biscoito *speculoos*. Retire a manteiga da geladeira algumas horas antes de utilizá-la e coloque-a em uma tigela. Com um pão-duro,* mexa-a vigorosamente. Termine de transformá-la em pomada com o pão-duro ou com um *fouet*. Acrescente o açúcar demerara e o açúcar refinado.
Misture e depois incorpore o ovo, a canela e a farinha previamente peneirada.* Finalize acrescentando o leite e misture de modo a obter uma massa homogênea.
Cubra com filme e reserve na geladeira por cerca de 1 hora. Abra a massa a uma espessura de 2 mm e corte-a no formato das formas. Asse a 170 °C por cerca de 15 minutos. Deixe esfriar.

Prepare o *ganache* de chocolate amargo. Pique o chocolate e derreta-o lentamente em banho-maria* ou no forno micro-ondas (posição descongelar ou potência de 500 W, mexendo regularmente).
Em uma panela, leve o creme e o mel à fervura. Verta lentamente um terço da mistura fervente sobre o chocolate previamente derretido. Com um pão-duro, misture energicamente, descrevendo pequenos círculos, a fim de criar um "núcleo" elástico e brilhante. Incorpore mais um terço e continue mexendo da mesma forma. Depois, incorpore o último terço, seguindo o mesmo procedimento. Utilize o *mixer* para homogeneizar e finalizar a emulsão. Verta o *ganache* nos fundos das tortinhas já assados.

Prepare os *suprêmes* de tangerina. Com uma faca de cozinha bem afiada, descasque as tangerinas removendo a pele branca, para extrair os "*suprêmes*"* ou gomos. Segure a tangerina na palma da mão fechada e deslize a lâmina da faca ao longo de uma membrana até o centro da fruta. Faça o mesmo no outro gomo ao longo da outra membrana. O gomo da tangerina se destaca sozinho. Proceda da mesma forma com todos os gomos. Reserve sobre papel absorvente.
Coloque cerca de 4 a 5 *suprêmes* de tangerinas sobre cada tortinha, de modo a reconstituir uma metade de tangerina. Decore com algumas lascas de chocolate, que podem ser obtidas raspando-se um tablete de chocolate com um descascador de legumes. Reserve na geladeira antes de servir.

Conselho do *chef*

Para uma apresentação mais elegante, decore com uma folha de ouro.

INGREDIENTES
Massa de *streuzel* de cacau
75 g de farinha de amêndoas
75 g de farinha
10 g de cacau amargo em pó
75 g de açúcar demerara
3 g de flor de sal
75 g de manteiga

Musse leve de chocolate branco e maracujá
3 g de gelatina em folhas
150 g de chocolate branco 35%
90 g (90 ml) de leite integral
160 g (160 ml) de creme de leite líquido integral
½ maracujá

Cobertura
½ abacaxi
1 manga
½ maço de coentro fresco

UTENSÍLIOS
Cortadores quadrados ou no formato desejado
1 assadeira para confeitaria
1 termômetro de cozinha

Remissão técnica
Streuzel de amêndoas e chocolate > p. 88
Musse de chocolate sem ovos > p. 111

Torta de abacaxi e manga com coentro fresco ★★

PARA 6 A 8 PESSOAS
Tempo de preparo: 2 horas
Tempo de cozimento: 10 a 15 minutos
Tempo de congelamento: 30 minutos
Tempo de refrigeração: 2h30

Faça o *streuzel* de cacau. Em uma tigela, peneire* e misture os ingredientes secos (farinha de amêndoas, farinha, cacau em pó, açúcar demerara e a flor de sal). Corte a manteiga gelada em cubinhos, acrescente-os à preparação e misture com as mãos para formar uma mistura arenosa.
Reserve no congelador por no mínimo 30 minutos.
Coloque os cortadores quadrados sobre uma assadeira forrada* com papel-manteiga e preencha-os com o *streuzel* de cacau. Asse a 150/160 °C por cerca 10 a 15 minutos. Deixe esfriar à temperatura ambiente.

Prepare a musse leve de chocolate branco e maracujá. Amoleça a gelatina em um recipiente com água fria.
Pique o chocolate e derreta-o lentamente em banho-maria* ou no forno micro-ondas (posição descongelar ou potência de 500 W, mexendo regularmente).
Leve o leite à fervura, acrescente a gelatina escorrida e misture. Verta lentamente um terço da mistura fervente sobre o chocolate derretido. Com um pão-duro,* misture energicamente, descrevendo pequenos círculos, a fim de criar um "núcleo" elástico e brilhante. Incorpore mais um terço e continue mexendo da mesma forma. Depois, incorpore o último terço, seguindo o mesmo procedimento.
Em uma tigela, bata energicamente* com um *fouet* o creme de leite para dar uma textura macia e espumante, conhecida como "batida espumante". Quando a mistura leite/gelatina/chocolate atingir 30 °C, acrescente o creme batido espumante e misture tudo delicadamente, incorporando as sementes de maracujá. Em seguida, despeje esta preparação nos cortadores quadrados, por cima do *streuzel* de cacau assado. Conserve na geladeira por 1 a 2 horas.
Descasque o abacaxi e a manga e corte-os em cubos de diferentes tamanhos. Desfolhe e pique finamente o coentro fresco. Em um recipiente, misture delicadamente os cubos de frutas e salpique com coentro. Desenforme e decore com os cubos de frutas com coentro. Conserve na geladeira até o momento de servir.

Conselho do *chef*
Para consolidar o streuzel, *você pode borrifá-lo com água antes de assá-lo.*

Torta de chocolate servida quente ★★

PARA 6 PESSOAS
Tempo de preparo: 1 hora
Tempo de cozimento: 25 minutos
Tempo de refrigeração: 2h30

INGREDIENTES

Massa *sablée* de amêndoas
120 g de manteiga
2 pitadas de sal fino
90 g de açúcar de confeiteiro
15 g de farinha de amêndoas
1 ovo inteiro
240 g (60 g + 180 g) de farinha

***Ganache* de chocolate amargo para ser assado**
120 g de chocolate amargo 70%
150 g (150 ml) de leite
150 g (150 ml) de creme de leite líquido integral
40 g de açúcar refinado
2 gemas

Um pouco de cacau amargo em pó (para a decoração)

UTENSÍLIOS
1 forma de torta
1 saco de confeitar

Prepare a massa *sablée* de amêndoas. Em uma tigela, misture a manteiga pomada,* o sal fino, o açúcar de confeiteiro, a farinha de amêndoas, o ovo e 60 g de farinha. Quando a mistura estiver homogênea, acrescente o restante da farinha (180 g) e misture brevemente. Reserve na geladeira por cerca de 1 hora.
Abra a massa a uma espessura de 3 mm. Guarneça com ela uma forma de torta. Deixe descansar por 30 minutos na geladeira antes de assá-la por cerca de 20 minutos a 150/160 °C, até obter uma bela coloração dourada.

Prepare o *ganache* de chocolate amargo para ser assado. Pique o chocolate e derreta-o lentamente em banho-maria* ou no forno micro-ondas (posição descongelar ou potência de 500 W, mexendo regularmente).
Em uma panela, leve o leite, o creme de leite e o açúcar à fervura. Verta lentamente um terço da mistura fervente sobre o chocolate derretido. Com um pão-duro,* misture energicamente, descrevendo pequenos círculos, a fim de criar um "núcleo" elástico e brilhante. Incorpore mais um terço e continue mexendo da mesma forma. Depois, incorpore o último terço, seguindo o mesmo procedimento. Acrescente as gemas e reserve na geladeira por cerca de 1 hora.
Com um saco de confeitar, forre o fundo da torta com o *ganache*. Asse a 180/190 °C por 5 a 7 minutos. Polvilhe levemente com o cacau em pó. Sirva em seguida.

Conselho do *chef*

É importante deixar o ganache descansar na geladeira por pelo menos 1 hora.

Bom saber

Não hesite em preparar mais massa de torta do que o necessário para a receita. Conserve a massa restante no congelador, aberta, a fim de facilitar seu trabalho da próxima vez em que for preparar a receita!

Remissão técnica

Massa *sablée* de amêndoas > p. 72
Guarnecer um fundo de torta > p. 133

Pequenas delícias entre amigos

Meu verdadeiro encontro com o chocolate data de meu aprendizado em confeitaria. Foi nessa época que descobri os chocolates *grands crus*: o Araguani, o Nyangbo, o Manjari, etc. Compreendi que era impreciso falar de chocolate, que seria melhor dizer os chocolates. Cada um tem seu *terroir*, seus aromas, sua história, um pouco à maneira do vinho. Para o cozinheiro/confeiteiro que sou, essa diversidade é matéria para a criação. Além disso, vivemos em uma época em que os consumidores são mais bem informados e se tornam cada vez mais exigentes. É importante conhecer a proveniência de um chocolate, assim como é importante saber que um cordeiro vem da região de Aveyron ou que as cerejas vêm de Carpentras. Meu mapa contém todas essas especificações às quais meus clientes são sensíveis.

CYRIL LIGNAC
apresenta sua receita

Ganache torcido de chocolate Nyangbo, telhas de gergelim e *sorbet* de pera williams

***Ganache* de chocolate Nyangbo (preparar na véspera).** Pique o chocolate sobre uma tábua. Em uma panela, leve à fervura o sorbitol, o ágar-ágar e a água. Acrescente a gelatina amolecida e escorrida e a glicose. Leve novamente à fervura, e acrescente em seguida o creme de leite. Ferva mais uma vez, depois verta a mistura sobre o chocolate picado. Despeje em uma moldura ou em uma assadeira. Cubra com filme plástico em contato com a preparação, e depois reserve em local fresco. Espere endurecer na superfície e então deixe repousar por uma noite no congelador.

***Sorbet* de pera.** Em uma panela, ferva a água com o açúcar, depois verta o líquido sobre a polpa de pera williams. Processe com o *mixer*. Transfira a mistura para a vasilha de uma sorveteira e processe conforme as instruções do fabricante. Conserve no congelador. Lembre-se de que os sorvetes feitos em casa não devem ficar muito tempo no congelador, pois endurecem rapidamente.

Telhas de gergelim. Em uma panela, ferva a água e o açúcar, acrescente o mel e ferva mais uma vez. Despeje em uma esteira de silicone e espalhe com uma espátula. Salpique generosamente com gergelim. Leve ao forno a 180 °C por cerca de 14 minutos. Conserve as telhas excedentes para outra sobremesa.

***Coulis* de pera.** Em uma panela, ferva a polpa de pera com a fécula de batata. Reserve em local fresco.

Cubos de pera em calda. Cozinhe o açúcar até obter um caramelo. Dissolva com água, acrescente os zestos de laranja e coloque a pera previamente descascada no caramelo. Deixe esfriar e corte cubos de 5 mm × 5 mm.

Montagem e acabamento. Retire o *ganache* do congelador e deixe-o durante meia hora à temperatura ambiente para poder trabalhá-lo. Corte-o em 30 retângulos do mesmo tamanho (usar luvas para não deixar as marcas dos dedos nos *ganaches*). Torça os retângulos, coloque-os em uma assadeira e leve-os à geladeira por 15 minutos para que esfriem. Aplique o *spray* aveludado negro. Reserve. Coloque os *ganaches* torcidos no centro dos pratos. Posicione três cubos de pera acima, à esquerda do *ganache* e três outros acima, à direita. Coloque uma telha de gergelim depois do primeiro cubo e outra depois do penúltimo. Acrescente três pontos de *coulis* de pera de cada lado do prato e decore com uma *quenelle** de *sorbet* de pera.

PARA 10 PESSOAS

INGREDIENTES

Ganache de chocolate Nyangbo
130 g de chocolate Nyangbo Valrhona 68%
30 g de sorbitol (substituto do açúcar, à venda em lojas especializadas)
1 g de ágar-ágar
17 g de água
0,75 g de gelatina em folhas
17 g de glicose
300 g (300 ml) de creme de leite líquido integral

Sorbet de pera
60 g (60 ml) de água
60 g de açúcar refinado
630 g de polpa de pera williams

Telhas de gergelim
100 g (100 ml) de água
100 g de açúcar refinado
40 g de mel
120 g de sementes de gergelim

Coulis de pera
125 g de polpa de pera
2,5 g de fécula de batata

Cubos de pera em calda
30 g de açúcar refinado
125 g (125 ml) de água
Zestos* de 2 laranjas não enceradas
1 pera *conférence*

ACABAMENTO

1 lata de *spray* aveludado negro

UTENSÍLIOS

1 moldura ou 1 assadeira de 10 cm × 20 cm
1 sorveteira
1 esteira de silicone

Transparência de chocolate, café e creme ★★

PARA 6 A 8 PESSOAS
Tempo de preparo: 1 hora
Tempo de refrigeração: 3h30
Tempo de cozimento: 15 minutos

INGREDIENTES
Sablé breton
2 gemas
80 g de açúcar refinado
80 g de manteiga
120 g de farinha T55*
4 g de fermento químico
1 pitada de sal

Creme inglês de base
2 gemas
80 g de açúcar refinado
380 g (380 ml) de leite integral
380 g (380 ml) de creme de leite líquido integral

Creme de café
500 g de creme inglês de base (acima)
10 g de café solúvel

Cremoso de chocolate
500 g de creme inglês de base (acima)
200 g de chocolate amargo 60%

Musse de leite com baunilha
6 g de gelatina em folhas
¼ de fava de baunilha
20 g de açúcar de confeiteiro
300 g (300 ml) de leite (bem frio)

UTENSÍLIOS
Folhas de plástico* ou de papel-manteiga
8 *verrines* ou taças
1 termômetro de cozinha

—• Remissão técnica
Sablé breton com pérolas de chocolate > p. 74
Creme inglês de base > p. 98
Cremoso de chocolate > p. 100

Faça o *sablé breton*. Em uma tigela, branqueie* as gemas com o açúcar. Incorpore a manteiga pomada, depois a farinha, o fermento químico e o sal peneirados* juntos. Espalhe a massa entre duas folhas de plástico ou de papel-manteiga com uma espessura de 5 mm. Reserve na geladeira por 30 minutos. Retire a massa da geladeira e corte cubos de 1 cm × 1 cm, colocando-os a seguir em uma assadeira. Leve ao forno a 170 °C por cerca de 15 minutos. Deixe esfriar e coloque alguns cubos no fundo das *verrines* (copinhos).

Prepare o creme inglês que servirá de base para o creme de café e o cremoso de chocolate (ver página 98), utilizando as medidas indicadas ao lado.

Prepare o creme de café. Pese 500 g de creme inglês quente. Acrescente o café solúvel misturando bem. Reserve na geladeira.

Faça o cremoso de chocolate utilizando 500 g de creme inglês. Pique o chocolate e derreta-o lentamente em banho-maria* ou no forno micro-ondas (posição descongelar ou potência de 500 W, mexendo regularmente). Reaqueça o creme inglês. Verta lentamente um terço do creme sobre o chocolate derretido. Com um pão-duro,* misture energicamente, descrevendo pequenos círculos para criar um "núcleo" elástico e brilhante. Incorpore mais um terço e continue mexendo da mesma forma. Depois, acrescente o último terço, seguindo o mesmo procedimento. Misture e verta este creme nas *verrines* sobre os cubos de *sablé* e reserve na geladeira por 2 ou 3 horas.
Quando o cremoso de chocolate estiver cristalizado,* verta sobre ele o creme de café e coloque-o novamente na geladeira.

Um pouco antes de servir, prepare a musse de leite com baunilha. Amoleça a gelatina em um recipiente com água fria, escorra-a e derreta-a no forno micro-ondas. Parta a fava de baunilha e raspe seu interior para extrair as sementes. Em uma tigela, misture o açúcar, as sementes de baunilha e o leite bem frio. Coe. Verta lentamente o leite com açúcar e baunilha sobre a gelatina derretida, batendo vigorosamente com um *fouet* até a obtenção de uma musse. Em seguida, coloque delicadamente uma porção de musse de leite com baunilha sobre o creme de café e sirva imediatamente!

—• Conselho do *chef*
É possível aromatizar a musse de leite com alguns grãos de cardamomo e com casca de laranja previamente moídos.

INGREDIENTES

Churros
185 g (185 ml) de leite
3 g de sal
4 g de açúcar refinado
75 g de manteiga
150 g de farinha
3 ovos

Calda de caramelo, chocolate ao leite e gengibre
110 g de chocolate ao leite 40%
235 g (235 ml) de creme de leite líquido integral
15 g de xarope de glicose
1 pequeno rizoma de gengibre
120 de açúcar refinado
40 g de manteiga

Açúcar aromatizado
1 limão não encerado
200 g de açúcar refinado
500 g (500 ml) de óleo de fritura

UTENSÍLIOS
1 saco de confeitar com bico canelado
1 centrífuga ou um ralador
1 fritadeira

Remissão técnica

Calda de chocolate e caramelo > p. 129
Encher um saco de confeitar > p. 132

Churros do deserto, chocolate ao leite e gengibre ★★

PARA 6 A 8 PESSOAS
Tempo de preparo: 1 hora
Tempo de cozimento: 10 minutos
Tempo de congelamento: 3 horas

Prepare os churros. Em uma panela, leve à fervura o leite, o sal, o açúcar e a manteiga. Acrescente a farinha na panela e em seguida misture durante um minuto (apure*) em fogo alto. Fora do fogo, incorpore os ovos aos poucos até obter uma massa homogênea.
Sobre uma assadeira coberta com uma folha de papel-manteiga ou sobre uma esteira de silicone, confeite, com um saco de confeitar de bico canelado, minichurros em forma de cactos. Reserve no congelador durante cerca de 3 horas.

Faça a calda de caramelo, chocolate ao leite e gengibre. Pique o chocolate e derreta-o lentamente em banho-maria* ou no forno micro-ondas (posição descongelar ou potência de 500 W, mexendo regularmente). Em uma panela, aqueça o creme de leite e o xarope de glicose. Descasque o gengibre e extraia seu sumo com uma centrífuga ou transforme-o em polpa por meio de um ralador.
Em uma panela, caramelize o açúcar sem adicionar água. Incorpore a manteiga e, em seguida, o creme e o xarope de glicose aquecidos. Verta lentamente um terço da mistura fervente sobre o chocolate derretido. Com um pão-duro,* misture energicamente, descrevendo pequenos círculos, a fim de criar um "núcleo" elástico e brilhante. Incorpore mais um terço e continue mexendo da mesma forma. Depois, incorpore o último terço, seguindo o mesmo procedimento. Utilize o *mixer* para homogeneizar e finalizar a textura e acrescente o suco ou a polpa de gengibre.
Finalmente, pique a casca de limão e misture com o açúcar refinado.
Para concluir, em uma panela ou fritadeira, aqueça o óleo a 180 °C, mergulhe nele 2 ou 3 unidades de churros congelados e frite até que adquiram cor. Reserve sobre papel absorvente e polvilhe ligeiramente com açúcar refinado aromatizado.
Sirva os churros com a calda de caramelo, chocolate ao leite e gengibre ainda morna.

Conselho do *chef*

Se achar mais fácil, faça os churros no formato de sua preferência!

Coroa de chocolate com frutas de inverno ★

INGREDIENTES

Musse de chocolate amargo
300 g de chocolate amargo 70%
150 g (150 ml) de creme de leite líquido integral
3 gemas (60 g)
6 a 7 claras (200 g)
50 g de açúcar refinado

Cobertura
1 maçã reineta (vermelha)
1 pera não muito madura
50 g (50 ml) de creme de leite líquido integral
80 g de açúcar refinado
30 g (30 ml) de água
25 g de nozes
25 g de amêndoas inteiras com pele
25 g de avelãs inteiras sem pele
15 g de *pinoli*

Creme batido
200 g (200 ml) de creme de leite líquido integral

UTENSÍLIOS
1 termômetro de cozinha
1 saco de confeitar

—• Remissão técnica

Musse de chocolate à base de claras de ovos > p. 110
Encher um saco de confeitar > p. 132

PARA 8 PESSOAS
Para iniciar na véspera
Tempo de preparo: 45 minutos
Tempo de refrigeração: 12 horas

Na véspera, faça a musse de chocolate amargo. Pique o chocolate e derreta-o lentamente em banho-maria* ou no forno micro-ondas (posição descongelar ou potência de 500 W, mexendo regularmente). Em uma panela, leve o creme de leite à fervura. Verta lentamente um terço da mistura sobre o chocolate derretido. Com um pão-duro,* misture energicamente, descrevendo pequenos círculos, a fim de criar um "núcleo" elástico e brilhante. Incorpore mais um terço e continue mexendo da mesma forma. Depois, incorpore o último terço, seguindo o mesmo procedimento. Acrescente as gemas para alisar a mistura. Paralelamente, bata* as claras em neve, acrescentando uma pequena parte do açúcar desde o início e o restante no fim. Quando a mistura de chocolate estiver a 45/50 °C, incorpore um quarto das claras batidas, misture, e depois incorpore delicadamente o restante. Deixe a musse na geladeira por 12 horas.

No dia seguinte, prepare a cobertura. Descasque e corte a maçã e a pera em pedaços pequenos. Aqueça o creme de leite em uma panela. Em outra panela de fundo grosso, coloque o açúcar e a água. Cozinhe até obter um caramelo. Retire a panela do fogo e, tomando cuidado com os respingos, acrescente o creme quente. Deixe ferver por alguns instantes. Acrescente então os pedaços de maçã cortados, deixe ferver ligeiramente e, em seguida, acrescente os pedaços de pera e as frutas secas picadas grosseiramente.
Em uma tigela, bata energicamente* o creme de leite integral frio para que ele adquira uma textura macia e espumante, conhecida como "batida espumante".

Faça a montagem. Com um saco de confeitar, faça coroas de musse de chocolate sobre os pratos, acompanhadas de frutas caramelizadas e com uma noz de creme batido.

—• Conselho do *chef*

Deixe a cobertura esfriar na geladeira para que as nozes possam amolecer e adquirir os aromas de caramelo. O caramelo pode ser condimentado com um pouco de canela, anis-estrelado ou com misturas próprias para pães de especiarias, o que lhe dará um gostinho de Natal. Para ser degustado com um vinho do Roussillon, como o Maury, ou com um café preto bem quente.

—• Bom saber

Dê preferência aos pinoli *da Espanha ou do Líbano. Evite os provenientes da China, que têm menos sabor.*

Waffles marmorizados de chocolate e baunilha ★★

PARA 6 A 8 PESSOAS
Tempo de preparo: 45 a 50 minutos
Tempo de cozimento: 4 minutos por rodada de *waffles*

INGREDIENTES

Massa de *waffles* de baunilha
110 g de farinha
125 g (125 ml) de leite integral
20 g (20 ml) de baunilha líquida
25 g de açúcar refinado
125 g de manteiga
2 g de sal
3 claras

Massa de *waffles* de chocolate
110 g de farinha
50 g de chocolate amargo
125 g (125 ml) de leite integral
20 g (20 ml) de baunilha líquida
50 g de açúcar refinado
130 g de manteiga
2 g de sal
3 claras

Calda de chocolate ao leite e xarope de bordo
300 g de xarope de bordo
150 g (150 ml) de creme de leite líquido integral
100 g de chocolate ao leite 40%

Sorvete de baunilha

UTENSÍLIOS
1 termômetro de cozinha
1 máquina de *waffle*

Remissão técnica
Derretimento do chocolate > p. 18
Calda de chocolate e caramelo > p. 129

Faça a calda de chocolate e xarope de bordo. Em uma panela, aqueça o xarope de bordo a 120 °C. Acrescente o creme de leite previamente amornado. Pique o chocolate e derreta-o lentamente em banho-maria* ou no forno micro-ondas (posição descongelar ou potência de 500 W, mexendo regularmente). Em uma panela, leve o creme de leite à fervura. Verta lentamente um terço da mistura fervente sobre o chocolate derretido. Com um pão-duro,* misture energicamente, descrevendo pequenos círculos a fim de criar um "núcleo" elástico e brilhante. Incorpore mais um terço e continue mexendo da mesma forma. Depois, incorpore o último terço, seguindo o mesmo procedimento.

Prepare a massa de *waffles* de baunilha. Peneire* a farinha em uma tigela. Em uma panela, aqueça o leite e acrescente em seguida a baunilha, o açúcar, a manteiga e o sal. Incorpore a mistura à farinha peneirada. Bata* as claras em neve e incorpore-as delicadamente.

Prepare a massa de *waffles* de chocolate. Peneire a farinha em uma tigela. Pique o chocolate e derreta-o lentamente em banho-maria ou no forno micro-ondas (posição descongelar ou potência de 500 W, mexendo regularmente). Em uma panela, aqueça o leite e acrescente a baunilha, o açúcar, a manteiga e o sal. Incorpore o chocolate derretido, em três vezes, mexendo energicamente. Em seguida, verta sobre a farinha peneirada. Bata as claras em neve e incorpore-as delicadamente.
Aqueça a máquina de *waffle*. Quando ela estiver bem quente, coloque irregularmente nos alvéolos massa de baunilha e massa de chocolate, para obter um aspecto marmorizado. Deixe cozinhar por cerca de 4 minutos.
Coloque os *waffles* sobre um prato, sirva com uma bola de sorvete de baunilha e cubra com a calda quente de chocolate e xarope de bordo.

Conselho do *chef*
Os waffles *podem ser preparados com antecedência. Para aquecê-los, utilize o* grill *do forno e polvilhe açúcar de confeiteiro sobre eles para torná-los mais crocantes.*

Bom saber
O xarope de bordo é aquecido a 120 °C para adquirir mais aroma e uma consistência mais viscosa. O creme deve ser amornado à parte.

Coulant de chocolate morno, banana crocante e tenra ★★

PARA 6 A 8 PESSOAS
Para começar na véspera
Tempo de preparo: 1h40
Tempo de refrigeração: 1 noite
Tempo de cozimento: 15 minutos
Tempo de congelamento: 1 noite

INGREDIENTES

***Coulants* de chocolate**
160 g de chocolate amargo 70%
160 g de manteiga + para as formas
5 a 6 ovos inteiros (280 g)
130 g de açúcar refinado
80 g de farinha

***Granité* de chocolate**
170 g de chocolate amargo 70%
650 g (650 ml) de água
10 g de leite em pó
125 g de açúcar refinado
25 g de mel

Compota de banana
15 g de manteiga
2 maracujás
2 a 3 de bananas (240 g)
20 g de açúcar demerara
60 g (60 ml) de suco de laranja
2 voltas de moedor de pimenta Sarawak

***Streuzel* de amêndoas**
80 g de farinha
80 g de manteiga
80 g de farinha de amêndoas
80 g de açúcar refinado
3 g de flor de sal

UTENSÍLIOS
1 saco de confeitar
Aros individuais
1 assadeira para confeitaria
Verrines

Na véspera, prepare os *coulants* de chocolate. Pique o chocolate e derreta-o lentamente em banho-maria* ou no forno micro-ondas (posição descongelar ou potência de 500 W, mexendo regularmente). Acrescente a manteiga e misture até obter uma massa homogênea. Em uma tigela, misture os ovos e o açúcar, incorpore a farinha. Misture as duas massas e reserve durante uma noite na geladeira.

Faça o *granité* de chocolate (ver página 123). Misture para melhorar a textura. Despeje em uma travessa, formando uma camada de 3 cm de espessura. Coloque na geladeira por uma noite, mexendo regularmente para formar cristais.

No dia de servir. Prepare a compota de banana. Derreta a manteiga no forno micro-ondas. Extraia o suco dos maracujás. Descasque e corte as bananas em rodelas não muito finas. Misture a manteiga derretida, o açúcar demerara, os sucos de laranja e de maracujá e acrescente a pimenta. Verta esta marinada sobre as bananas e misture tudo delicadamente. Coloque em uma travessa refratária e asse a 200 °C por 6 a 8 minutos. Reserve à temperatura ambiente.

Faça o *streuzel* de amêndoas (ver página 88), utilizando as medidas ao lado. Retire com antecedência a massa dos *coulants* da geladeira ou aqueça-a um pouco colocando-a no forno micro-ondas por alguns minutos.
Unte os aros individuais com a manteiga pomada.* Com um saco de confeitar, disponha a massa nos aros colocados sobre uma assadeira para confeitaria forrada* com papel-manteiga. Asse a 180 °C em forno ventilado durante 6 a 7 minutos. Nesse tempo, disponha a compota de banana nas *verrines* e coloque o *granité* de chocolate por cima. Decore com alguns pedaços de *streuzel*. Reserve no congelador enquanto termina de preparar a sobremesa. Retire os *coulants* do forno e, após cerca de 30 segundos, desenforme sobre os pratos. Sirva-os acompanhados das *verrines* geladas.

Remissão técnica

Streuzel de amêndoas e chocolate > p. 88
Granité de chocolate > p. 123

Bom saber

A pimenta de Sarawak, proveniente de Bornéu, tem um sabor que se harmoniza bem com as sobremesas. Suas notas frescas e amadeiradas proporcionam uma boa combinação com a banana e o chocolate.

Musse de amêndoas, recheio ao leite e peras tenras ao mel ★★★

PARA 6 A 8 PESSOAS
Para começar na véspera
Tempo de preparo: 1h30
Tempo de refrigeração: 3 a 4 horas
Tempo de congelamento: 1 noite

INGREDIENTES

Musse de chocolate ao leite
170 g de chocolate ao leite 40%
1 g de gelatina em folhas
100 g (100 ml) de leite integral
200 g (200 ml) de creme de leite líquido integral

Musse de amêndoas
4 g de gelatina em folhas
170 g (170 ml) de leite
140 g de marzipã caseiro (ver página 41)
170 g (170 ml) de creme de leite líquido integral

Peras macias com mel
2 peras não muito maduras
75 g de mel de castanheira

Arlettes
100 g de massa folhada
50 g de açúcar refinado

UTENSÍLIOS
Formas de gelo de silicone
Formas individuais no formato desejado
1 termômetro de cozinha

Na véspera. Prepare a musse de chocolate ao leite (ver página 111), utilizando as medidas indicadas ao lado. Despeje nas formas de gelo de silicone. Deixe endurecer no congelador (aproximadamente 2 a 3 horas).

Algumas horas depois, prepare a musse de amêndoas. Amoleça a gelatina em um recipiente com água fria. Em uma panela, ferva o leite e, fora do fogo, acrescente a gelatina escorrida. Amoleça o marzipã colocando-o por cerca de 40 segundos no forno micro-ondas. Processe o marzipã com o *mixer*, adicionando aos poucos o leite com gelatina. Quando a mistura estiver homogênea, reserve.
Durante esse tempo, processe o creme de leite líquido integral com o *mixer* para lhe dar uma textura semibatida. Quando a mistura leite/marzipã atingir 40/45 °C, acrescente o creme batido espumante e misture delicadamente.
Preencha três quartos das formas individuais com a musse de amêndoas. Coloque no centro um cubinho de musse de chocolate ao leite. Deixe endurecer no congelador (mínimo de 4 a 5 horas).

No dia seguinte. Descasque as peras, corte-as ao meio longitudinalmente, e depois em 4 ou 5 partes, dependendo de sua espessura. Com uma faca de cozinha, retire a parte central e as sementes a fim de obter quartos regulares. Aqueça o mel em uma frigideira, acrescente os pedaços de pera e vire-os delicadamente até que fiquem ligeiramente caramelizados. Escorra e reserve à temperatura ambiente.

Prepare as *arlettes* de massa folhada (ver página 61), utilizando as medidas ao lado. Quando as musses estiverem congeladas, desenforme sobre uma travessa e reserve no congelador por cerca de 3 ou 4 horas. No momento de servir, acompanhe-as de alguns quartos de peras macias, *arlettes* e algumas lascas de chocolate.

Conselho do *chef*
O mel de cozimento pode ser utilizado como calda.

Remissão técnica
Marzipã > p. 41
Arlettes > p. 61
Musse de chocolate sem ovos > p. 111

INGREDIENTES

Bolo de chocolate
35 g de chocolate amargo 60%
60 g de manteiga
3 ovos inteiros
25 g de mel
110 g de açúcar refinado
50 g de farinha de amêndoas
80 g de farinha
5 g de fermento químico
16 g de cacau amargo em pó
80 g (80 ml) de creme de leite líquido integral

Cremoso de chocolate
130 g de chocolate amargo 70%
2 gemas grandes (50 g)
25 g de açúcar refinado
125 g (125 ml) de leite integral
125 g (125 ml) de creme de leite líquido integral

***Ganache* batido de chocolate branco e café**
80 g de chocolate branco 35%
50 g (50 ml) de café espresso
110 g (110 ml) de creme de leite líquido integral

***Granité* de café**
50 g de açúcar refinado
300 g (300 ml) de café preto

Opalinas de chocolate
225 g de *fondant*
150 g de xarope de glicose
20 g de chocolate amargo 70%

Calda de chocolate
200 g (200 ml) de leite integral
170 g de chocolate amargo 70%

UTENSÍLIOS
1 assadeira rasa
Vários aros de ø 50 mm
1 termômetro de cozinha
1 esteira de silicone

Conselho do *chef*

É indispensável que os preparativos desta sobremesa sejam feitos na véspera.

Efêmero de chocolate branco e café ★★★

PARA 6 A 8 PESSOAS
Para começar na véspera
Tempo de preparo: 2h30
Tempo de cozimento: 10 minutos
Tempo de refrigeração: 1 noite
Tempo de congelamento: 1 noite

Na véspera. Prepare o bolo de chocolate (ver página 85), utilizando as medidas indicadas ao lado. Despeje na assadeira coberta de papel-manteiga e asse por 10 minutos a 180 °C. Depois de frio, corte discos de bolo e disponha-os no fundo dos aros posicionados sobre uma esteira de silicone.

Faça o cremoso de chocolate (ver página 100), utilizando as medidas indicadas ao lado. Despeje-o sobre os bolos e deixe cristalizar* por uma noite na geladeira.

Prepare o *ganache* batido de chocolate branco e café. Pique o chocolate e derreta-o lentamente em banho-maria* ou no forno micro-ondas (posição descongelar ou potência de 500 W, mexendo regularmente). Prepare o café espresso e verta lentamente o café fervente sobre o chocolate derretido. Com um pão-duro,* misture energicamente, descrevendo pequenos círculos, a fim de criar um "núcleo" elástico e brilhante. Incorpore mais um terço do café e continue mexendo da mesma forma. Depois, incorpore o último terço, seguindo o mesmo procedimento. Utilize o *mixer* para finalizar a emulsão. Acrescente o creme de leite frio e processe novamente com o *mixer*. Reserve em lugar fresco e deixe cristalizar de preferência por uma noite.

Prepare o *granité* de café. Dissolva o açúcar refinado no café quente, transfira para uma travessa larga e congele por uma noite. Raspe com um garfo antes de servir.

No dia seguinte. Faça as opalinas de chocolate (ver página 50) e conserve-as ao abrigo da umidade.

Prepare a calda de chocolate (ver página 127). Retire o *ganache* da geladeira, bata-o energicamente* com um *fouet* para que fique untuoso.
No momento de servir, desenforme os aros de cremoso. Disponha harmoniosamente a calda no fundo dos pratos. Posicione o cremoso no centro do prato, coloque sobre ele uma noz de *ganache* batido de café, decore com as opalinas de chocolate. Sirva com uma *verrine* de *granité* de café.

Remissão técnica

Opalinas > p. 50
Massa de bolo de chocolate > p. 85
Ganache batido > p. 97
Cremoso de chocolate > p. 100
Granité de chocolate > p. 123
Calda de chocolate > p. 127

Potinhos de creme de chocolate, geleia de café ★★

PARA 8 PESSOAS
Tempo de preparo: 20 minutos
Tempo de cozimento: 12 minutos
Tempo de refrigeração: 2h30

INGREDIENTES

Creme de chocolate
Chocolate a ser dosado conforme a porcentagem de cacau:
140 g de chocolate amargo 60%, ou
120 g de chocolate amargo 70%
100 g (100 ml) de leite
1 ovo + 1 gema

Geleia de café
2 g de gelatina em folhas
100 ml de café forte espresso

UTENSÍLIOS
8 potinhos de vidro
1 cesta para cozimento a vapor ou 1 cuscuzeira

Prepare os potinhos de creme de chocolate. Pique o chocolate e derreta-o lentamente em banho-maria* ou no forno micro-ondas (posição descongelar ou potência de 500 W, mexendo regularmente). Em uma panela, aqueça o leite e desligue o fogo um pouco antes de ferver. Verta lentamente um terço do líquido fervente sobre o chocolate derretido. Com um pão-duro,* misture energicamente, descrevendo pequenos círculos, a fim de criar um "núcleo" elástico e brilhante. Incorpore mais um terço do leite e continue mexendo da mesma forma. Depois, incorpore o último terço, seguindo o mesmo procedimento. Quando a mistura estiver lisa e untuosa, acrescente as duas gemas e a clara.
Verta o creme nos potinhos e cubra-os com filme plástico. Coloque-os em uma cesta para cozimento a vapor ou em uma cuscuzeira. Tampe e cozinhe--os no vapor em fogo brando por cerca de 10 a 12 minutos.
Resfrie os potinhos imediatamente em água gelada, e deixe o creme firmar na geladeira.

Faça a geleia de café. Amoleça a gelatina em um recipiente com água fria. Prepare 100 ml de café forte, tipo espresso. Escorra a gelatina e incorpore-a ao café bem quente para dissolvê-la. Verta em um recipiente a uma altura máxima de 1 cm. Deixe firmar por no mínimo 2 horas na geladeira. Corte em cubinhos.
Sirva os potes de creme de chocolate bem frescos, acompanhados de cubinhos de geleia de café.

Conselho do *chef*

O tempo de cozimento varia em função do tamanho do vidro: conte cerca de 10 a 12 minutos para um potinho de 5 cm de diâmetro e 3 cm de creme.

Remissão técnica

Derretimento do chocolate > p. 18

Miscelânea de frutas tropicais, cremoso de chocolate branco e limão ★★

PARA 6 A 8 PESSOAS
Para começar na véspera
Tempo de preparo: 1h30
Tempo de refrigeração: 1 noite
Tempo de cozimento: 10 minutos
Tempo de repouso: 15 minutos

INGREDIENTES

Cremoso de chocolate branco e limão
Casca de 2 limões não encerados
3 g de gelatina em folhas
5 gemas
50 g de açúcar refinado
250 g (250 ml) de leite integral
250 g (250 ml) de creme de leite líquido integral
225 g de chocolate branco 35%

Xarope de frutas tropicais
Casca de 1 limão não encerado
Casca de ½ laranja não encerada
70 g (70 ml) de água
50 g de açúcar refinado
½ maracujá

Crocantes de massa filo
1 pacote de massa filo
50 g de manteiga
Açúcar de confeiteiro

Miscelânea de frutas
1 banana
½ *grapefruit*
½ abacaxi
1 laranja
1 manga

UTENSÍLIOS
1 termômetro de cozinha
1 assadeira para confeitaria

Conselho do *chef*
Coloque os crocantes de massa filo na última hora, para que não amoleçam com o xarope.

Bom saber
A massa filo é uma massa extremamente fina, muito mais crocante que a massa brick.

Remissão técnica
Derretimento do chocolate > p. 18
Cremoso de chocolate > p. 100

Na véspera. Prepare o cremoso de chocolate branco e limão. Descasque os limões e pique as cascas finamente. Amoleça a gelatina em um recipiente com água fria. Enquanto isso, em uma tigela, misture as gemas, o açúcar e as cascas. Despeje em uma panela, acrescente o leite e o creme de leite e cozinhe em fogo brando, mexendo sempre, até que o creme engrosse ligeiramente (temperatura entre 82 °C e 84 °C). Retire do fogo e transfira o creme inglês para uma vasilha. Processe-o por alguns segundos com o *mixer* para obter uma textura lisa e untuosa. Acrescente a gelatina escorrida ao creme inglês. Passe em uma peneira cônica. Pique o chocolate e derreta-o lentamente em banho-maria* ou no forno micro-ondas (posição descongelar ou potência de 500 W, mexendo regularmente). Verta lentamente um terço do creme inglês sobre o chocolate derretido. Com um pão-duro,* misture energicamente, descrevendo pequenos círculos, a fim de criar um "núcleo" elástico e brilhante. Incorpore mais um terço do creme e continue mexendo da mesma forma. Depois, incorpore o último terço, seguindo o mesmo procedimento. Misture e reserve durante uma noite na geladeira.

No dia seguinte. Prepare o xarope de frutas tropicais. Descasque o limão e a laranja e pique as cascas finamente. Em uma panela, ferva a água e o açúcar, acrescente as cascas do limão e da laranja e deixe em infusão durante 5 a 10 minutos fora do fogo. Passe em uma peneira cônica e acrescente as sementes extraídas do maracujá. Reserve na geladeira.

Prepare os crocantes de massa filo. Desenrole e separe em duas as folhas de massa filo. Amarrote-as, dando-lhes volume. Coloque-as sobre uma assadeira e deixa-as secar por cerca de 15 minutos. Enquanto isso, derreta a manteiga em uma panela, e então regue ligeiramente as folhas com a manteiga derretida. Polvilhe com açúcar de confeiteiro e asse no forno a 180 °C durante alguns minutos, até que elas dourem e caramelizem.
Descasque e corte as frutas em cubinhos. Coloque-as em pratos fundos. Regue as frutas com o xarope de frutas tropicais. No momento de servir, disponha sobre cada prato uma *quenelle** de cremoso de chocolate branco e limão e decore com um crocante de massa filo.

Panacotta marfim com fava de tonka, *coulis* de morango ★

PARA 8 PESSOAS
Para começar na véspera
Tempo de preparo: 40 minutos
Tempo de refrigeração: 1 noite

INGREDIENTES

***Panacotta* de chocolate branco**
4 g de gelatina em folhas
175 g de chocolate branco 35%
200 g (200 ml) de leite
300 g (300 ml) de creme de leite líquido integral
½ fava de tonka

***Coulis* de morango**
130 g de morangos
250 g (250 ml) de água
25 g de açúcar refinado

UTENSÍLIOS
Formas de silicone ou *verrines*

Na véspera. Faça a *panacotta* com chocolate branco. Amoleça a gelatina em um recipiente com água fria. Pique o chocolate e derreta-o lentamente em banho-maria* ou no forno micro-ondas (posição descongelar ou potência de 500 W, mexendo regularmente). Em uma panela, ferva o leite e acrescente a gelatina escorrida. Verta lentamente um terço da mistura fervente sobre o chocolate derretido. Com um pão-duro,* misture energicamente, descrevendo pequenos círculos, a fim de criar um "núcleo" elástico e brilhante. Incorpore mais um terço da mistura e continue mexendo da mesma forma. Depois, junte o último terço, seguindo o mesmo procedimento. Acrescente o creme de leite frio e raspe a fava de tonka. Utilize o *mixer* para homogeneizar e finalizar a emulsão. Reserve durante uma noite na geladeira.

Prepare o *coulis* de morango. Reserve alguns morangos inteiros e corte os outros em pedacinhos em um recipiente. Em uma panela, ferva a água com o açúcar, acrescente os morangos cortados e deixe repousar assim durante uma noite na geladeira.

No dia seguinte. Passe lenta e delicadamente a mistura de morangos em uma peneira, a fim de recolher o suco translúcido, sem esmagar os morangos, o que deixaria a mistura turva. Cubra a *panacotta* com esse suco e decore com alguns morangos cortados ao meio e, eventualmente, com algumas framboesas.

Conselho do *chef*

Espere a panacotta *engrossar um pouco antes de vertê-la nas formas ou* verrines, *para evitar que a fava de tonka raspada suba à superfície. Servida fria, acompanhada de um chá-verde, essa composição revela-se muito refrescante.*

Remissão técnica

Derretimento do chocolate > p. 18
Panacotta de chocolate > p. 105

Panacotta de chocolate amargo com abacaxi, espuma de coco e capim-santo ★★

PARA 6 A 8 PESSOAS
Para começar na véspera
Tempo de preparo: 1h45
Tempo de cozimento: 25 a 30 minutos
Tempo de refrigeração: 1 noite

INGREDIENTES
***Panacotta* de chocolate amargo**
4 g de gelatina em folhas
130 g de chocolate amargo 60%
200 g (200 ml) de leite
300 g (300 ml) de creme de leite líquido integral

Abacaxi em bastonetes "a vácuo"
150 g (150 ml) de suco de abacaxi
400 g de abacaxi fresco
20 g de açúcar demerara
15 g (15 ml) de rum escuro

Espuma tailandesa de capim-santo
500 g (500 ml) de leite integral
50 g de açúcar refinado
3 talos de capim-santo
½ fava de baunilha
4 g de gelatina em folhas
120 g (120 ml) de leite de coco

UTENSÍLIOS
1 sifão
Verrines
1 termômetro de cozinha

Remissão técnica
Derretimento do chocolate > p. 18
Panacotta de chocolate > p. 105

Na véspera, faça a *panacotta* de chocolate amargo. Amoleça a gelatina em um recipiente com água fria. Pique o chocolate e derreta-o lentamente em banho-maria* ou no forno micro-ondas (posição descongelar ou potência de 500 W, mexendo regularmente).
Em uma panela, ferva o leite e acrescente a gelatina escorrida. Verta lentamente um terço da mistura fervente sobre o chocolate derretido. Com um pão-duro,* misture energicamente, descrevendo pequenos círculos, a fim de criar um "núcleo" elástico e brilhante. Incorpore mais um terço e continue mexendo da mesma forma. Depois, incorpore o último terço, seguindo o mesmo procedimento. Acrescente o creme de leite frio. Utilize o *mixer* para homogeneizar e finalizar a emulsão. Coloque em *verrines* e reserve durante uma noite na geladeira.

No dia seguinte, prepare o abacaxi em bastonetes. Leve o suco de abacaxi à fervura e reduza-o pela metade. Descasque o abacaxi e corte-o em bastonetes. Acrescente o açúcar demerara e o rum aos bastonetes de abacaxi e, em seguida, o suco reduzido. Coloque essa mistura em um saco plástico, elimine o ar e feche com um elástico. Cozinhe esse saco em banho-maria a 75/80 °C por cerca de 25 a 30 minutos.

Faça a espuma tailandesa de capim-santo. Em uma panela, leve à fervura o leite e o açúcar e reduza essa mistura até restarem apenas 350 ml. Corte os talos de capim-santo em fatias finas (reserve algumas para a decoração), parta a fava de baunilha e raspe seu interior para extrair as sementes, depois incorpore tudo ao leite reduzido. Deixe em infusão durante meia hora e passe em uma peneira cônica.* Amoleça a gelatina em um recipiente com água fria, escorra-a e derreta-a no leite quente com capim-santo. Acrescente o leite de coco e reserve em um sifão na geladeira por 3 ou 4 horas.
No momento de servir, disponha os bastonetes de abacaxi nas *verrines* sobre a *panacotta*, e depois, com o sifão, preencha de espuma tailandesa até a borda da *verrine*. Decore com hastes finas de capim-santo.

Conselho do *chef*
Os bastonetes de abacaxi podem ser substituídos por cubos de manga fresca.

Transparência de chocolate, *crème brûlée* e *confit* de frutas vermelhas ★★

PARA 6 A 8 PESSOAS
Tempo de preparo: 45 minutos
Tempo de cozimento: 20 minutos
Tempo de refrigeração: 35 minutos

INGREDIENTES

***Crème brûlée* de baunilha**
65 g (65 ml) de leite integral
50 g de açúcar refinado
1 fava de baunilha
190 g (190 ml) de creme de leite líquido integral
4 gemas

***Confit* de framboesa e mirtilo**
65 g de açúcar refinado
75 g de framboesa
50 g de mirtilo

Musse quente de chocolate amargo
80 g de chocolate amargo 70%
25 g de açúcar refinado
1 g de ágar-ágar
135 g (135 ml) de leite integral

UTENSÍLIOS
Verrines ou taças
1 sifão
1 termômetro de cozinha

Faça o *crème brûlée* de baunilha. Em uma panela, leve o leite e o açúcar à fervura. Raspe a fava de baunilha para extrair as sementes e deixe em infusão durante alguns minutos. Coe. Misture o creme de leite frio com as gemas. Verta sobre esta mistura o leite com açúcar e baunilha, misturando bem. Distribua o creme em *verrines* e leve-os ao forno a 90/100 °C por cerca de 17 a 20 minutos.

Prepare o *confit* de framboesa e mirtilo. Em uma panela, ferva o açúcar e as framboesas durante 1 a 2 minutos, e acrescente em seguida os mirtilos. Deixe ferver por pouco tempo. Reserve na geladeira.

Faça a musse quente de chocolate amargo. Pique o chocolate e derreta-o lentamente em banho-maria* ou no forno micro-ondas (posição descongelar ou potência de 500 W, mexendo regularmente).
Misture o açúcar e o ágar-ágar, acrescente o leite e leve à fervura. Verta lentamente um terço da mistura fervente sobre o chocolate derretido. Com um pão-duro,* misture energicamente, descrevendo pequenos círculos, a fim de criar um "núcleo" elástico e brilhante. Incorpore mais um terço e continue mexendo da mesma forma. Depois, incorpore o último terço, seguindo o mesmo procedimento. Despeje essa preparação em um sifão, que deverá ser mantido em banho-maria a 45/50 °C, para que a musse seja servida quente. Quando o *crème brûlée* de baunilha estiver cozido, deixe-o esfriar na geladeira. Depois de 30 minutos, coloque uma colher de *confit* de framboesa e mirtilo sobre ele, e reserve novamente na geladeira. Com um sifão, acrescente a musse de chocolate quente no momento de servir.

—• Conselho do *chef*

É indispensável ferver o ágar-ágar para que ele gelifique. Lascas de chocolate podem ser raladas sobre a musse para criar um contraste espumante/crocante.

—• Remissão técnica

Derretimento do chocolate > p. 18

Spoon de chocolate e caramelo ★★

PARA 6 A 8 PESSOAS
Para começar na véspera
Tempo de preparo: 1h30
Tempo de refrigeração: 1 noite

INGREDIENTES
Musse de chocolate
160 g de chocolate amargo 60%
3 g de gelatina em folhas
170 g (170 ml) de leite integral
350 g (350 ml) de creme de leite líquido integral

Caramelo com creme
200 g (200 ml) de creme de leite líquido integral
20 g de mel
90 g de açúcar refinado

Frutas secas de sua escolha

UTENSÍLIO
1 termômetro de cozinha

Na véspera, faça a musse de chocolate. Pique o chocolate e derreta-o lentamente em banho-maria* ou no forno micro-ondas (posição descongelar ou potência de 500 W, mexendo regularmente).
Amoleça a gelatina em um recipiente com água fria.
Em uma panela, ferva o leite e, fora do fogo, incorpore a gelatina escorrida. Verta lentamente um terço do líquido fervente sobre o chocolate derretido. Com um pão-duro,* misture energicamente, descrevendo pequenos círculos, a fim de criar um "núcleo" elástico e brilhante. Incorpore mais um terço e continue mexendo da mesma forma. Depois, incorpore o último terço, seguindo o mesmo procedimento.
Em uma tigela, bata energicamente* o creme de leite para lhe dar uma textura macia e espumante, conhecida como "batida espumante". Verifique se a mistura leite/chocolate atingiu a temperatura de 35/45 °C e verta-a no creme espumante. Reserve por 1 noite na geladeira.

No dia seguinte, prepare o caramelo com creme. Em uma panela pequena, leve o creme de leite à fervura. Em uma panela grande, derreta o mel e acrescente aos poucos o açúcar sem deixar de mexer, até a obtenção de um caramelo claro. Verta lentamente o creme quente, tomando cuidado com os respingos de caramelo, e cozinhe tudo a 103 °C. Deixe esfriar à temperatura ambiente.

Coloque pequenas quantidades de musse sobre colheres (*spoons*), cubra de calda de caramelo e salpique com frutas secas.

Remissão técnica

Musse de chocolate sem ovos > p. 111

Lanches mágicos

244

CHRISTOPHE FELDER APRESENTA SUA RECEITA

A sobremesa de chocolate tem várias vantagens: é quase certo que irá agradar e presta-se a diversas receitas fáceis.
Constato regularmente em meus cursos de confeitaria: a técnica dos *ganaches* é em geral facilmente aprendida pelo grande público. Somente o corte e a decoração exigem qualidades de profissionais. Sou a favor da simplicidade e do domínio do sabor. Em confeitaria, é preciso ser clássico: uma massa e um creme constituem a base das receitas mais apreciadas. Além disso, a qualidade dos produtos pode mudar radicalmente a percepção. Aqui, resolvi interpretar a receita do bolo basco. Eu já havia realizado variações desse grande clássico regional combinando-o com morangos, amêndoas ou cerejas. O chocolate, misturado com um pouco de marzipã, de limão e de laranja confere-lhe outro caráter. Uso sempre cacau em pó Valrhona. Quanto aos chocolates nobres, minha preferência recai sobre o Guanaja. Para mim, é o Côte-Rôtie do chocolate!

CHRISTOPHE FELDER
apresenta sua receita

Bolo basco de chocolate

A massa. Preaqueça o forno a 180 °C. Coloque a manteiga pomada, o açúcar refinado e a farinha de amêndoas em um recipiente. Misture com uma espátula, acrescente a casca de limão picada e continue a misturar. Incorpore em seguida o ovo. Quando a massa estiver homogênea, acrescente a farinha, o cacau em pó e o sal e finalize a mistura. Envolva a massa em filme plástico e deixe na geladeira por 1 hora.

O creme de chocolate. Despeje o leite e o creme de leite em uma panela e leve-os à fervura em fogo médio. Em um recipiente, misture as gemas, o açúcar refinado e o pó para flã. Reserve.
Quando o líquido ferver, acrescente a mistura gema/açúcar/pó para flã/cacau em pó sem deixar de bater. Continue cozinhando este creme em fogo médio até que ele engrosse. Quando o creme estiver cozido, acrescente a manteiga e o chocolate picado, sem deixar de mexer.
Emulsione com o *mixer*. Deixe esfriar e acrescente o marzipã amolecido (no forno micro-ondas em baixa potência) e o rum. Em seguida, acrescente a farinha de amêndoas e as cascas de laranja. Reserve o creme à temperatura ambiente coberto com filme plástico. Alise bem.

A montagem. Abra a massa a uma espessura de 10 mm. Corte um quadrado com 22 cm de lado e outro com 24 cm. Pincele a forma com manteiga. Coloque o quadrado de 22 cm na forma e reserve o segundo quadrado para a cobertura.
Usando 80 g das sobras de massa, faça um rolinho bem regular e coloque-o no perímetro da forma. Espete ligeiramente o fundo da massa. Com um saco de confeitar de bico liso, coloque o creme de chocolate no fundo da torta. Coloque o quadrado de 24 cm sobre o creme, tomando o cuidado de evitar a entrada de ar, e cole-o bem. Deixe endurecer por 10 minutos na geladeira.

A douração vermelha. Prepare a guarnição vermelha batendo os ovos e o corante vermelho em um recipiente. Pincele a massa com essa douração. Decore fazendo incisões curtas na massa com a ponta de uma faca.

Asse a 180 °C por cerca de 30 minutos. Deixe esfriar por alguns instantes antes de desenformar.

PARA 8 PESSOAS

INGREDIENTES

Massa

375 g de manteiga pomada*
125 g de açúcar refinado
85 g de farinha de amêndoas
Casca fina de ½ limão não encerado
1 ovo
200 g de farinha
20 g de cacau em pó Valrhona
1 pitada de sal

Creme de chocolate

150 g de leite
80 g de creme de leite líquido fresco
2 gemas (40 g)
40 g de açúcar refinado
20 g de pó para flã
10 g de cacau em pó Valrhona
20 g de manteiga
50 g de chocolate amargo Guanaja 80%
80 g de marzipã (70% de amêndoas)
5 g de rum
50 g de farinha de amêndoas finamente moída
10 g de cascas de laranja

Douração vermelha

0,4 g de corante vermelho-carmim
2 gemas (40 g)

UTENSÍLIOS

1 forma quadrada de 25 cm x 25 cm
1 saco de confeitar com bico liso

Palitos de chocolate e pecãs ★

PARA 8 PESSOAS
Tempo de preparo: 35 a 40 minutos
Tempo de cozimento: 25 minutos
Tempo de refrigeração: 4 horas

Com 3 ou 4 horas de antecedência, faça o *ganache* de chocolate amargo. Pique o chocolate e derreta-o lentamente em banho-maria* ou no forno micro-ondas (posição descongelar ou potência de 500 W, mexendo regularmente).
Em uma panela, aqueça o creme de leite e acrescente o mel. Verta lentamente um terço da mistura fervente sobre o chocolate derretido. Com um pão-duro,* misture energicamente, descrevendo pequenos círculos, a fim de criar um "núcleo" elástico e brilhante. Incorpore mais um terço e continue mexendo da mesma forma. Depois, incorpore o último terço, seguindo o mesmo procedimento. Acrescente a manteiga. Utilize o *mixer* para homogeneizar e finalizar a emulsão. Reserve em local fresco por 3 a 4 horas.

Prepare o biscoito. Em uma tigela grande, misture as gemas, o açúcar mascavo, o mel e 45 g de açúcar refinado. Reserve.
Pique o chocolate e derreta-o lentamente em banho-maria ou no forno micro-ondas (posição descongelar ou potência de 500 W, mexendo regularmente). Acrescente a manteiga pomada* ao chocolate derretido.
Bata* as claras em neve acrescentando progressivamente 70 g de açúcar refinado.
Incorpore a mistura de chocolate/manteiga à mistura gemas/açúcares. Acrescente a farinha, as nozes-pecã e as castanhas-de-caju previamente picadas. Conclua incorporando as claras batidas.
Espalhe a massa a uma espessura de 1,5 mm em uma assadeira para confeitaria forrada* de papel-manteiga e salpique de gergelim claro. Asse a 160 °C por cerca de 25 minutos, até que, ao espetar a ponta da faca, ela saia seca.
Ao retirar a massa do forno, deixe-a repousar por 5 minutos e vire a assadeira sobre outra folha de papel-manteiga. Deixe a massa no congelador por alguns minutos. Corte em "palitos" de 8 cm × 2 cm.

Faça o acabamento. Depois que os palitos tiverem esfriado, posicione um cordão de *ganache* sobre cada um deles com o saco de confeitar.

→ Conselho do *chef*

Deixar a massa endurecer um pouco no congelador facilita o corte dos palitos.

→ Bom saber

O açúcar mascavo é um açúcar de cana escuro integral, proveniente das Ilhas Maurício. Seu elevado teor de melaço lhe confere um sabor muito pronunciado. Se não o encontrar, substitua por açúcar demerara.

INGREDIENTES

Biscoito
- 3 gemas
- 45 g de açúcar mascavo
- 30 g de mel de castanheira ou de pinheiro
- 115 g (45 g + 70 g) de açúcar refinado
- 90 g de chocolate amargo 70%
- 150 g de manteiga
- 3 claras
- 40 g de farinha
- 70 g de nozes-pecã
- 70 g de castanhas-de-caju
- Um pouco de gergelim claro

***Ganache* de chocolate amargo**
- 130 g de chocolate amargo 70%
- 90 g (90 ml) de creme de leite líquido integral
- 30 g de mel de pinheiro
- 50 g de manteiga

UTENSÍLIOS
- 1 assadeira para confeitaria ou 1 esteira de silicone
- 1 saco de confeitar

→ Remissão técnica

Derretimento do chocolate > p. 18
Ganache de corte > p. 33

Bolo de chocolate e pistache, *streuzel* de amêndoas e anis ★

PARA 6 PESSOAS
Tempo de preparo: 45 minutos
Tempo de cozimento: 1h10

INGREDIENTES
***Streuzel* de amêndoas e anis**
10 g de açúcar demerara
10 g de farinha de amêndoas
10 g de farinha
½ pitada de sal
1 pitada de anis verde em pó
10 g de manteiga

Bolo de pistache
15 g de manteiga
75 g de açúcar refinado
1 ovo inteiro
1 pitada de sal fino
35 g (35 ml) de creme de leite líquido integral
60 g de farinha
1 g de fermento químico
30 g de pasta de pistaches (ver página 42)

Bolo leve de chocolate
1 ovo inteiro
50 g de açúcar refinado
20 g de farinha de amêndoas
30 g de farinha
2 g de fermento químico
8 g de cacau amargo em pó
35 g de chocolate amargo 60% ou 70%
30 g (30 ml) de creme de leite líquido integral
20 g de manteiga
1 clara

Algumas cerejas cristalizadas (tipo Amarena)

UTENSÍLIOS
1 assadeira para confeitaria ou
1 esteira de silicone
1 forma de bolo inglês

—• Remissão técnica

Derretimento do chocolate > p. 18
Pasta de pistaches ou avelãs > p. 42
Streuzel de amêndoas e chocolate > p. 88

Faça o *streuzel* de amêndoas e anis. Em uma tigela, misture o açúcar demerara, a farinha de amêndoas, a farinha, o sal e o anis verde em pó. Corte a manteiga fria em cubinhos, acrescente-a à preparação e misture com as mãos para formar uma mistura arenosa. Coloque em uma assadeira ou em uma esteira de silicone. Asse a 150/160 °C por cerca de 10 minutos, até obter uma coloração dourada.

Prepare o bolo de pistache. Em uma panela, derreta ligeiramente a manteiga. Em uma tigela, misture o açúcar com o ovo inteiro, o sal e o creme de leite. Peneire* a farinha com o fermento químico e acrescente-os à mistura até obter uma massa. Amoleça ligeiramente a pasta de pistaches e incorpore a ela uma pequena quantidade da mistura anterior. Quando esta massa estiver homogênea, incorpore-a ao restante da preparação, com a manteiga derretida.

Prepare o bolo leve de chocolate. Em uma tigela, misture o ovo e o açúcar refinado. Acrescente a farinha de amêndoas, a farinha peneirada com o fermento químico e o cacau em pó até obter uma massa. Reserve. Pique o chocolate e derreta-o lentamente em banho-maria* ou no forno micro-ondas (posição descongelar ou potência de 500 W, mexendo regularmente). Em uma panela, aqueça o creme de leite. Misture-o ao chocolate. Acrescente esta mistura à massa, e incorpore em seguida a manteiga derretida e a clara batida em neve.

Para terminar, forre* uma forma de bolo inglês com papel-manteiga. Despeje a massa de pistache no fundo da forma. Coloque algumas cerejas por cima, tomando cuidado para que elas não toquem as laterais da forma. Despeje a massa de chocolate e coloque sobre ela o *streuzel* de amêndoas e anis assado. Asse a 150 °C por cerca de 1 hora. Verifique o cozimento espetando o bolo com a lâmina de uma faca. Se a lâmina sair limpa, ele está assado.

—• Conselho do *chef*

Este bolo fica bem melhor após uma noite de repouso. Para melhor conservá-lo, embrulhe-o em filme plástico. Se gostar dele crocante por fora, envolva-o depois de frio. Se preferi-lo bem macio, embrulhe-o ainda quente.

Bolo de chocolate, banana e passas ao rum branco ★★

PARA 6 PESSOAS

Para fazer na véspera
Tempo de preparo: 20 minutos
Tempo de cozimento: 40 a 50 minutos
Tempo de refrigeração: 1 noite

INGREDIENTES

Passas ao rum branco
60 g de uvas-passas brancas (medidas a seco)
50 ml de rum branco
Água

Massa de bolo
80 g de chocolate amargo 60%
100 g de manteiga + para a forma
40 g de açúcar refinado
20 g de açúcar mascavo ou demerara
1 gema
3 ovos inteiros
200 g de purê de bananas (2) bem maduras, quase totalmente pretas
40 g de farinha de avelãs
40 g de amêndoas de cacau trituradas
50 g de farinha + para a forma
4 g de fermento químico
150 g de chocolate ao leite 40%
Um pouco de rum escuro
Algumas raspas de noz-moscada

UTENSÍLIO

1 forma de bolo inglês

Remissão técnica

Derretimento do chocolate > p. 18

Lave as uvas-passas brancas em água fervente e faça-as inchar em fogo muito brando no rum branco diluído com um pouco de água (¼ do total), até a redução completa do líquido.

Faça a massa do bolo. Pique o chocolate e derreta-o lentamente em banho-maria* ou no forno micro-ondas (posição descongelar ou potência de 500 W, mexendo regularmente). Em seguida, acrescente a manteiga derretida. Transfira a mistura de chocolate amargo e manteiga para o recipiente de um processador. Acrescente os dois açúcares (refinado e mascavo). Processe até que a mistura fique bem lisa e depois acrescente a gema e os ovos inteiros aos poucos. A massa deve permanecer bem lisa durante todo o preparo. Acrescente o purê de bananas. Ainda no processador, incorpore a seguir a farinha de avelãs e as amêndoas de cacau trituradas, a farinha e o fermento químico. Deixe a mistura repousar por 15 minutos na geladeira para endurecer.

Enquanto isso, pique o chocolate ao leite. Tire a massa de bolo e incorpore as passas ao rum escorridas e as lascas de chocolate ao leite. Despeje em uma forma de bolo inglês forrada* com papel-manteiga ou untada com manteiga e polvilhada com farinha. Asse a 180 °C por cerca de 45 minutos.

Ao retirar do forno, embeba* o bolo com rum escuro e raspe um pouco de noz-moscada por cima. Envolva o bolo ainda quente com filme plástico muito apertado. Todas as fragrâncias do rum ficarão impregnadas na massa, sem que os aromas do álcool evaporem. Deixe esfriar por uma noite na geladeira.

Conselho do *chef*

É importante colocar a massa de bolo na geladeira para endurecê-la e evitar que as passas e as lascas de chocolate caiam no fundo da forma.
Este bolo demora para assar por causa das bananas esmagadas. O tempo de cozimento depende de quão maduras elas estejam.

Bom saber

Em virtude da pequena quantidade de extrato seco contido neste bolo, ele será sempre muito macio, quaisquer que sejam as circunstâncias.

Biscoitos de chocolate, coco e maracujá ★★★

PARA 6 A 8 PESSOAS
Para começar na véspera
Tempo de preparo: 50 minutos
Tempo de cozimento: 10 minutos
Tempo de refrigeração: 2 horas
Tempo de congelamento: 1 noite

INGREDIENTES

***Nougatine* de amêndoas**
60 g de manteiga
25 g (25 ml) de xarope de glicose
75 g de açúcar refinado
1 g de pectina de maçã
60 g de cacau amargo em pó
90 g de amêndoas picadas

Pasta de maracujá
175 g de polpa de maracujá
45 g (45 ml) de xarope de glicose
1 g de pectina amarela
120 g (20 g + 100 g) de açúcar refinado
20 g de mel
1 g de ácido cítrico em solução

Biscoito macio de coco e chocolate
50 dg e açúcar refinado
45 g de mel
60 g (60 ml) de leite integral
1 ovo grande inteiro (60 g)
60 g de coco em pó
40 g de farinha
2 g de fermento químico
50 g de chocolate amargo 70%
45 g de manteiga

UTENSÍLIOS
1 termômetro de cozinha
Formas retangulares de silicone
1 moldura para confeitaria
1 assadeira para confeitaria
1 saco de confeitar

Na véspera. Prepare a *nougatine* de amêndoas. Em uma panela, derreta a manteiga com o xarope de glicose. Misture o açúcar refinado e a pectina e despeje essa mistura na panela. Acrescente então o cacau em pó e, por fim, as amêndoas picadas. Abra a massa entre duas folhas de papel-manteiga e coloque no congelador por cerca de 30 minutos.

Faça a pasta de maracujá. Aqueça em uma panela a polpa de maracujá, o xarope de glicose, a pectina, 20 g de açúcar e o mel. Incorpore os 100 g de açúcar restantes e, em seguida, aqueça a 105 °C. Acrescente rapidamente o ácido cítrico. Transfira a pasta de frutas para uma moldura posicionada sobre uma assadeira forrada* de papel-manteiga a uma espessura de 1 cm. Congele por uma noite.

No dia de servir. Faça o biscoito macio de coco e chocolate. Em uma tigela, misture o açúcar, o mel, o leite, o ovo e o coco com a farinha e o fermento químico previamente peneirados.* Pique o chocolate e derreta-o lentamente em banho-maria* ou no forno micro-ondas (posição descongelar ou potência de 500 W, mexendo regularmente). Acrescente a manteiga derretida e incorpore a primeira mistura. Deixe repousar por cerca de 2 horas na geladeira.

Proceda à montagem. Corte a *nougatine* de amêndoas no tamanho das formas. Coloque-as no fundo. Com o saco de confeitar, coloque um pouco de massa de biscoito de coco e chocolate sobre a *nougatine*. Corte um lingote de pasta de maracujá e coloque-o sobre o biscoito. Finalize a montagem com mais uma camada de massa de biscoito de coco e chocolate.

Asse a 170/180 °C por cerca de 10 minutos.

Conselho do *chef*

O uso da pectina de maçã dá firmeza à nougatine. *Ela é indispensável nesta receita.*

Bom saber

A pectina de maçã, a pectina amarela e o ácido cítrico são encontrados em lojas especializadas e em sites dedicados à confeitaria.

Remissão técnica

Derretimento do chocolate > p. 18
Pasta de frutas > p. 45

Cookies ★

PARA CERCA DE 30 *COOKIES*
Tempo de preparo: 15 minutos
Tempo de cozimento: 12 minutos para cada fornada

INGREDIENTES
180 g de manteiga
120 g de açúcar demerara
1 ovo inteiro
180 g de farinha
½ sachê (5 g) de fermento químico
150 g de chocolate picado
150 g de frutas secas diversas (noz-pecã, macadâmia, castanha--de-caju, noz de Grenoble, etc.)
3 caramelos compridos cortados em pedaços

UTENSÍLIO
1 assadeira para confeitaria

Em uma tigela, misture a manteiga pomada* e o açúcar demerara. Acrescente o ovo. Incorpore a farinha e o fermento químico peneirados.* Acrescente o chocolate picado, as frutas secas grosseiramente picadas e os pedaços de caramelo. Misture bem.

Modele bolinhas de massa e achate-as ligeiramente.

Coloque os *cookies* em uma assadeira forrada* com papel-manteiga e leve ao forno a 170 °C por cerca de 12 minutos.

Conselho do *chef*

Não pressione muito a massa no momento de achatá-la para que o cookie fique macio por dentro e crocante nas bordas.

Bom saber

As lascas de chocolate podem ser substituídas por pérolas de chocolate Valrhona.

Bolinhos macios de chocolate e maçã ★★

INGREDIENTES

Pão de ló de Gênova de chocolate ao leite

75 g de chocolate ao leite 40%
50 g de manteiga
160 g de marzipã (ver página 41)
5 ovos inteiros
30 g de farinha
2 g de fermento químico
100 ml de álcool anisado

1 maçã granny smith
70 g de açúcar em grãos

UTENSÍLIOS

1 termômetro de cozinha
12 forminhas de silicone
1 mandolina

PARA 12 BOLINHOS

Tempo de preparo: 20 minutos
Tempo de cozimento: 14 minutos

Prepare o pão de ló de Gênova de chocolate. Pique o chocolate e derreta-o lentamente em banho-maria* ou no forno micro-ondas (posição descongelar ou potência de 500 W, mexendo regularmente). Acrescente a manteiga derretida.
Amoleça ligeiramente o marzipã no forno micro-ondas.
Bata energicamente* os ovos em um recipiente em banho-maria. Quando a temperatura atingir 50 °C, verta-os aos poucos sobre o marzipã, sem deixar de mexer.
Quando a mistura estiver homogênea, incorpore delicadamente a farinha e o fermento químico peneirados,* em seguida o álcool e a mistura chocolate/ manteiga derretidos. Preencha as forminhas.

Prepare a juliana de maçã. Lave e descasque a maçã. Com uma mandolina, corte em juliana e mergulhe em seguida a maçã cortada em água com um pouco de limão. Escorra e seque sobre papel absorvente. Distribua a juliana sobre o pão de ló de Gênova e salpique de açúcar em grãos. Asse a 160/ 170 °C por cerca de 15 minutos.

Conselho do *chef*

Algumas gotas de álcool anisado podem ser adicionadas à massa.
Depois de frios, os bolinhos poderão ser congelados e consumidos aos poucos.

Remissão técnica

Derretimento do chocolate > p. 18
Marzipã > p. 41
Pão de ló de Gênova de chocolate > p. 89

Sablés crocantes, frutas secas com chocolate ★★★

PARA 6 A 8 PESSOAS
Para preparar na véspera
Tempo de preparo: 45 minutos
Tempo de cozimento: 20 minutos
Tempo de congelamento: 1 a 2 horas
Tempo de cristalização:* 12 horas

INGREDIENTES

Massa *sablée* confeitada
150 g de manteiga
100 g de açúcar de confeiteiro
1 ovo inteiro
15 g (15 ml) de creme de leite líquido integral
200 g de farinha
20 g de amido de milho
1 pitada de sal
1 pitada de baunilha em pó

***Nougatine* de amêndoas**
75 g de açúcar refinado
1 g de pectina de maçã
60 g de manteiga
25 g (25 ml) de xarope de glicose
8 g de cacau amargo em pó
90 g de amêndoas picadas

Alguns pistaches verdes
300 g de chocolate amargo 60% ou 70%

UTENSÍLIOS
Formas de tortinhas de ø 7 cm
1 saco de confeitar com bico canelado (ø 12 mm)
1 cortador (ø 3 cm)

Prepare a *nougatine* de amêndoas. Em um recipiente, misture o açúcar refinado com a pectina. Em uma panela, derreta a manteiga e o xarope de glicose. Acrescente em seguida a mistura açúcar/pectina. Acrescente o cacau em pó e as amêndoas picadas. Abra a massa entre duas folhas de papel-manteiga com um rolo de abrir massa. Coloque no congelador por 1 a 2 horas. Corte pequenos discos de 3 cm de diâmetro com um cortador.

Faça a massa *sablée* confeitada. Em uma tigela, misture a manteiga pomada* e o açúcar de confeiteiro peneirado.* Incorpore a seguir o ovo e o creme de leite. Termine acrescentando a farinha, o amido de milho, o sal e a baunilha, tomando o cuidado de não misturar demais.

Nas formas de silicone, coloque um cordão de massa *sablée* utilizando um saco de confeitar com bico canelado. Em seguida, coloque um disco congelado de *nougatine* de amêndoas. Salpique com alguns pistaches inteiros. Asse a 150/160 °C por cerca de 15 a 20 minutos.

Prepare o chocolate temperado segundo o método de sua preferência (ver página 19). Depois de frios e desenformados, mergulhe a face lisa dos *sablés* no chocolate temperado. Deixe cristalizar por 12 horas.

Conselho do *chef*
Para fazer discos de chocolate mais espessos, depois que os sablés *tiverem sido desenformados, coloque com o saco de confeitar o chocolate no fundo das formas utilizadas para assar e coloque os* sablés *por cima. Deixe cristalizar e desenforme.*

Bom saber
A pectina de maçã e o xarope de glicose são encontrados em lojas especializadas e em sites dedicados à confeitaria.

Remissão técnica
Temperagem > p. 19
Nougatine de amêndoas de cacau trituradas ou frutas secas > p. 59
Massa *sablée* confeitada > p. 73

Financiers de chocolate amargo, *streuzel* de frutas cítricas e *confit* de laranja ★★

PARA 6 A 8 PESSOAS
Tempo de preparo: 30 minutos
Tempo de cozimento: 30 minutos
Tempo de refrigeração: 2 a 3 horas

INGREDIENTES

***Financiers* de chocolate**
190 g de farinha de amêndoas
150 g de açúcar de confeiteiro
10 g de amido de milho
10 g de cacau amargo em pó
9 claras
75 g (75 ml) de creme de leite líquido integral
50 g de chocolate amargo 60%

***Streuzel* de amêndoas aromatizado com frutas cítricas**
50 g de açúcar demerara
50 g de farinha de amêndoas
50 g de farinha
Casca de ½ laranja não encerada
Casca de ½ limão não encerado
50 g de manteiga

240 g de cubos de laranjas cristalizadas

UTENSÍLIOS
1 saco de confeitar
1 assadeira para *cupcakes* ou *muffins*
1 assadeira para confeitaria ou 1 esteira de silicone

Faça os *financiers* de chocolate amargo. Em uma tigela, misture a farinha de amêndoas, o açúcar de confeiteiro, o amido de milho e o cacau em pó. Acrescente as claras e o creme de leite. Reserve esta massa. Pique o chocolate e derreta-o lentamente em banho-maria* ou no forno micro-ondas (posição descongelar ou potência de 500 W, mexendo regularmente). Verta um pouco da massa sobre o chocolate derretido, mexendo energicamente. Em seguida, acrescente essa mistura ao restante da massa e misture delicadamente. Reserve na geladeira por 2 ou 3 horas.

Prepare o *streuzel* de amêndoas aromatizado com frutas cítricas. Em uma tigela, misture o açúcar demerara, a farinha de amêndoas, a farinha e as cascas de laranja e de limão finamente picadas. Corte a manteiga fria em cubinhos, acrescente-a à preparação e misture com as mãos para formar uma mistura arenosa. Distribua a massa em uma assadeira ou em uma esteira de silicone. Asse a 150/160 °C por cerca de 10 minutos, até obter uma bonita coloração dourada.

Faça a montagem. Distribua a massa de *financier* de chocolate nas formas e salpique com cubos de laranja cristalizada e o *streuzel* já assado. Leve ao forno a 175 °C por 15 a 20 minutos. Deixe esfriar um pouco antes de desenformar.

Conselho do *chef*

Para que o streuzel e as laranjas cristalizadas fiquem na superfície, você pode assar em dois tempos. Asse a massa de financier por 4 minutos, e, depois de decorar, continue assando por cerca de 10 minutos.

Bom saber

As formas de silicone não precisam ser untadas. Todavia, se os biscoitos não se soltarem facilmente, deixe-os esfriar, ou coloque-os no congelador.

Remissão técnica

Derretimento do chocolate > p. 18
Massa de *financier* de chocolate > p. 83
Streuzel de amêndoas e chocolate > p. 88

INGREDIENTES
100 g de *confit* de cascas de limão (ou de laranja)
150 g de açúcar refinado
50 g de mel líquido
160 g (160 ml) de creme de leite líquido integral
50 g de *pinoli*
100 g de amêndoas em filetes
400 g de chocolate amargo 70%

UTENSÍLIOS
1 termômetro de cozinha
12 aros de torta de inox (ø 10 cm) ou formas rasas de silicone
1 esteira de silicone

Florentinas ★★★

PARA 10 A 12 PESSOAS
Tempo de preparo: 10 minutos
Tempo de cozimento: 15 minutos

Aqueça o forno a 150 °C.
Corte as cascas de limão em cubinhos.

Em uma panela de fundo grosso, misture o açúcar, o mel e o creme de leite. Aqueça a 118 °C e depois acrescente as frutas secas e as cascas de limão cristalizadas.
Distribua essa mistura em cerca de 12 aros de torta posicionados sobre uma esteira de silicone. Leve ao forno e asse por 10 a 15 minutos, até que adquiram uma bela cor dourada. Em seguida, retire-as do forno e remova os aros. Deixe esfriar.

Tempere o chocolate. Em uma tábua, pique 300 g de chocolate com uma faca de serra, ou, ainda melhor, utilize chocolate em favas, discos ou pastilhas. Coloque o chocolate picado em um recipiente. Encha até a metade uma panela com água quente. Coloque o recipiente com o chocolate sobre a panela, sem que ele toque o fundo. Leve ao fogo brando, sem deixar que a água ferva. A utilização do forno micro-ondas é possível, mas na posição descongelar ou a uma potência de no máximo 500 W. Mexa regularmente com um pão-duro* para homogeneizar o derretimento. Controle a temperatura com o termômetro. Quando a temperatura alcançar 55/58 °C, retire o chocolate do banho-maria.* Reserve um terço do chocolate derretido em uma vasilha em local aquecido. Acrescente 100 g de chocolate finamente picado (ou picado no processador) aos dois terços de chocolate quente. Mexa constantemente. O chocolate deve atingir a temperatura de 28/29 °C. Acrescente progressivamente o chocolate quente reservado, a fim de elevar a temperatura a 31/32 °C.

Com uma espátula, cubra a superfície plana de cada florentina com chocolate derretido temperado.

Conselho do *chef*

Desenforme as florentinas ao saírem do forno, enquanto ainda estão maleáveis, com o auxílio de uma faca (se você estiver utilizando aros de inox). Se elas começarem a endurecer, leve-as novamente ao forno por alguns segundos.

Bom saber

As florentinas podem ser conservadas por dois ou três dias em um recipiente hermeticamente fechado.

Remissão técnica

Temperagem > p. 19

Cupcakes ★★

PARA 18 *CUPCAKES*
Tempo de preparo: 40 minutos
Tempo de cozimento: 15 minutos
Tempo de refrigeração: 3 horas

Para fazer os *cupcakes* de chocolate. Pique o chocolate e derreta-o lentamente em banho-maria* ou no forno micro-ondas (posição descongelar ou potência de 500 W, mexendo regularmente). Acrescente a manteiga previamente derretida. Em uma tigela, misture com um *fouet* os ovos, o mel e o açúcar refinado. Acrescente a farinha de amêndoas, a farinha, o cacau em pó e o fermento peneirados* juntos. Incorpore o creme de leite e depois o chocolate e a manteiga derretidos. Com o saco de confeitar, preencha dois terços de cada forminha e leve ao forno a 165 °C por cerca de 15 minutos.

Para fazer os *cupcakes* sem sabor para aromatizar. Misture o açúcar, os ovos inteiros, o sal e o creme de leite. Peneire a farinha com o fermento químico e acrescente-os à mistura. Incorpore a manteiga derretida e o aroma escolhido (cascas, especiarias...). Com o saco de confeitar, preencha dois terços de cada forminha e leve ao forno a 165 °C por cerca 15 minutos.

Para preparar um *ganache* batido para aromatizar e/ou colorir. Pique o chocolate branco e derreta-o lentamente em banho-maria ou no forno micro-ondas (posição descongelar ou potência de 500 W, mexendo regularmente). Em uma panela, leve à fervura 100 g de creme de leite. Verta lentamente um terço da mistura fervente sobre o chocolate derretido. Com um pão-duro,* misture energicamente, descrevendo pequenos círculos, a fim de criar um "núcleo" elástico e brilhante. Incorpore mais um terço e continue mexendo da mesma forma. Depois, incorpore o último terço, seguindo o mesmo procedimento. Acrescente os 270 g de creme de leite frio ao *ganache*. Colora e aromatize a gosto. Deixe cristalizar* por pelo menos 3 horas na geladeira antes de bater com um *fouet* para obter uma textura tenra.

Para preparar o *ganache* batido de chocolate amargo, proceda da mesma maneira.

Proceda à montagem. Forme uma rosácea de *ganache* batido sobre os *cupcakes* com o saco de confeitar com bico canelado. Decore a gosto com flores cristalizadas, pérolas, chocolate granulado, frutas.

Conselho do *chef*

Você pode evidentemente associar a massa de cupcake *e o* ganache *de sua preferência. O* ganache *batido deve ser consumido em no máximo dois dias.*

Remissão técnica

Massa de bolo para aromatizar > p. 84
Massa de bolo de chocolate > p. 85
Ganache batido > p. 97

INGREDIENTES

Massa de *cupcake* de chocolate
50 g de chocolate amargo 70%
80 g de manteiga
5 ovos inteiros
75 g de mel de acácia
125 g de açúcar refinado
75 g de farinha de amêndoas
120 g de farinha
25 g de cacau amargo em pó
8 g de fermento químico
120 g (120 ml) de creme de leite líquido integral

Ou massa de *cupcake* sem sabor, para aromatizar
310 g de açúcar refinado
5 ovos inteiros
1 pitada de sal fino
135 g (135 ml) de creme de leite líquido integral
240 g de farinha
4 g de fermento químico
80 g de manteiga
Aromas a gosto (cascas de frutas cítricas, especiarias)

***Ganache* batido para aromatizar e/ou colorir**
160 g de chocolate branco 35%
380 g (110 g + 270 g) de creme de leite líquido integral
Aromas a gosto (cascas de frutas cítricas, especiarias, óleos essenciais...)

Ou *ganache* batido de chocolate amargo
310 g (110 g + 200 g) de creme de leite líquido integral
90 g de chocolate amargo 70%

DECORAÇÃO

Flores cristalizadas, pérolas, chocolate granulado, frutas...

UTENSÍLIOS

1 saco de confeitar com bico canelado
Forminhas para *muffins*

Brioche de Saint-Génix com amêndoas e avelãs revestidas de chocolate ★★★

PARA 8 PESSOAS
Para começar na véspera
Tempo de repouso: cerca de 24 horas
Tempo de preparo: 1h30
Tempo de cozimento: 40 minutos

INGREDIENTES

Pré-fermento
10 g de fermento biológico fresco
60 g (60 ml) de leite
50 g de farinha

Massa de brioche de Saint-Génix
2 ovos inteiros
90 g de açúcar refinado
10 ml de água de flor de laranjeira
30 ml de rum
90 g de manteiga
3 pitadas de sal
250 g de farinha T55*

Amêndoas e avelãs revestidas de chocolate
150 g de amêndoas e avelãs inteiras e sem pele
150 g de chocolate amargo 60%

1 ovo (para dourar)

UTENSÍLIOS
1 batedeira
1 termômetro de cozinha
1 garfo para banhar
1 pincel

Prepare o pré-fermento. De manhã cedo (por volta das 7 horas), misture o fermento, o leite e 50 g de farinha em uma tigela. Deixe o pré-fermento crescer* à temperatura ambiente por cerca de 5 a 6 horas.

Prepare as amêndoas e as avelãs revestidas de chocolate. Torre as amêndoas e as avelãs (ver página 134). Deixe-as esfriar. Tempere o chocolate (ver página 19) e transfira para uma tigela. Com um garfo para banhar, deposite as amêndoas e as avelãs em pequenas quantidades no chocolate, escorra ligeiramente e coloque sobre uma folha de papel-manteiga. Deixe cristalizar* e recomece a operação.

Faça a massa do brioche de Saint-Génix. Por volta das 14 horas, usando uma batedeira, processe todos os ingredientes e o pré-fermento durante 20 minutos à velocidade 1. Deixe repousar por 20 minutos, e então processe novamente por 30 minutos à velocidade 2. Cubra e deixe crescer até que a massa dobre de volume. Conte de 3 a 5 horas, dependendo da temperatura ambiente. Após esse tempo, retire o ar da massa apoiando as mãos sobre ela até que ela retome seu volume inicial. Incorpore as amêndoas e as avelãs revestidas de chocolate. Forme uma bola. Coloque-a sobre uma assadeira forrada* de papel-manteiga. Cubra e deixe crescer durante toda a noite (cerca de 12 horas).

Por volta das 6 ou 7 horas da manhã do dia seguinte, com um pincel, doure a superfície com o ovo inteiro, e então faça talhos no brioche com uma lâmina de barbear ou uma faca. Salpique com açúcar em grãos. Leve ao forno a 160/170 °C por cerca de 40 minutos.

—• Conselho do *chef*

Espere que o brioche de Saint-Génix fique morno antes de servi-lo, pois seus aromas apenas se revelam após o resfriamento.

—• Remissão técnica

Temperagem > p. 19
Torrar frutas secas > p. 134

CHOCOLATES QUENTES ★

Chocolate quente tradicional

PARA 6 PESSOAS
Tempo de preparo: 10 minutos
Tempo de cozimento: 10 minutos

Em uma panela, leve à fervura o leite e o cacau em pó.
Pique o chocolate e derreta-o lentamente em banho-maria* ou no forno micro-ondas (posição descongelar ou potência de 500 W, mexendo regularmente).
Verta um terço do líquido fervente sobre o chocolate derretido, batendo para obter uma textura lisa, elástica e brilhante, e depois verta o restante do líquido sem parar de mexer.
Leve ao fogo novamente, batendo energicamente para obter uma espuma leve e untuosa.

Chocolate quente com amêndoas

PARA 6 PESSOAS
Tempo de preparo: 15 minutos
Tempo de cozimento: 10 minutos

Em uma panela, leve o leite à fervura. Amacie o marzipã colocando-o por cerca de 40 segundos no micro-ondas. Processe o marzipã com o leite. Pique o chocolate e derreta-o lentamente em banho-maria* ou no forno micro-ondas (posição descongelar ou potência de 500 W, mexendo regularmente).
Verta um terço do líquido fervente sobre o chocolate derretido, batendo para obter uma textura lisa, elástica e brilhante, e depois verta o restante do líquido sem parar de mexer. Leve ao fogo novamente, batendo energicamente para obter uma espuma leve e untuosa.

Chocolate quente com especiarias

PARA 6 PESSOAS
Tempo de preparo: 20 minutos
Tempo de cozimento: 10 minutos

Em uma panela, leve o leite à fervura com as especiarias. Retire do fogo e deixe em infusão por alguns minutos. Coe.
Pique os chocolates e derreta-os lentamente em banho-maria* ou no forno micro-ondas (posição descongelar ou potência de 500 W, mexendo regularmente).

INGREDIENTES

Chocolate quente tradicional
850 g (850 ml) de leite integral ou semidesnatado
1 colher (sopa) de cacau amargo em pó
185 g de chocolate amargo 70%

Chocolate quente com amêndoas
840 g (840 ml) de leite integral ou semidesnatado
50 g de marzipã (ver página 41)
160 g de chocolate amargo 60% a 70%

Chocolate quente com especiarias
1 litro de leite integral ou semidesnatado
2 g de mistura de especiarias para pão de especiarias
2 paus de canela
100 g de chocolate amargo 60%
100 g de chocolate ao leite 40%

INGREDIENTES
Chocolate quente com chá Earl Grey
800 g (800 ml) de leite integral ou semidesnatado
200 g de creme de leite líquido integral
10 g de folhas de chá Earl Grey
180 g de chocolate amargo 65%

Chocolate quente com avelãs
800 g (800 ml) de leite integral ou semidesnatado
200 g de creme de leite líquido integral
20 g de pasta de avelãs caseira (ver página 42)
250 g de chocolate ao leite 40%

Remissão técnica
Derretimento do chocolate > p. 18
Marzipã > p. 41
Pasta de pistaches ou avelãs > p. 42

Verta um terço do líquido fervente sobre o chocolate derretido, batendo para obter uma textura lisa, elástica e brilhante, e depois verta o restante do líquido sem parar de mexer.
Leve ao fogo novamente, batendo energicamente para obter uma espuma leve e untuosa.

Bom saber
Se quiser prepará-la em casa, a mistura de especiarias para pão de especiarias compreende badiana ou anis-estrelado, noz-moscada (precisamente, a flor de noz-moscada), cardamomo, cravo, canela e gengibre.

Chocolate quente com chá Earl Grey

PARA 6 PESSOAS
Tempo de preparo: 20 minutos
Tempo de cozimento: 10 minutos

Em uma panela, leve à fervura o leite e o creme de leite e deixes as folhas de chá Earl Grey em infusão durante alguns minutos. Coe.
Pique o chocolate e derreta-o lentamente em banho-maria* ou no forno micro-ondas (posição descongelar ou potência de 500 W, mexendo regularmente).
Verta um terço do líquido fervente sobre o chocolate derretido, batendo para obter uma textura lisa, elástica e brilhante, e depois verta o restante do líquido sem parar de mexer.
Leve ao fogo novamente, batendo energicamente para obter uma espuma leve e untuosa.

Chocolate quente com avelãs

PARA 6 PESSOAS
Tempo de preparo: 10 minutos
Tempo de cozimento: 10 minutos

Em uma panela, leve à fervura o leite, o creme de leite e a pasta de avelãs. Misture.
Pique o chocolate e derreta-o lentamente em banho-maria* ou no forno micro-ondas (posição descongelar ou potência de 500 W, mexendo regularmente).
Verta um terço do líquido fervente sobre o chocolate derretido, batendo para obter uma textura lisa, elástica e brilhante, e depois verta o restante do líquido sem parar de mexer.
Leve ao fogo novamente, batendo energicamente para obter uma espuma leve e untuosa.

Conselho do *chef*
Para obter uma espuma bastante untuosa, utilize o liquidificador.

INGREDIENTES
100 g de chocolate amargo 70%
40 g de chocolate ao leite 40%
500 g (500 ml) de leite integral
300 g (300 ml) de café espresso
Cubos de gelo

UTENSÍLIOS
1 peneira cônica*
1 coqueteleira

Cafe con choco ★

PARA 6 A 8 PESSOAS
Tempo de preparo: 15 minutos
Tempo de cozimento: 10 minutos
Tempo de refrigeração: 1 a 2 horas

Pique o chocolate amargo e o chocolate ao leite e derreta-os lentamente em banho-maria* ou no forno micro-ondas (posição descongelar ou potência de 500 W, mexendo regularmente).

Leve o leite à fervura. Verta lentamente um terço do líquido fervente sobre o chocolate derretido. Com um pão-duro,* misture energicamente, descrevendo pequenos círculos, a fim de criar um "núcleo" elástico e brilhante. Incorpore mais um terço e continue mexendo da mesma forma. Depois, incorpore o último terço, seguindo o mesmo procedimento. Passe na peneira cônica e reserve na geladeira.

Prepare o café espresso e coloque-o em uma coqueteleira. Acrescente os cubos de gelo e faça o café esfriar e ficar espumante. Acrescente na coqueteleira o chocolate derretido e misture novamente. No momento de servir, distribua entre os copos a bebida e os cubos de gelo.

Conselho do *chef*

Esta bebida pode ser servida tanto no verão como no inverno, no lanche e no café da manhã. É uma opção deliciosa para substituir o café com leite gelado.

Remissão técnica

Derretimento do chocolate > p. 18

Chocolate com chá *tarek* ★

PARA 6 PESSOAS
Tempo de preparo: 20 minutos
Tempo de cozimento: 10 minutos

INGREDIENTES
140 g de chocolate amargo 70%
500 g (500 ml) de água
25 g de chá Pu-Ehr (ou chá preto)
60 g (60 ml) de leite condensado

Pique o chocolate e derreta-o lentamente em banho-maria* ou no forno micro-ondas (posição descongelar ou potência de 500 W, mexendo regularmente).

Aqueça a água. Verta a água em início de fervura sobre o chá e deixe em infusão durante 5 minutos antes de coar.

Verta um terço do chá fervente sobre o chocolate derretido e utilize um *fouet* para obter uma textura lisa, elástica e brilhante. Acrescente em seguida o restante do chá sem parar de mexer.

Acrescente finalmente o leite condensado frio e faça espuma com o *mixer* ou liquidificador. Sirva imediatamente.

Conselho do *chef*

Se você quiser beber esta preparação fria, não utilize o leite condensado.

Bom saber

A palavra "tarek" designa a maneira de misturar e verter o chá em um filete fino, de maneira a torná-lo espumante.
O chá Pu-Ehr, que deve seu nome à cidade de Pu'er, na província chinesa de Yunnan, é muito raro e procurado. Diferentemente dos outros chás, ele tem a particularidade de adquirir valor ao envelhecer.
Servido frio, este chá reforça o amargor do chocolate.

Remissão técnica

Derretimento do chocolate > p. 18

INGREDIENTES
800 g (800 ml) de leite integral
200 g (200 ml) de creme de leite líquido integral
300 g de açúcar refinado
150 g de xarope de glicose
½ fava de baunilha
50 g de mel
100 g de chocolate ao leite 40%

UTENSÍLIOS
1 termômetro de cozinha
Potinhos de geleia

Geleia muito achocolatada ★★

PARA 6 A 8 PESSOAS
Tempo de preparo: 40 a 60 minutos
Tempo de cozimento: 30 minutos

Em uma panela, leve à fervura o leite, o creme de leite, o açúcar, o xarope de glicose, a meia fava de baunilha raspada e o mel por cerca de meia hora, até que a mistura caramelize ligeiramente e cubra a espátula (ou seja, a uma temperatura de cerca 102/103 °C). Retire a baunilha.

Pique o chocolate e derreta-o lentamente em banho-maria* ou no forno micro-ondas (posição descongelar ou potência de 500 W, mexendo regularmente). Acrescente-o à preparação.

Encha imediatamente os potinhos e reserve na geladeira (no máximo por 8 dias).

Conselho do *chef*
Para esterilizar os potinhos de geleia antes de utilizá-los, coloque-os no forno a 90/95 °C por 20 minutos.

Remissão técnica
Derretimento do chocolate > p. 18

Palets de chocolate ao leite e caramelo ★★

PARA 6 A 8 PESSOAS
Tempo de preparo: 45 minutos
Tempo de cozimento: 9 minutos
Tempo de repouso: 4h30

INGREDIENTES

Biscoito
50 g de chocolate ao leite 40%
120 g de manteiga
2 ovos inteiros
115 g de bombons de caramelo (ver abaixo)
10 g (10 ml) de leite integral
60 g de farinha T55*

Bombons de caramelo
50 g (50 ml) de água
320 g (240 g + 80 g) de açúcar refinado
180 g (180 ml) de creme de leite líquido integral
75 g de xarope de glicose
2 pitadas de sal fino
30 g de manteiga
100 g de chocolate ao leite 40%

UTENSÍLIOS
1 pincel
1 termômetro de cozinha
Formas de silicone
1 moldura ou 4 réguas escolares de inox
1 assadeira para confeitaria
1 saco de confeitar

Faça os bombons de caramelo. Em uma panela, aqueça a água e incorpore 240 g de açúcar refinado. Limpe as bordas da panela com um pincel e água para dissolver todos os cristais de açúcar. Aqueça a mistura a 180 °C. Paralelamente, em outra panela, leve à fervura o creme de leite, o xarope de glicose, o sal e 80 g de açúcar.
Quando a primeira mistura atingir 180 °C, acrescente com cuidado a manteiga. Mexa por alguns instantes e acrescente o creme de leite quente com o açúcar e o sal, assim como o chocolate picado. Continue cozinhando até atingir 120 °C sem parar de mexer. Verta o caramelo em uma moldura ou entre réguas em forma de quadrado ligeiramente untadas e posicionadas sobre uma esteira de silicone ou uma assadeira forrada* de papel-manteiga. Deixe esfriar à temperatura ambiente por cerca de 4 horas. Retire o caramelo da moldura e corte-o em quadrados de 2 cm × 2 cm.

Prepare o biscoito. Pique o chocolate e derreta-o lentamente em banho-maria* ou no forno micro-ondas (posição descongelar ou potência de 500 W, mexendo regularmente). Em uma tigela, coloque a manteiga pomada* (ver página 134). Acrescente o chocolate derretido e misture até obter uma massa fina e homogênea. Incorpore os ovos aos poucos, mantendo uma textura lisa. Separe 115 g dos bombons de caramelo já preparados, derreta-os no leite ligeiramente aquecido e depois incorpore-os à primeira mistura. Acrescente a farinha peneirada.* Reserve.

Proceda à montagem. Coloque um bombom de caramelo em cada forma. Em seguida, com o saco de confeitar, confeite a massa de biscoito sobre o caramelo. Leve ao forno a 180 °C por cerca de 9 minutos. Depois de assados, deixe os *palets* esfriarem por 30 minutos antes de desenformá-los.

Conselho do *chef*

Se você não tiver uma moldura para confeitaria, use 4 réguas de inox posicionadas sobre a assadeira forrada.

Remissão técnica

Derretimento do chocolate > p. 18
Recheio de bombom de caramelo de corte > p. 43

INGREDIENTES
3 ovos inteiros
120 g de açúcar refinado
120 g de açúcar demerara
90 g de chocolate amargo 60%
170 g de manteiga
40 g de farinha
10 g de cacau amargo em pó
Nozes de Grenoble e/ou nozes-pecã, macadâmias, pérolas de chocolate...

UTENSÍLIOS
1 moldura e 1 assadeira para confeitaria
ou 1 forma de torta de ø 20 cm

Brownie ★

PARA 8 PESSOAS
Tempo de preparo: 10 minutos
Tempo de cozimento: 20 minutos

Em uma tigela, misture os ovos, o açúcar refinado e o açúcar demerara, sem fazer espuma.

Pique o chocolate e a manteiga e derreta-os lentamente em banho-maria* ou no forno micro-ondas (posição descongelar ou potência de 500 W, mexendo regularmente). Incorpore à mistura de ovos com açúcar.

Acrescente a farinha e o cacau peneirados* juntos. Misture brevemente.

Verta em uma moldura posicionada sobre uma assadeira forrada* de papel-manteiga ou em uma forma de torta. Salpique com nozes, pérolas de chocolate, etc., e asse a 160 °C por cerca de 20 minutos.

Sirva frio.

Conselho do *chef*

Para cortar mais facilmente seu brownie, *coloque-o no congelador por alguns minutos.*
Uma bola de sorvete de baunilha, calda de caramelo com manteiga salgada e um pouco de chantilly *são, naturalmente, bem-vindos.*

Remissão técnica

Derretimento do chocolate > p. 18

Croissants de chocolate em cubos ★★★

PARA 8 A 10 PESSOAS
Tempo de preparo: 5 horas
Tempo de descanso: 3h30
Tempo de refrigeração: 1 hora
Tempo de congelamento: 5 minutos
Tempo de cozimento: 14 minutos

Faça a massa de *croissant* (ver página 79). Depois de fazer a massa, deixe-a na geladeira por uma hora, antes de abri-la.

Enquanto isso, prepare o creme confeiteiro de chocolate (ver página 103). Estenda 3 tiras de creme confeiteiro sobre um filme plástico (comprimento 280 mm × largura = 70 mm × espessura = 3 mm) e reserve na geladeira por uma hora.

Prepare os *croissants* em cubos. Abra a massa de *croissant* a uma espessura de 3 mm e recorte 4 tiras (comprimento 280 mm × largura 70 mm × espessura 3 mm).
Coloque sobre a primeira tira de massa uma tira de creme confeiteiro. Cubra com uma tira de massa e alterne assim as camadas. Reserve no congelador por 5 minutos para que a preparação fique firme.
Recorte segmentos de 4 cm, e depois corte-os em dois. Deixe crescer* nas formas em forma de cubos por cerca de 2h30 em local aquecido (25 °C). Doure com a gema. Leve ao forno por 14 minutos a 175 °C.

Conselho do *chef*

É importante cortar segmentos apenas um pouco menores que o molde, a fim de evitar uma deformação excessiva durante o cozimento.

Bom saber

Para fazer pães de chocolate, basta abrir a massa de croissant *em uma tira de 15 a 20 cm de largura e cortar retângulos de 8 cm a 10 cm. Disponha sobre o retângulo um bastão de chocolate e comece a enrolar a massa sobre ela mesma, acrescente então outro bastão de chocolate e enrole a massa completamente. Deixe crescer por 2 horas, doure com a gema e leve ao forno a 175 °C por cerca de 15 minutos.*

Remissão técnica

Massa de *croissant* > p. 79
Creme confeiteiro de chocolate > p. 103

INGREDIENTES

Massa de *croissant*
600 g de farinha T55*
10 g de sal
70 g de açúcar refinado
12 g de fermento biológico
200 g (200 ml) de água bem fria
320 g de manteiga fria

Creme confeiteiro de chocolate
Chocolate a ser dosado conforme a porcentagem de cacau:
85 g de chocolate amargo 70%, ou
95 g de chocolate amargo 60%
10 g de amido de milho
30 g de açúcar refinado
2 gemas
220 g (220 ml) de leite integral
50 g (50 ml) de creme de leite líquido integral

1 gema de ovo (para dourar)

UTENSÍLIOS
1 batedeira
Moldes em forma de cubos de 5 cm × 5 cm

Macarons sortidos ★★★

PARA 40 *MACARONS*
Para fazer na véspera
Tempo de preparo: 1 hora
Tempo de cozimento: 12 minutos por assadeira
Tempo de refrigeração: 15 horas

INGREDIENTES

"Cascas" de *macarons* de sabor natural
150 g de farinha de amêndoas
150 g de açúcar de confeiteiro
150 g de açúcar refinado
50 g (50 ml) de água
100 g (50 g + 50 g) de claras
Corante em pó de sua preferência

"Cascas" de *macarons* de chocolate
125 g de farinha de amêndoas
25 g de pó de cacau amargo
150 g de açúcar de confeiteiro
100 g (50 g + 50 g) de claras
150 g de açúcar refinado
50 g (50 ml) de água

***Ganache* batido marfim para aromatizar**
80 g de chocolate branco 35%
160 g (50 g + 110 g) de creme de leite líquido integral
Para aromatizar:
1 colher (sopa) de pasta de pistache, pasta de avelãs, pasta de gergelim..., ou 1 colher (sopa) de flor de laranjeira, ou zestos* de 1 limão não encerado, ou zestos de 1 laranja não encerada, ou 1 fava de baunilha, ou a bebida alcoólica de sua escolha, ou óleo essencial, etc.

***Ganache* de chocolate amargo tonka**
100 g de chocolate amargo 70%
120 g (120 ml) de creme de leite líquido integral
1 fava de tonka

UTENSÍLIOS
1 saco de confeitar
1 termômetro de cozinha
1 assadeira para confeitaria ou
1 esteira de silicone

Remissão técnica

Derretimento do chocolate > p. 18
Massa de *macarons* > p. 81
Massa de *macarons* de cacau > p. 82
Ganache batido > p. 97

Você pode evidentemente escolher associar as cascas de *macarons* aos *ganaches* de sua preferência.

Faça o *ganache* de chocolate amargo. Pique o chocolate e derreta-o lentamente em banho-maria* ou no forno micro-ondas (posição descongelar ou potência de 500 W, mexendo regularmente). Em uma panela, leve o creme de leite e a fava de tonka raspada à fervura. Verta lentamente um terço da mistura fervente sobre o chocolate derretido, obedecendo à regra dos três terços (ver página 94). Deixe cristalizar* à temperatura ambiente por 45 minutos.

Prepare o *ganache* batido (ver página 97) deixando em infusão os aromas escolhidos nos 50 g de creme de leite. Cubra com filme plástico em contato com o creme e reserve na geladeira por no mínimo 3 horas. Bata energicamente* o *ganache* com um *fouet* até obter a consistência de um creme untuoso.

Faça as cascas de *macarons*. Prepare as cascas de *macarons* de sabor natural. Processe a farinha de amêndoas com o açúcar de confeiteiro. Em uma panela, cozinhe o açúcar refinado e a água a 110 °C. Bata* metade das claras (50 g) em neve. Verta o xarope sobre as claras batidas em neve sem deixar de bater, e em seguida deixe amornar. Quando a temperatura atingir cerca de 45 °C, interrompa a batedeira e acrescente ao merengue os 50 g de claras não batidas, o corante, e, a seguir, os ingredientes em pó. Misture com um pão-duro,* de modo a obter uma massa em ponto de fita.* Com um saco de confeitar, disponha a massa de *macarons* numa assadeira forrada* com papel-manteiga ou numa esteira de silicone e leve ao forno a 140 °C por cerca de 12 minutos. O tempo pode variar em função do tamanho dos *macarons*. Reserve à temperatura ambiente para deixá-los esfriar.
Para as cascas de chocolate, processe a farinha de amêndoas com o cacau em pó e o açúcar de confeiteiro, e proceda da mesma maneira que para as cascas de *macarons* de sabor natural.

Montagem dos *macarons*. Vire as cascas de *macarons*. Com um saco de confeitar, disponha uma porção do tamanho de uma avelã do *ganache* de sua preferência sobre metade das cascas. Cubra-as então com outra casca do mesmo tamanho. Pressione ligeiramente sem esmagá-las. Reserve na geladeira por uma noite e consuma no dia seguinte.

Conselho do *chef*

Nesta receita, é muito importante pesar os ovos. O sucesso dos macarons depende da dosagem precisa de cada ingrediente. Os macarons podem ser conservados no congelador.

Madalenas recheadas de gianduia ★★

PARA CERCA DE 20 MADALENAS

Tempo de preparo: 15 minutos
Tempo de cozimento: 10 minutos
Tempo de refrigeração: 4 horas

INGREDIENTES

5 ovos inteiros
½ colher (café) de baunilha em pó
250 g de açúcar refinado
15 g de mel
250 g de farinha + para a forma
8 g de fermento químico
250 g de manteiga + para a forma
200 g de gianduia (ver página 40)

UTENSÍLIOS

1 assadeira para madalenas
1 termômetro de cozinha
1 saco de confeitar com um bico bem pequeno

Em uma tigela, misture os ovos, a baunilha em pó, o açúcar refinado e o mel. Acrescente a farinha e o fermento químico peneirados* juntos. Em seguida, incorpore a manteiga previamente derretida. Reserve a massa na geladeira por 3 ou 4 horas.

Com um saco de confeitar, disponha a massa em uma forma para madalenas untada com manteiga e farinha e leve ao forno a 200 °C por cerca de 8 a 10 minutos.

Derreta a gianduia lentamente em banho-maria* ou no forno micro-ondas (posição descongelar ou potência de 500 W, mexendo regularmente). Espere que ela engrosse um pouco antes de colocá-la em um saco de confeitar com um bico bem pequeno.

Retire as madalenas do forno e recheie-as com gianduia. Espere que elas esfriem para servi-las!

Conselho do *chef*

É recomendável deixar a massa repousar durante algumas horas na geladeira para otimizar o crescimento das madalenas.

Remissão técnica

Gianduia > p. 40

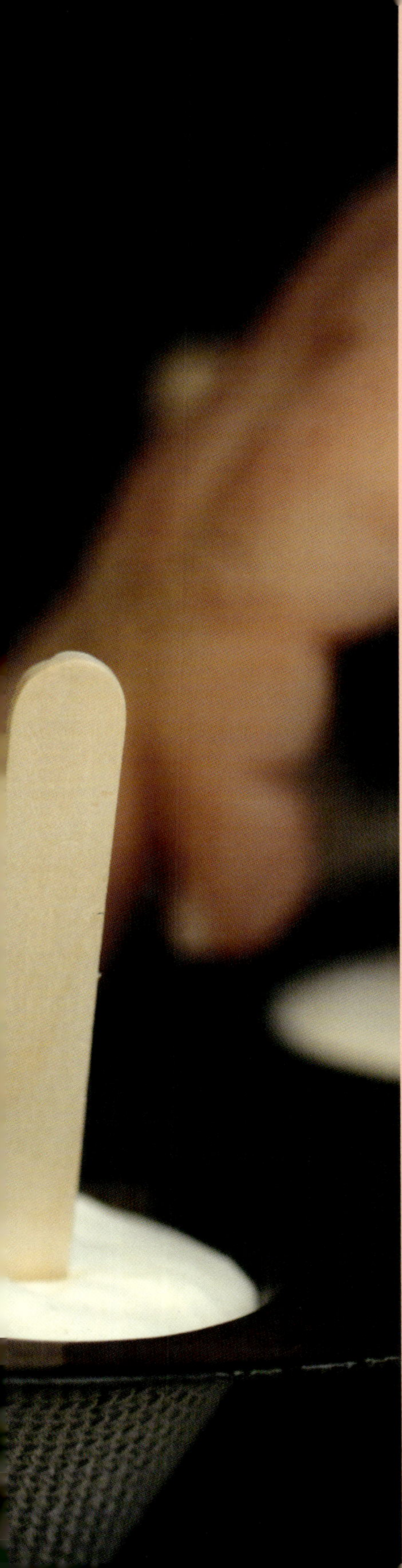

Sobremesas geladas

288

Sempre estive imerso no universo da culinária. Esse mundo do bem-estar e do bom gosto é muito marcante para um *chef*, alimenta seu imaginário e suas futuras criações. Quanto ao chocolate, cresci com ele, graças a meu pai, que era diretor regional da chocolataria Poulain. Hoje, expresso minhas recordações de infância em minhas sobremesas, como a musse de chocolate de minha avó, um milagre de untuosidade e de sabor. Eu a ofereço em porções individuais ou na colher, coberta por uma fina folha de chocolate, que lembra as pequenas lascas de chocolates salpicadas sobre a musse em minha casa. Existe uma memória gustativa por trás de cada uma de minhas sobremesas. Na transparência gelada de chocolate amargo e frutas vermelhas, procurei o melhor equilíbrio possível entre o chocolate e as frutas vermelhas. Trata-se de uma associação muito sutil em que o grau de acidez deve ser perfeitamente dosado. O tempo de preparo não é nada em comparação com o tempo que gasto fazendo uma ideia desabrochar: uma semente de pensamento deve ser regada, assim como uma criação que nasce!

GILLES MARCHAL
apresenta sua receita

Transparência gelada de chocolate amargo e frutas vermelhas

Prepare o creme gelado de chocolate Caraïbes. Pique finamente o chocolate. Em uma panela, leve o leite e o creme de leite à fervura. Retire do fogo. Acrescente o chá de 4 frutas vermelhas e deixe em infusão por 15 minutos. Coe. Acrescente a fava de baunilha aberta e raspada. Leve novamente à fervura. Incorpore a gema, o mel, o açúcar mascavo e o cacau em pó e mantenha o cozimento, mexendo sempre, até que o creme engrosse ligeiramente (temperatura de 83 °C). Despeje a mistura fervente sobre o chocolate picado e a pasta de cacau, emulsione e processe com o *mixer* ligeiramente. Deixe repousar por 6 horas antes de processar na sorveteira.

Faça o *sorbet* de morangos, frutas vermelhas e pimenta sansho. Coloque a polpa de morangos em uma panela. Acrescente as groselhas, as framboesas, o açúcar refinado, o xarope de glicose e a pimenta. Leve à fervura. Deixe esfriar e processe com o *mixer*. Transfira a preparação para a vasilha de uma sorveteira e processe conforme as instruções do fabricante.

Prepare o *biscuit* de amêndoas e chocolate. Misture o marzipã e as gemas com uma batedeira até espumar. Bata* as claras em neve. Acrescente o açúcar refinado. Em uma panela em banho-maria,* derreta o chocolate picado finamente e o cacau em pó. Com um pão-duro,* incorpore delicadamente as claras, e depois o chocolate derretido, à mistura marzipã/gemas. Disponha uma camada a uma espessura de 1 cm em uma assadeira coberta com papel-manteiga. Leve ao forno a 200 °C por cerca de 5 minutos.

Faça a *parfait* de mirabelle da Lorena. Branqueie* as gemas com um *fouet*. Amoleça as folhas de gelatina em um recipiente com água. Em uma panela, cozinhe o açúcar e a água a 125 °C. Despeje o xarope obtido sobre as gemas. Acrescente a gelatina escorrida à mistura ainda quente. Deixe esfriar e acrescente a aguardente. À parte, bata energicamente* o creme de leite até obter um creme espumante. Com um pão-duro, incorpore o creme à mistura precedente. Despeje em um aro e leve ao congelador.

Faça a montagem. Em *verrines*, coloque as preparações precedentes em camadas sucessivas. Comece pelo creme gelado de chocolate puro Caraïbes, acrescente uma camada de *biscuit* de amêndoas e chocolate, outra de *parfait* de mirabelle e finalize com uma nova camada de creme gelado de chocolate. Você pode cobrir muito ligeiramente com uma cobertura de chocolate amargo e polvilhar frutas vermelhas frescas. Coloque também, se desejar, um disco de chocolate na borda do copo. Coloque no prato uma *quenelle** de *sorbet* de morangos, frutas vermelhas e pimenta sanscho.

PARA 6 A 8 PESSOAS

INGREDIENTES

Creme gelado de chocolate Caraïbes
200 g de chocolate amargo Caraïbes 66%
500 ml de leite integral
250 ml de leite de leite fresco
20 g de chá de 4 frutas vermelhas
½ fava de baunilha Bourbon
120 g de gemas
70 g de mel de acácia
70 g de açúcar mascavo
15 g de cacau em pó
20 g de pasta de cacau 70%

***Sorbet* de morangos e frutas vermelhas com pimenta sansho**
700 g de polpa de morangos gariguettes frescos
100 g de groselhas frescas
200 g de framboesas frescas
150 g de açúcar refinado
50 g de xarope de glicose (ou mel)
1 g de pimenta sansho

***Biscuit* de amêndoas e chocolate**
140 g de marzipã da Provence
125 g de gemas
200 g de claras
150 g de açúcar refinado
90 g de chocolate Guanaja 70%
25 g de cacau em pó

***Parfait* de ameixas mirabelle da Lorena**
100 g de gemas
2 g de gelatina em folhas
120 g de açúcar refinado
40 g de água
60 ml de aguardente de ameixa mirabelle da Lorena
500 ml de creme de leite líquido integral

Facultativo: cobertura de chocolate amargo, algumas frutas vermelhas frescas de sua preferência, discos de chocolate

UTENSÍLIOS

1 termômetro de cozinha
1 sorveteira
1 assadeira para confeitaria
1 aro

Esquimós de cacau com lascas de amêndoas e amendoins ★★

PARA 10 PESSOAS
Para começar na véspera
Tempo de preparo: 40 minutos
Tempo de congelamento: de 2h30 a 5 horas, de acordo com o equipamento
Tempo de cozimento: 20 minutos
Tempo de refrigeração: 1 noite

Na véspera, faça o creme gelado com amêndoas de cacau trituradas. Aqueça as amêndoas de cacau trituradas levando-as ao forno por cerca de 5 minutos a 150 °C. Em uma panela, misture o leite, o creme de leite, o leite em pó, o açúcar refinado, as gemas e o mel. Aqueça e depois acrescente as amêndoas de cacau trituradas. Mexa constantemente até alcançar 85 °C. Resfrie rapidamente a mistura transferindo-a para um recipiente mergulhado em gelo. Deixe repousar por uma noite na geladeira, a fim de propiciar o desenvolvimento dos aromas.

No dia de servir. Coe, transfira para a vasilha de uma sorveteira e processe conforme as instruções do fabricante. Depois que o sorvete estiver pronto, usando um saco de confeitar, preencha as cavidades de uma forma para esquimós e insira os palitos. Congele por pelo menos 2 horas.

Prepare o revestimento. Torre as frutas secas (ver página 134). Coloque as amêndoas e/ou os amendoins torrados no forno a 150 °C por cerca de 10 minutos. Pique o chocolate e derreta-o lentamente em banho-maria* ou no forno micro-ondas (posição descongelar ou potência de 500 W, mexendo regularmente). Acrescente o óleo de sementes de uva e misture com as frutas secas torradas. Retire os esquimós um a um do molde e mergulhe-os imediatamente no chocolate de revestimento. Coloque-os em uma travessa e torne a colocá-los no congelador até o momento de servir.

Conselho do *chef*

Faça uma bonita decoração colocando os esquimós em uma taça "cubo de gelo". Na véspera, encha uma tigela de água fria e coloque dentro dela um segundo recipiente, de tamanho menor, de modo a criar uma cavidade. Coloque no congelador e desenforme no dia seguinte. Enfeite a gosto.

Bom saber

O óleo de sementes de uva é utilizado no revestimento de chocolate para torná-lo mais fluido e formar uma casca fina de chocolate, que se quebra e, principalmente, que derrete muito depressa.

INGREDIENTES

Creme gelado com amêndoas de cacau trituradas (ou sorvete de sua preferência)
150 g de amêndoas de cacau trituradas*
750 g (750 ml) de leite integral
225 g (225 ml) de creme de leite líquido integral
55 g de leite em pó
170 g de açúcar refinado
2 gemas
15 g de mel

Revestimento
150 g de amêndoas e/ou amendoins torrados em lascas
500 g de chocolate amargo 60% ou 70%
50 g (50 ml) de óleo de sementes de uva

UTENSÍLIOS

1 termômetro de cozinha
1 sorveteira
1 saco de confeitar
Moldes de silicone ou moldes para esquimós
Palitos de picolé

Remissão técnica

Derretimento do chocolate > p. 18
Creme gelado com amêndoas de cacau trituradas > p. 121
Torrar frutas secas > p. 134

Parfait gelado de chocolate, calda de *cappuccino* ★★

INGREDIENTES

***Parfait* gelado de chocolate**

3 claras
160 g de açúcar refinado
165 g de chocolate amargo 70%
310 g (310 ml) de creme de leite líquido integral

Calda de *cappuccino*

85 g (85 ml) de café espresso
35 g de açúcar refinado
10 g de açúcar gelificante
20 g de xarope de glicose

UTENSÍLIO

1 termômetro de cozinha

PARA 6 A 8 PESSOAS
Tempo de preparo: 30 minutos
Tempo de congelamento: 6 horas
Tempo de refrigeração: 2 horas

Faça o *parfait* gelado de chocolate. Prepare um merengue suíço: em uma tigela, misture as claras e o açúcar, e depois aqueça a mistura em banho--maria* a 55/60 °C. Fora do fogo, bata* em neve lentamente até que a mistura esfrie. Pique o chocolate e derreta-o lentamente em uma panela em banho-maria ou no forno micro-ondas (posição descongelar ou potência de 500 W, mexendo regularmente). Com um *fouet*, bata energicamente* o creme de leite para lhe dar uma textura macia e espumante, conhecida como "batida espumante". Incorpore um quarto desse creme no chocolate e misture até obter uma textura elástica e brilhante. Acrescente o merengue suíço, misture delicadamente e finalize a mistura incorporando o restante do creme batido. Disponha em copos e coloque no congelador por cerca de 6 horas.

Faça a calda de *cappuccino*. Prepare um café espresso e meça a dose necessária. Em uma panela, coloque o leite, o açúcar refinado, o açúcar especial para geleia e o xarope de glicose. Leve à fervura e reserve na geladeira.

Meia hora antes de servir, retire os *parfaits* do congelador e cubra-os com a calda de *cappuccino* fria.

Conselho do *chef*

A calda de cappuccino *pode ser realçada com um toque de amaretto.*
Servir com um sablé breton *ou um cigarro de cacau (ver página 60), para criar um contraste de texturas.*

Remissão técnica

Parfait de chocolate > p. 122

INGREDIENTES

Musse gelada de avelãs e chocolate amargo
75 g de chocolate amargo 60%
3 gemas
65 g de açúcar refinado
100 g (100 ml) de leite integral
85 g de xarope de glicose
75 g de pasta de avelãs (ver página 42)
170 g (170 ml) de creme de leite líquido integral bem frio

Creme leve de limões verde e amarelo
1 limão-siciliano
½ fava de baunilha
50 g (50 ml) de água
130 g de açúcar refinado
2 claras
125 g (125 ml) de creme de leite líquido integral
50 g de polpa de limão verde
25 g de xarope de glicose
25 g de cubos de limão *confit*
Avelãs torradas

***Glaçage* de Limoncello**
1 limão-siciliano
125 g de geleia de limão
100 g de açúcar refinado
10 g (10 ml) de Limoncello

UTENSÍLIOS
1 termômetro de cozinha
Verrines

Conselho do *chef*

Retire as verrines do congelador alguns minutos antes de servi-las, para amaciar as texturas.

Remissão técnica

Pasta de pistaches ou avelãs > p. 42
Musse de chocolate à base de creme inglês > p. 114

Transparência gelada de avelãs e chocolate amargo, creme leve de dois limões ★★

PARA 6 A 8 PESSOAS
Para começar na véspera
Tempo de preparo: 45 minutos
Tempo de congelamento: 1 noite

Prepare a musse gelada de avelãs e chocolate amargo. Pique o chocolate e derreta-o lentamente em banho-maria* ou no forno micro-ondas (posição descongelar ou potência de 500 W, mexendo regularmente). Prepare um creme inglês: em uma tigela, misture as gemas e o açúcar. Transfira a mistura para uma panela e acrescente o leite e o xarope de glicose. Cozinhe em fogo brando, mexendo sempre, até que o creme engrosse ligeiramente (temperatura de 82 °C a 84 °C). Verta lentamente um terço do creme inglês quente sobre o chocolate derretido e a pasta de avelãs. Com um pão-duro,* misture energicamente, descrevendo pequenos círculos, a fim de criar um "núcleo" elástico e brilhante. Incorpore mais um terço e continue mexendo da mesma forma. Depois, incorpore o último terço, seguindo o mesmo procedimento. Com um *fouet*, bata energicamente* o creme de leite para lhe dar uma textura macia e espumante, conhecida como "batida espumante". Incorpore o creme inglês de chocolate ao creme batido espumante.

Faça o creme leve de limões verde e amarelo. Esprema o suco do limão-siciliano (50 g), parta a fava de baunilha e raspe seu interior para extrair as sementes. Em uma panela, cozinhe o suco de limão, os grãos de baunilha, a água e o açúcar até obter a consistência de um xarope (a 121 °C). Enquanto isso, bata* as claras com uma batedeira. Incorpore o xarope às claras a fim de obter um merengue italiano. Com um *fouet*, continue a bater até que a preparação esfrie. Bata o creme de leite com um *fouet* para lhe dar uma textura de "batida espumante". Em uma panela, amorne a polpa de limão verde, acrescente o xarope de glicose para dissolvê-lo, e acrescente, em seguida, os cubos de limão *confit*. Incorpore delicadamente essa polpa ao merengue italiano e, em seguida, o creme batido espumante.

Disponha a musse de avelãs e chocolate no fundo das *verrines*. Deixe firmar no congelador. Disponha sobre a musse algumas amêndoas torradas. Coloque em seguida o creme leve de dois limões. Reserve no congelador.

Faça a *glaçage* de Limoncello. Esprema o suco do limão-siciliano (50 g). Em uma tigela, misture esse suco, a geleia, o açúcar refinado e o Limoncello. Deixe esfriar por alguns instantes e despeje sobre a musse de limão. Decore com algumas avelãs partidas e torradas. Reserve no congelador por pelo menos uma noite.

Frescor de framboesas merengadas com calda de chocolate quente ★★

PARA 6 A 8 PESSOAS
Tempo de preparo: 1 hora
Tempo de congelamento: 4 horas, no mínimo
Tempo de cozimento: 2 horas

INGREDIENTES

***Sorbet* de framboesa**
300 g de açúcar refinado
300 g (300 ml) de água
500 g de framboesas frescas
½ limão

Merengue
3 claras
100 g de açúcar refinado
100 g de açúcar de confeiteiro

Calda de chocolate
180 g de chocolate amargo 60%
200 g (200 ml) de leite integral

DECORAÇÃO
250 g de framboesas

UTENSÍLIOS
Formas de gelo
1 assadeira para confeitaria
1 saco de confeitar (facultativo)

Faça o *sorbet* de framboesa. Em uma panela, ferva o açúcar e a água; deixe esfriar. Processe com o *mixer* as framboesas com o xarope já frio e o suco de meio limão, coe para eliminar as sementes. Despeje nas formas de gelo e congele por pelo menos 4 horas.

Prepare o merengue. Bata* as claras em neve incorporando aos poucos o açúcar refinado. Depois de batidas as claras, usando um pão-duro,* incorpore delicadamente o açúcar de confeiteiro peneirado.*
Com um saco de confeitar ou uma colher de sopa mergulhada em água fria (para que o merengue se solte facilmente), coloque em uma assadeira forrada* com papel-manteiga as cascas de merengue.
Leve ao forno a 110 °C por cerca de 2 horas. O merengue estará cozido quando estiver crocante por fora, mas ainda macio por dentro.

Prepare a calda de chocolate. Pique o chocolate e derreta-o lentamente em banho-maria* ou no forno micro-ondas (posição descongelar ou potência de 500 W, mexendo regularmente). Leve o leite à fervura. Verta lentamente um terço do leite fervente sobre o chocolate derretido. Com um pão-duro, misture energicamente, descrevendo pequenos círculos, a fim de criar um "núcleo" elástico e brilhante. Incorpore mais um terço e continue mexendo da mesma forma. Depois, incorpore o último terço, seguindo o mesmo procedimento.

Depois que o *sorbet* estiver congelado, corte-o em pedaços e processe com o *mixer* até obter uma textura untuosa.

Em uma taça, coloque bolas de *sorbet*, alguns merengues, decore com framboesas e cubra com a calda de chocolate no momento de servir.

Conselho do *chef*

Este "falso sorbet" de framboesa tem a vantagem de não precisar de sorveteira. Sua textura é muito untuosa, mas é preciso comê-lo imediatamente e não tornar a congelá-lo.

Bom saber

O sorbet *pode ser transformado em um* granité. *Para isso, é preciso raspá-lo com um garfo durante seu período de permanência no congelador.*

Remissão técnica

Calda de chocolate > p. 127

Crocante gelado de chocolate, caramelo e maracujá ★★★

PARA 6 A 8 PESSOAS
Para começar na véspera
Tempo de preparo: 2 horas
Tempo de cozimento: 1 hora
Tempo de congelamento: de 30 minutos a 3h30, de acordo com o equipamento
Tempo de refrigeração: 1 noite

INGREDIENTES

Creme gelado de chocolate amargo 70%
180 g de chocolate amargo 70%
660 g (660 ml) de leite integral
20 g (20 ml) de creme de leite líquido integral
30 g de leite em pó
70 g de açúcar refinado
60 g de mel

Crocantes de amêndoas e chocolate
200 g de amêndoas inteiras
200 g de açúcar de confeiteiro
15 g de cacau amargo em pó
2 claras

Calda de chocolate, caramelo e maracujá
110 g de chocolate ao leite 40%
235 g (235 ml) de creme de leite líquido integral
10 g de xarope de glicose
120 g de açúcar refinado
40 g de manteiga
50 g (50 ml) de suco de maracujá

UTENSÍLIOS
1 sorveteira
1 termômetro de cozinha
1 assadeira para confeitaria

Remissão técnica

Sorvete de chocolate > p. 120
Calda de chocolate e caramelo > p. 129

Faça o creme gelado de chocolate amargo (ver página 120). Deixe repousar por uma noite na geladeira, a fim de propiciar o desenvolvimento dos aromas. Transfira a mistura para a vasilha de uma sorveteira e processe conforme as instruções do fabricante. Conserve a -18 °C.

Faça os crocantes de amêndoas e chocolate. Quebre* as amêndoas e torre-as por alguns minutos no forno a 160 °C. Misture em um recipiente de inox o açúcar de confeiteiro, o cacau em pó e as claras. Acrescente as amêndoas moídas e coloque o recipiente em banho-maria.* Aqueça a mistura, mexendo regularmente, até a temperatura de 80 °C. Com uma colher, coloque a massa sobre uma assadeira forrada* com papel-manteiga e espalhe ligeiramente para obter discos de aproximadamente 7 cm de diâmetro. Leve ao forno a 140 °C por cerca de 1 hora.

Prepare a calda de chocolate, caramelo e maracujá. Pique o chocolate e derreta-o lentamente em banho-maria ou no forno micro-ondas (posição descongelar ou potência de 500 W, mexendo regularmente). Em uma panela, aqueça o creme de leite e o xarope de glicose. Enquanto isso, em outra panela, prepare um caramelo a seco, aquecendo o açúcar a 180/185 °C. Com cuidado, acrescente a manteiga, e depois progressivamente a mistura quente de creme e de xarope de glicose. Leve à fervura. Verta lentamente um terço do líquido fervente sobre o chocolate derretido. Com um pão-duro,* misture energicamente, descrevendo pequenos círculos, a fim de criar um "núcleo" elástico e brilhante. Incorpore mais um terço e continue mexendo da mesma forma. Depois, incorpore o último terço, seguindo o mesmo procedimento. Acrescente o suco de maracujá.

No momento de servir. Coloque um crocante no fundo de um prato. Sobre ele, coloque uma bola creme gelado de chocolate, e, por último, um segundo crocante. Cubra os crocantes com a calda de chocolate, caramelo e maracujá.

Conselho do *chef*

Não quebre as amêndoas em pedaços muito grandes nem muito pequenos, a fim de obter um belo disco bem crocante.*

Grandes ocasiões

Tenho paixão pelas formas e cores e tenho imenso prazer em modelar a matéria. Quando criança, sonhava entrar para as belas-artes... Finalmente, escolhi o mundo das sobremesas, por gulodice, por paixão. Gosto de revisitar os grandes clássicos da confeitaria, surpreender ao renovar os sabores dentro do padrão: assim nasceram a *religieuse* de caramelo de manteiga salgada, os *macarons* de pêssego Melba e os *bisounours* de *marshmallow*, em homenagem aos doces de nossa infância.

CHRISTOPHE MICHALAK
apresenta sua receita

Torta croc-choc

***Sablé* Linzer.** Use uma gema de ovo previamente cozida no forno micro-ondas. Amasse a gema e, em seguida, peneire-a* misturando-a à farinha e à fécula de batata. Coloque em uma tigela a manteiga pomada* e acrescente o açúcar de confeiteiro, o sal fino, a flor de sal, os zestos de limão picados e a mistura gema/farinha/fécula. Espalhe a massa a uma espessura de 2 mm e corte uma tira de 10 cm por 40 cm. Leve ao forno a 150/160 °C até dourar.

***Biscuit* de chocolate.** Peneire juntos a farinha, a fécula de batata e o cacau em pó. Derreta a manteiga. Bata* as claras em neve ligeiramente aquecidas em banho-maria,* acrescentando no final o açúcar refinado. Misture as gemas com as claras batidas e, em seguida, acrescente delicadamente os ingredientes em pó peneirados e a manteiga derretida. Despeje em uma assadeira rasa previamente forrada* com papel-manteiga e leve ao forno a 200 °C por alguns minutos. Após esfriar, corte uma tira de 8 cm por 37 cm. Em seguida, corte o restante em cubos pequenos e enrole-os no corante.

Creme cozido de chocolate. Misture o leite, o açúcar, as gemas e os ovos inteiros. Leve o creme de leite à fervura e verta-o sobre o chocolate. Acrescente a mistura precedente e processe a preparação com o *mixer*, a fim de obter uma textura homogênea. Preaqueça o forno a 120 °C, leve ao forno e desligue. Deixe assar por 30 minutos. Reserve no congelador.

***Glaçage* gianduia.** Pique o chocolate Araguani e a gianduia e derreta em uma panela em banho-maria ou no forno micro-ondas. Leve à fervura o creme de leite, o xarope e o xarope de glicose. Incorpore progressivamente a mistura fervente ao chocolate derretido. Processe com o *mixer*, acrescentando o óleo e o corante.

***Chantilly* Jivara.** Pique o chocolate Jivara e derreta-o. Leve o creme de leite à fervura. Incorpore progressivamente o creme fervente ao chocolate derretido. Reserve na geladeira por pelo menos 4 horas.

Trufas de chocolate amargo. Pique os chocolates e derreta-os em uma panela em banho-maria ou no forno micro-ondas. Leve o creme de leite à fervura. Incorpore progressivamente o creme fervente ao chocolate derretido. Acrescente a manteiga, o açúcar invertido e deixe cristalizar* por algumas horas. Enrole as trufas e cubra-as de cacau amargo em pó.

Montagem e acabamento. Coloque uma tira de *biscuit* de chocolate sobre a tira de *sablé* Linzer. Disponha o creme cozido, coberto de *glaçage* gianduia, ainda congelado sobre o *biscuit*. Em volta, decore com cubos de *biscuit* enrolados no corante rubi brilhante. Bata o *chantilly* Jivara. Forme 6 *quenelles** que deverão ser colocadas sobre o creme cozido coberto. Decore com trufas e lascas de chocolate temperado. Sirva ainda gelado.

PARA 8 PESSOAS

INGREDIENTES

***Sablé* Linzer**

10 g de gema cozida
250 g de farinha
50 g de fécula de batata (ou amido de milho)
275 g de manteiga
90 g de açúcar de confeiteiro
6 g de sal fino
3 g de flor de sal
Zestos* de 2 limões não encerados

***Biscuit** de chocolate**

50 g de farinha
50 g de fécula de batata (ou amido de milho)
55 g de cacau em pó
10 g de manteiga
250 g de claras
240 g de açúcar refinado
240 g de gemas
Corante rubi brilhante

Creme cozido de chocolate

175 g (175 ml) de leite integral
85 g de açúcar refinado
30 g de gemas
60 g de ovos
375 g de creme de leite líquido integral
275 g de chocolate amargo Guanaja 70%

***Glaçage* espelhada gianduia**

300 g de chocolate amargo Araguani 72%
750 g de gianduia (ver página 40)
700 g (700 ml) de creme de leite líquido integral
160 g de xarope a 30 °B (graus de Baumé)
120 g de xarope de glicose
100 g (100 ml) de óleo de sementes de uva
5 g de corante vermelho

Creme *chantilly* Jivara ao leite

500 g de chocolate ao leite Jivara
1 kg (1.000 ml) de creme de leite líquido integral

Trufas de chocolate amargo

280 g de chocolate amargo Caraïber 66%
280 g de chocolate amargo Manjari 64%
500 g (500 ml) de creme de leite líquido integral
100 g de manteiga
87 g de açúcar invertido
Cacau amargo em pó

Outra ideia para o Mont-Blanc ★★★

PARA 6 A 8 PESSOAS
Para começar na véspera
Tempo de preparo: 1h30
Tempo de refrigeração: pelo menos 3 horas
Tempo de cozimento: 20 minutos
Tempo de congelamento: 1 noite

INGREDIENTES

***Ganache* batido marfim com baunilha do Taiti**
1 fava de baunilha do Taiti
45 g de chocolate branco 35%
220 g (90 g + 130 g) de creme de leite líquido integral

Massa *sablée* de amêndoas
120 g de manteiga
2 g de sal fino
90 g de açúcar de confeiteiro
15 g de farinha de amêndoas
1 ovo inteiro
240 g (60 g + 180 g) de farinha

Creme de amêndoas com baunilha
30 g de açúcar de confeiteiro
½ ovo inteiro (35 g)
45 g de farinha de amêndoas
½ fava de baunilha
35 g de manteiga
3 g de amido de milho

Geleia de pera
200 g de peras frescas
Um pouco de suco de limão
80 g de polpa de pera
30 g de açúcar especial para geleia

Espaguete de castanhas
75 g de pasta de castanhas
60 g de creme de castanhas
40 g de manteiga
25 g (25 ml) de creme de leite líquido integral

DECORAÇÃO
1 marrom-glacê
1 pera

UTENSÍLIOS
1 aro e 1 assadeira para confeitaria, ou 1 forma de fundo removível de silicone
1 saco de confeitar com bico liso ou uma prensa para Mont-Blanc
1 termômetro de cozinha

Prepare o *ganache* marfim com baunilha do Taiti. Parta a fava de baunilha e raspe a parte interna para remover as sementes. Pique o chocolate e derreta-o (ver página 18). Em uma panela, leve à fervura 90 g de creme de leite e as sementes de baunilha. Incorpore lentamente a mistura quente no chocolate derretido, obedecendo à regra dos três terços (ver página 94). Acrescente os 130 g de creme de leite frio. Deixe cristalizar* por no mínimo 3 horas na geladeira e depois bata energicamente* o creme com um *fouet*, a fim de obter uma textura tenra.

Prepare a massa *sablée* de amêndoas (ver página 72). Espalhe a uma espessura de 4 mm e recorte um círculo de 18 cm de diâmetro. Asse em uma assadeira forrada* com papel-manteiga a 150 °C por cerca de 10 minutos, até obter uma bela coloração dourada.

Prepare o creme de amêndoas com baunilha. Em uma tigela, misture o açúcar de confeiteiro e o ovo. Acrescente a farinha de amêndoas, as sementes de baunilha e a manteiga pomada.* Bata levemente e acrescente o amido de milho. Disponha sobre a base de massa *sablée* e asse a 170 °C por cerca de 7 a 8 minutos.

Prepare a geleia de pera. Corte as peras em cubos pequenos. Regue imediatamente com o suco de limão. Em uma panela, ferva a polpa de pera e o açúcar especial para geleia por 2 minutos. Transfira para uma tigela. Aguarde a temperatura chegar a 50 °C e acrescente os cubos de peras frescas. Despeje sobre o fundo coberto com creme de amêndoas e coloque no congelador por 1 hora.

No último momento, prepare o espaguete de castanhas. Na vasilha de um processador, misture a pasta de castanha, o creme de castanha e a manteiga até que a textura fique homogênea, cremosa e levemente descorada. Acrescente o creme de leite. Preencha com esse creme um saco de confeitar munido de um bico liso e de pequeno diâmetro, ou de uma "prensa para Mont-Blanc".

Em um aro colocado sobre uma assadeira forrada com papel-manteiga, verta o *ganache* batido com baunilha. Coloque sobre ele o *insert** de peras e amêndoas, com o lado da massa doce para cima, e congele por uma noite. Uma vez congelada a sobremesa, desenforme-a e vire-a. Cubra toda a sobremesa com espaguete de castanhas e decore com um marrom-glacê e uma pera cortada.

Remissão técnica

Massa *sablée* de amêndoas > p. 72
Ganache batido > p. 97

Conselho do *chef*

Nesta sobremesa, a pera pode ser substituída por sua coirmã, a maçã, para um sabor diferente, mas um equilíbrio idêntico.

Bûche de pralina de avelãs ★★

PARA 6 A 8 PESSOAS
Tempo de preparo: 1 hora
Tempo de cozimento: 7 minutos
Tempo de refrigeração: 3 horas

INGREDIENTES

Massa de rocambole
4 ovos (2 inteiros + 2 separados)
110 g (80 g + 30 g) de açúcar refinado
50 g de farinha

***Ganache* batido de chocolate e pralina de avelãs**
150 g de chocolate ao leite 40%
120 g de pralina de avelãs caseira (ver página 38) ou comprada pronta
560 g (160 g + 400 g) de creme de leite líquido integral

200 g de avelãs trituradas
Açúcar de confeiteiro

UTENSÍLIO
1 assadeira rasa

Prepare a massa de rocambole. Branqueie* com um *fouet* 2 gemas, os 2 ovos inteiros e 80 g de açúcar refinado. Bata* as 2 claras em neve acrescentando de uma só vez os 30 g de açúcar restantes. Acrescente delicadamente as claras em neve à primeira mistura e acrescente a farinha peneirada* em chuva. Despeje a massa em uma assadeira e leve ao forno a 210 °C por 5 a 7 minutos. Reserve à temperatura ambiente.

Prepare o *ganache* de chocolate e a pralina de avelãs.
Pique o chocolate e derreta-o em banho-maria* ou no forno micro-ondas (posição descongelar ou potência de 500 W, mexendo regularmente). Acrescente a pralina. Em uma panela, leve à fervura 160 g de creme de leite. Verta lentamente um terço da mistura fervente sobre o chocolate derretido. Com um pão-duro,* misture energicamente, descrevendo pequenos círculos, a fim de criar um "núcleo" elástico e brilhante. Incorpore mais um terço e continue mexendo da mesma forma. Depois, incorpore o último terço, seguindo o mesmo procedimento. Acrescente os 400 g de creme de leite frio. Utilize o *mixer* para homogeneizar e finalizar a emulsão. Reserve na geladeira por pelo menos 3 horas e, em seguida, bata energicamente o *ganache* até obter a consistência de um creme untuoso.

Faça a montagem. Desenforme a massa. Espalhe um terço do *ganache* batido de chocolate e pralina de avelãs e salpique com algumas avelãs grosseiramente picadas. Enrole a *bûche* e cubra-a totalmente com o *ganache* batido. Decore com avelãs torradas e trituradas, e polvilhe com açúcar de confeiteiro.

Conselho do *chef*

Tenha o cuidado de bater o ganache a uma velocidade moderada. Caso contrário, sua textura deixará de ser tenra, perderá rapidamente a leveza e se tornará gordurosa.

Remissão técnica

Derretimento do chocolate > p. 18
Pralina caseira > p. 38
Biscuit natura para rocambole > p. 90
Ganache batido > p. 97

Klemanga ★★

PARA 6 A 8 PESSOAS
Tempo de preparo: 1h20
Tempo de cozimento: 10 minutos
Tempo de congelamento: 4 horas

Faça o *biscuit* macio de coco (ver página 90). Espalhe a massa sobre uma assadeira rasa forrada* com papel-manteiga ou sobre uma esteira de silicone. Leve ao forno a 180 °C por cerca de 10 minutos. Recorte 2 discos de *biscuit* utilizando o aro de bolo como cortador.

Prepare o *coulis* de manga e maracujá. Amoleça a gelatina em um recipiente com água fria. Corte a manga fresca em cubos pequenos. Aqueça a polpa de manga e de maracujá em uma panela a 50 °C e acrescente um pouco de açúcar, se necessário. Incorpore a gelatina escorrida. Misture com os cubinhos de manga fresca e reserve na geladeira.

Coloque um disco de *biscuit* no fundo do aro para confeitaria posicionado sobre uma esteira de silicone. Verta o *coulis* de manga e maracujá, tendo o cuidado de guardar um pouco para o acabamento, e coloque sobre o *coulis* o segundo disco de *biscuit*. Pressione levemente a fim de achatar um pouco o conjunto. Coloque no congelador por uma hora.

Faça a musse *chantilly* de chocolate amargo (ver página 113), utilizando as medidas indicadas ao lado.

Retire o *biscuit* do congelador e faça, com um saco de confeitar, grandes bolas de musse *chantilly* de chocolate amargo sobre o *biscuit*. Reserve por 3 horas no congelador.
Desenforme e coloque a sobremesa em uma travessa. Polvilhe com cacau em pó amargo. Derreta levemente o *coulis* de manga e maracujá no forno micro-ondas sem aquecê-lo e decore a sobremesa.

Conselho do *chef*

Para obter bolas vistosas, prepare a musse e faça as bolas imediatamente com um saco de confeitar.

Bom saber

Esta sobremesa não deve ser consumida congelada. Conte com 6 horas de descongelamento na geladeira.

Remissão técnica

Derretimento do chocolate > p. 18
Biscuit macio de amêndoas ou coco > p. 90
Musse *chantilly* de chocolate > p. 113

INGREDIENTES

Biscuit* macio de coco
55 g de coco ralado
25 g de farinha
55 g de açúcar de confeiteiro
6 claras
15 g (15 ml) de creme de leite líquido integral
70 g de açúcar refinado

***Coulis* de manga e maracujá**
1,5 g de gelatina em folhas
165 g de manga fresca
85 g de polpa de manga
50 g de polpa de maracujá
Um pouco de açúcar refinado (facultativo)

Musse *chantilly* de chocolate amargo
130 g de chocolate amargo 70%
220 g (140 g + 80 g) de creme de leite líquido integral

Um pouco de cacau amargo em pó

UTENSÍLIOS
1 aro de bolo de ø 18 cm a 20 cm
1 esteira de silicone ou 1 assadeira para confeitaria
1 assadeira rasa
1 termômetro de cozinha
1 saco de confeitar

Bolo crocante de três chocolates ★★★

PARA 6 A 8 PESSOAS

Para começar na véspera
Tempo de preparo: 1h45
Tempo de refrigeração: 1 noite
Tempo de cozimento: 15 minutos

Na véspera, prepare o *ganache* batido com chocolate branco e baunilha. Pique o chocolate e derreta-o em banho-maria* ou no forno micro-ondas (posição descongelar ou potência de 500 W, mexendo regularmente). Parta a fava de baunilha e raspe seu interior para extrair as sementes. Em uma panela, leve à fervura 60 g de creme de leite e a baunilha. Passe na peneira cônica.* Verta lentamente um terço da mistura fervente sobre o chocolate derretido. Com um pão-duro,* misture energicamente, descrevendo pequenos círculos, a fim de criar um "núcleo" elástico e brilhante. Incorpore mais um terço e continue mexendo da mesma forma. Depois, incorpore o último terço, seguindo o mesmo procedimento. Acrescente 100 g de creme de leite frio e misture para alisar e aperfeiçoar a emulsão. Reserve na geladeira e deixe cristalizar* de preferência por uma noite.

Prepare o creme inglês (ver página 98), utilizando as medidas indicadas ao lado.

Prepare os cremosos de chocolate amargo e chocolate ao leite (ver página 100), utilizando as medidas indicadas ao lado. Reserve na geladeira.

No dia de servir, faça o *biscuit* tipo *brownie*. Quebre* e torre as amêndoas a 160 °C. Em uma tigela, misture o açúcar demerara e o ovo, mexendo rapidamente, apenas para que os cristais de açúcar derretam. Reserve. Pique o chocolate e derreta-o lentamente em banho-maria ou no forno micro-ondas (posição descongelar ou potência de 500 W, mexendo regularmente). Acrescente a manteiga pomada* ao chocolate derretido e misture até obter uma mistura lisa e homogênea. Acrescente aos poucos a mistura de ovo/açúcar demerara, mantendo uma textura lisa. Acrescente a farinha peneirada* e as amêndoas torradas e quebradas. Despeje a massa na moldura não untada, posicionada sobre uma assadeira forrada* com papel-manteiga ou sobre uma esteira de silicone, e leve ao forno a 175 °C por cerca de 14 minutos. Apare todo o contorno do *biscuit*, a fim de retificá-lo.

Faça o acabamento. Tire o *ganache* batido da geladeira. Bata energicamente* até obter a consistência de um creme untuoso. Disponha uma folha fina de chocolate temperado sobre o *brownie* frio. Com um saco de confeitar, aplique o cremoso de chocolate amargo. Acrescente mais uma folha de chocolate temperado. Em seguida, usando outro saco de confeitar, aplique o *ganache* batido de chocolate branco. Distribua aleatoriamente o cremoso de chocolate ao leite e decore com lascas de chocolate. Reserve na geladeira antes de servir.

INGREDIENTES

***Ganache* batido de chocolate branco e baunilha**
35 g de chocolate branco 35%
1 fava de baunilha
160 g (60 g + 100 g) de creme de leite líquido integral

Creme inglês de base
3 gemas
30 g de açúcar refinado
150 g (150 ml) de leite
150 g (150 ml) de creme de leite líquido integral

Cremoso de chocolate amargo
225 g (225 ml) de creme inglês (acima)
85 g de chocolate amargo 70%

Cremoso de chocolate ao leite
100 g (100 ml) de creme inglês (acima)
50 g de chocolate ao leite 40%

***Biscuit** tipo *brownie* com amêndoas crocantes**
50 g de manteiga
45 g de amêndoas inteiras
60 g de açúcar demerara
1 ovo inteiro pequeno (45 g)
25 g de chocolate amargo 70%
25 g de farinha

DECORAÇÃO
2 placas finas de chocolate temperado (ver página 19) de 16 cm × 16 cm
Algumas lascas de chocolate temperado

UTENSÍLIOS
1 moldura de 14 cm × 14 cm
1 assadeira para confeitaria
1 termômetro de cozinha
2 sacos de confeitar

Remissão técnica

Derretimento do chocolate > p. 18
Temperagem > p. 19
Ganache batido > p. 97
Creme inglês de base > p. 98
Cremoso de chocolate > p. 100

INGREDIENTES

Passas ao uísque
100 ml de uísque
120 g de uvas-passas brancas tipo Sultana

***Dacquoise* de amêndoas**
30 g de farinha
85 g de farinha de amêndoas
100 g de açúcar de confeiteiro
3 claras
50 g de açúcar refinado

Musse de chocolate amargo à base de creme inglês
165 g de chocolate amargo 70%
75 g (75 ml) de leite integral
300 g (75 g + 225 g) de creme de leite líquido integral
1 gema
15 g de açúcar refinado

Creme batido com uísque
200 g (200 ml) de creme de leite líquido integral
20 g de açúcar de confeiteiro
25 g (25 ml) de uísque

UTENSÍLIOS
16 moldes ovais de silicone
1 termômetro de cozinha
1 assadeira para confeitaria ou
1 esteira de silicone

Remissão técnica

Dacquoise de amêndoas ou avelãs > p. 86
Musse de chocolate à base de creme inglês > p. 114

Glasgow ★★

PARA 16 BOLINHOS OVAIS
Para começar na véspera
Tempo de preparo: 45 minutos
Tempo de cozimento: 45 minutos
Tempo de imersão: 1h30
Tempo de congelamento: 1 noite

Na véspera, prepare as uvas-passas ao uísque. Aqueça o uísque e despeje-o fervendo sobre as passas. Cubra e deixe de molho por cerca de 1h30.

Prepare a *dacquoise* de amêndoas (ver página 86).
Com uma espátula angular, espalhe a mistura em uma assadeira forrada* com papel-manteiga ou esteira de silicone. Reserve 2 colheres de sopa de massa. Leve ao forno a 180/190 °C por 8 a 10 minutos.

Espalhe sobre uma folha de papel-manteiga o restante da *dacquoise* no formato de pequenas gotas. Leve ao forno a 120 °C por cerca de 35 minutos. Conserve em lugar seco.

Prepare a musse de chocolate amargo (ver página 114), utilizando as medidas indicadas ao lado. Despeje a musse nos moldes, salpique com 6 g de passas ao uísque. Corte 16 fundos de *dacquoise* de tamanho um pouco menor que o dos moldes e coloque-os sobre as passas. Reserve no congelador por uma noite.

No dia de servir, faça o creme batido com uísque. Bata energicamente* o creme de leite com o açúcar de confeiteiro. Acrescente o uísque e bata novamente se o creme estiver muito líquido.

Desenforme os bolinhos e decore com *chantilly* com uísque, uvas-passas e, eventualmente, com uma gota de *dacquoise* seca.

Conselho do *chef*

Para fazer gotas de dacquoise secas e curvas, basta utilizar uma forma do tipo calha para telhas. Se não tiver, você pode utilizar uma lata de conserva vazia. Abra-a de ambos os lados e coloque tiras com papel-manteiga nas bordas. Distribua as gotas de dacquoise sobre ela. Leve a lata ao forno a 120 °C por cerca de 35 minutos.

Fondue de chocolate amargo ★

PARA 6 A 8 PESSOAS
Tempo de preparo: 40 minutos
Tempo de congelamento: 3 horas

Prepare o *fondue* de chocolate amargo. Em uma panela, leve o leite à fervura junto com o creme de leite, o xarope de glicose e o mel. Parta a fava de baunilha e raspe a parte interna para extrair as sementes. Deixe a fava em infusão na mistura fervente. Pique o chocolate e derreta-o em banho-maria* ou no forno micro-ondas (posição descongelar ou potência de 500 W, mexendo regularmente). Verta lentamente a mistura fervente sobre o chocolate derretido, obedecendo a regra dos três terços (ver página 94). Distribua o *fondue* em tigelas. Conserve na geladeira ou utilize imediatamente a uma temperatura de 42 °C a 45 °C.

Prepare o *marshmallow* de framboesa. Amoleça a gelatina em um grande recipiente com água fria. Ferva 280 g de purê de framboesa, o açúcar, 45 g de mel e o xarope de glicose. Na vasilha de um processador de alimentos, coloque a segunda parte do mel (35 g), despeje o xarope fervente e acrescente a gelatina escorrida. Bata* com um *fouet* até esfriar (30 °C) e em seguida acrescente os 20 g de purê de framboesa e o licor. Com um saco de confeitar, disponha de forma irregular o *marshmallow* sobre os palitos colocados sobre um filme plástico untado.

Prepare o *ganache* de chocolate ao leite. Amoleça a gelatina em um grande recipiente com água fria. Em uma panela, ferva o leite. Pique o chocolate e derreta-o com a manteiga (ver página 18). Acrescente a gelatina escorrida ao leite e verta o líquido fervente sobre o chocolate derretido, obedecendo a regra dos três terços (ver página 94). Despeje em uma moldura posicionada sobre uma assadeira forrada* com papel-manteiga, a uma espessura de cerca de 1,5 cm. Quando o *ganache* estiver cristalizado,* corte retângulos de 5 cm de comprimento. Insira um palito de pirulito e coloque no congelador por 3 horas. No momento de servir, mergulhe o *ganache* congelado no ovo batido, depois na farinha de rosca e repita a operação. Frite em óleo a 150/170 °C. Sirva imediatamente. Sirva o *fondue* a gosto, acompanhado de morangos, cubos de *marshmallow*, palitos de *ganache*, pasta de frutas, *macarons*, etc.

Conselho do *chef*

É possível aromatizar o fondue *a gosto, com especiarias, chá ou polpas de frutas. Para um* fondue *com especiarias, acrescente à mistura quente de leite e creme de leite 4 g de especiarias para pão de especiarias. Para um* fondue *de chá, deixe em infusão 20 g de chá Earl Grey "Flores azuis" na mistura de leite e creme de leite na geladeira por uma noite, e acrescente no final da mistura 10 ml de água de flor de laranjeira ao chocolate antes de passá-lo na peneira cônica.**

Bom saber

O xarope de glicose não é essencial para esta receita. No entanto, ele dá ao fondue *uma viscosidade importante para uma boa degustação.*

INGREDIENTES

***Fondue* de chocolate amargo**
210 g (210 ml) de leite
150 g (150 ml) de creme de leite líquido integral
20 g de xarope de glicose
20 g de mel
½ fava de baunilha
375 g de chocolate amargo 70%

***Marshmallow* de framboesa**
10 g de folhas de gelatina
300 g (280 g + 20 g) de purê de framboesas sem açúcar
70 g de açúcar refinado
80 g de mel (45 g + 35 g)
35 g de xarope de glicose
10 g (10 ml) de licor de framboesa a 30°

***Ganache* de chocolate ao leite**
8 g de gelatina em folhas
160 g (160 ml) de leite
250 g de chocolate ao leite 40%
80 g de manteiga
1 ovo inteiro
Farinha de rosca
Óleo de fritura

ACOMPANHAMENTOS
Pasta de frutas de framboesas (ver página 45)
Morangos
Macarons (ver página 283)

UTENSÍLIOS
1 termômetro de cozinha
1 moldura
1 assadeira para confeitaria
1 saco de confeitar
Palitos de dente
Palitos de pirulito

Remissão técnica

Derretimento do chocolate > p. 18
Pasta de frutas > p. 45

Cappuccino Manhattan ★★

INGREDIENTES
2 pacotes de biscoitos secos retangulares

***Ganache* batido de chocolate ao leite e café**
80 g (80 ml) de café espresso
110 g de chocolate ao leite 40%
190 g (190 ml) de creme de leite líquido integral

Embebição de café
300 g (300 ml) de café espresso
50 g de açúcar refinado

Algumas amêndoas torradas e picadas

UTENSÍLIO
1 esteira de silicone ou folhas de plástico*

PARA 6 A 8 PESSOAS
Tempo de preparo: 1 hora
Tempo de refrigeração: pelo menos 3 horas

Prepare o *ganache* batido de chocolate ao leite e café. Prepare o café espresso. Pique o chocolate e derreta-o lentamente em banho-maria* ou no forno micro-ondas (posição descongelar ou potência de 500 W, mexendo regularmente). Verta lentamente um terço do café fervente sobre o chocolate derretido. Com um pão-duro,* misture energicamente, descrevendo pequenos círculos, a fim de criar um "núcleo" elástico e brilhante. Incorpore mais um terço do café e continue mexendo da mesma forma. Depois, incorpore o último terço, seguindo o mesmo procedimento. Acrescente o creme de leite frio ao *ganache* e deixe cristalizar* na geladeira por pelo menos 3 horas (de preferência uma noite).

Faça a embebição de café. Prepare um café bem forte e acrescente o açúcar extrafino. Reserve em temperatura ambiente.

Embeba* generosamente 5 biscoitos no xarope de café e disponha-os imediatamente lado a lado sobre uma folha de plástico ou sobre uma esteira de silicone. Tire o *ganache* da geladeira e bata* com um *fouet*, para lhe dar uma consistência untuosa.

Espalhe um pouco de *ganache* em uma camada fina. Cubra novamente com 5 biscoitos embebidos e repita esta operação mais duas vezes.
Realize em seguida esta montagem com apenas 1 biscoito e com 2 biscoitos, a fim de obter níveis diferentes para a decoração. Reserve um pouco de *ganache* batido e preencha com ele as laterais das peças. Aplique nas laterais as amêndoas picadas e torradas. Reserve na geladeira.

No momento de servir, monte sobre uma travessa as diversas peças, de pé ou deitadas, imitando os edifícios de Manhattan, em Nova York.

Conselho do *chef*

Para ser degustado eventualmente acompanhado de uma calda de chocolate (ver página 127) ou de chocolate e caramelo (ver página 129).

Remissão técnica

Derretimento do chocolate > p. 18
Ganache batido > p. 97

Musse marfim de flor de laranjeira, recheio de pralina ★★

PARA 12 PESSOAS
Tempo de preparo: 40 minutos
Tempo de cozimento: 12 minutos
Tempo de refrigeração: 2 horas
Tempo de congelamento: 6 horas

Prepare o *biscuit* de amêndoas e pralina. Misture os ovos, o mel e o açúcar refinado e acrescente a pralina. Em seguida, acrescente a farinha de amêndoas, a farinha e o fermento químico peneirados* juntos. Em uma panela, aqueça o creme de leite a 45/50 °C e acrescente a manteiga. Incorpore à primeira mistura. Deixe repousar por 2 horas na geladeira. Despeje em uma assadeira forrada* com papel-manteiga ou em uma esteira de silicone e leve ao forno a 180 °C por cerca de 12 minutos. Depois de assado, corte com um cortador discos de 3 cm de diâmetro.

Prepare o cremoso de pralina. Amoleça a gelatina em um recipiente com água fria. Em uma panela, aqueça o creme de leite. Retire do fogo e acrescente a gelatina escorrida. Verta a mistura sobre a pralina obedecendo a regra dos três terços (ver página 94). Com um saco de confeitar, disponha o cremoso de pralina nas formas de gelo de silicone. Deixe no congelador por pelo menos 3 horas.

Prepare a musse leve de chocolate e flor de laranjeira. Pique o chocolate e derreta-o em banho-maria* ou no forno micro-ondas (posição descongelar ou potência de 500 W, mexendo regularmente). Mergulhe a gelatina em um recipiente com água fria. Em uma panela, ferva o leite; retire do fogo e acrescente a gelatina escorrida. Verta lentamente o leite quente sobre o chocolate derretido obedecendo a regra dos três terços (ver página 94). Em uma tigela, bata energicamente* o creme de leite frio para lhe dar uma textura macia e espumante, conhecida como "batida espumante". Quando a mistura de chocolate atingir 35/45 °C, incorpore-a no creme batido espumante, misturando delicadamente com um pão-duro.* Acrescente a água de flor de laranjeira.

Disponha aros individuais sobre uma assadeira forrada com papel-manteiga. Coloque os discos de *biscuit* nos aros e desenforme os cubos de pralina sobre eles. Em seguida, complete com a musse de chocolate e flor de laranjeira e congele por 3 horas.
Desenforme e decore a gosto, por exemplo, com algumas avelãs caramelizadas e pérolas chocolate.

Conselho do *chef*

Sirva estes bolinhos com calda de tangerina, ou acompanhados de gomos de tangerinas frescas.

INGREDIENTES

***Biscuit** de amêndoas e pralina**
2 ovos inteiros
25 g de mel silvestre
30 g de açúcar refinado
45 g de pralina caseira (ver página 38) ou comprada pronta
30 g de farinha de amêndoas
25 g de farinha
3 g de fermento químico
50 g (50 ml) de creme de leite líquido integral
30 g de manteiga

Recheio de pralina
1 g de gelatina em folhas
100 g (100 ml) de creme de leite líquido integral
150 g de pralina caseira (ver página 38) ou comprada pronta

Musse de chocolate e flor de laranjeira
130 g de chocolate branco 35%
4 g de gelatina em folhas
70 g (70 ml) de leite integral
150 g (150 ml) de creme de leite líquido integral
5 g (5 ml) de água de flor de laranjeira

Avelãs inteiras
Pérolas de chocolate

UTENSÍLIOS
1 termômetro de cozinha
1 assadeira para confeitaria ou 1 esteira de silicone
1 cortador de ø 3 cm
1 saco de confeitar
Formas de gelo de silicone
12 aros individuais

Remissão técnica

Pralina caseira > p. 38
Musse de chocolate sem ovos > p. 111

Mimos de pera e caramelo ao leite ★★

PARA 6 A 8 PESSOAS
Tempo de preparo: 1h30
Tempo de cozimento: 10 minutos
Tempo de congelamento: 3h30

INGREDIENTES

Massa *sablée* de amêndoas
120 g de manteiga
90 g de açúcar de confeiteiro
2 g de sal fino
15 g de farinha de amêndoas
1 ovo inteiro
240 g (60 g + 180 g) de farinha

Musse de chocolate, caramelo e baunilha
100 g de chocolate ao leite 40%
2 g de gelatina em folhas
30 g de açúcar refinado
250 g (50 g + 200 g) de creme de leite líquido integral
2 gemas
½ fava de baunilha

***Écrasée* de pera fresca e limão**
1 pera fresca
Suco de ½ limão
Um pouco de açúcar refinado

***Glaçage* de chocolate branco e caramelo**
265 g de chocolate branco 35%
4 g de gelatina em folhas
175 g (175 ml) de creme de leite líquido integral
40 g (40 ml) de água
30 g de xarope de glicose
50 g de açúcar refinado
25 g (25 ml) de óleo de sementes de uva

UTENSÍLIOS
1 termômetro de cozinha
Formas quadradas de silicone de tamanho pequeno
1 assadeira para confeitaria

—• Remissão técnica
Derretimento do chocolate > p. 18
Massa *sablée* de amêndoas > p. 72
Musse *chantilly* de chocolate > p. 113

Prepare a massa *sablée* de amêndoas (ver página 72). Corte quadrados ligeiramente menores do que suas formas. Coloque-os em uma assadeira forrada* com papel-manteiga. Leve ao forno a 150/160 °C por cerca de 10 minutos.

Prepare a musse de chocolate, caramelo e baunilha. Pique o chocolate e derreta-o (ver página 18). Mergulhe a gelatina em um recipiente com água fria. Cozinhe o açúcar até obter um caramelo e acrescente 50 g de creme de leite. Verta sobre as gemas batidas, acrescente as sementes de baunilha e leve ao fogo novamente, como para um creme inglês. Acrescente a gelatina escorrida. Transfira para uma tigela funda. Processe com o *mixer* por alguns segundos para obter uma textura lisa e untuosa. Incorpore o creme inglês quente ao chocolate derretido, obedecendo a regra dos três terços (ver página 94). Utilize o *mixer* para alisar e finalizar a emulsão. Em uma tigela, bata energicamente* 200 g de creme de leite frio para lhe dar uma textura macia e espumante, chamada "batida espumante". Quando a temperatura da mistura atingir 45/50 °C, acrescente um terço do creme batido espumante. Misture e acrescente delicadamente o creme restante com um pão-duro.* Despeje a musse nas miniformas. Coloque sobre a musse um quadradinho de massa *sablée* assada. Deixe no congelador por cerca de 3 horas.

Prepare o *ecrasée* de pera fresca e limão. Descasque a pera e retire as sementes. Corte-a em pedaços e coloque-os em uma tigela. Acrescente o suco de limão e misture. Ajuste o gosto adicionando uma pitada de açúcar. Assim que as musses estiverem completamente congeladas, desenforme-as e vire-as e, em seguida, coloque no topo o *ecrasé* de pera. Coloque novamente no congelador por 30 minutos.

Prepare a *glaçage* de chocolate branco e caramelo. Pique o chocolate e derreta-o (ver página 18). Mergulhe a gelatina em um recipiente com água fria. Em uma panela, aqueça o creme de leite, a água e o xarope de glicose. Retire do fogo e acrescente a gelatina escorrida. Em uma panela de fundo espesso, coloque o açúcar, cozinhe até obter um caramelo e acrescente-o à mistura anterior. Incorpore este creme quente ao chocolate derretido, obedecendo a regra dos três terços (ver página 94). Acrescente o óleo de sementes de uva. Processe com o *mixer*, tomando o cuidado de não incorporar ar. Cubra os doces com a *glaçage* de chocolate branco e caramelo assim que saírem do congelador, e reserve na geladeira até o momento de servir.

Sobremesa *Palet Or* ★★

INGREDIENTES

***Biscuit** bolo de chocolate**

120 g de manteiga + para a forma
70 g de chocolate amargo 70%
6 ovos inteiros
100 g de mel de acácia
170 g de açúcar refinado
100 g de farinha de amêndoas
160 g de manteiga + para a forma
10 g de fermento químico
30 g de cacau amargo em pó
160 g (160 ml) de creme de leite líquido integral

***Ganache* de chocolate amargo**

300 g (300 ml) de creme de leite líquido integral
50 g de mel
200 g de chocolate amargo 70%

***Glaçage* brilhantíssima**

12 g de gelatina em folhas
100 g (100 ml) de água
170 g de açúcar refinado
75 g de cacau amargo em pó
90 g (90 ml) de creme de leite líquido integral

DECORAÇÃO

1 folha de ouro

UTENSÍLIOS

1 forma de fundo removível de ⌀ 20 cm
1 aro de ⌀ 22 cm
1 assadeira para confeitaria
1 grelha para confeitaria

Remissão técnica

Glaçage brilhantíssima > p. 66
Massa de bolo de chocolate > p. 85
Ganache para rechear tortas e sobremesas > p. 96

PARA 6 PESSOAS

Para começar na véspera
Tempo de preparo: 1 hora
Tempo de cozimento: 40 minutos
Tempo de refrigeração: 1 noite + 6 horas
Tempo de congelamento: 1 noite

Na véspera, prepare a *glaçage* brilhantíssima (ver página 66). Reserve por uma noite na geladeira.

Prepare o *biscuit* bolo de chocolate (ver página 85).
Unte uma forma de fundo removível com manteiga e farinha e despeje a massa. Asse a 160 °C por cerca de 40 minutos e verifique o cozimento espetando a lâmina de uma faca no *biscuit*. Se a lâmina sair limpa, o cozimento terminou. Deixe esfriar e corte o bolo longitudinalmente em três discos.

Prepare o *ganache* de chocolate amargo (ver página 96).

Faça a montagem e a decoração. Coloque o aro de bolo sobre uma assadeira bem plana forrada* com papel-manteiga. Coloque um primeiro disco de *biscuit*, certificando-se de que seu diâmetro seja ligeiramente menor do que o do aro. Despeje um terço do *ganache* e coloque sobre ele mais um disco de massa, pressionando para que o *ganache* suba pelas bordas do *biscuit*. Despeje o segundo terço de *ganache* e repita a operação, terminando com uma camada de *ganache*. Dê batidas ligeiras para nivelar a superfície e reserve no congelador, de preferência por uma noite.

No dia de servir. Aqueça a *glaçage* brilhantíssima em banho-maria* ou no forno micro-ondas (posição descongelar ou potência de 500 W, mexendo regularmente). Processe com o *mixer*. Assim que a sobremesa estiver endurecida, coloque-a sobre uma grelha para confeitaria posicionada sobre uma travessa grande o suficiente para recolher o excesso de *glaçage*. Cubra completamente a sobremesa, faça vibrar a grelha levemente para remover o excesso de *glaçage* e transfira a sobremesa para uma travessa. Decore com uma folha de ouro no centro. Reserve na geladeira por cerca de 6 horas. Esta sobremesa deve ser degustada à temperatura ambiente, portanto, não se esqueça de retirá-la da geladeira uma hora antes de servir.

Conselho do *chef*

É mais fácil dividir o biscuit *em três quando ele está frio. Utilize uma faca grande e dentada (tipo faca de pão).*

Bom saber

Processar a glaçage *com o* mixer *antes de utilizá-la possibilita eliminar as bolhas de ar.*

Flora ★★★

PARA 6 A 8 PESSOAS
Para começar na véspera
Tempo de preparo: 1h30
Tempo de congelamento: 1 noite + 3 horas
Tempo de refrigeração: 6 horas

INGREDIENTES

Biscuit* de chocolate
3 ovos inteiros
50 g de mel de acácia
85 g de açúcar refinado
50 g de farinha de amêndoas
80 g (80 ml) de creme de leite líquido integral
80 g de farinha
5 g de fermento químico
15 g de cacau amargo em pó
60 g de manteiga derretida
35 g (35 ml) de rum
35 g de chocolate amargo 70%

Cremoso de jasmim
10 g de folhas de chá de jasmim
250 g (250 ml) de creme de leite líquido integral
2 g de gelatina em folhas
3 gemas
50 g de açúcar refinado

Musse de chocolate amargo
170 g de chocolate amargo 60%
2 g de gelatina em folhas
125 g (125 ml) de leite integral
250 g (250 ml) de creme de leite líquido integral

125 g de framboesas

***Glaçage* de chocolate branco**
(ver página 69)

DECORAÇÃO
Flores de jasmim cristalizadas
Pérolas de açúcar

UTENSÍLIOS
1 termômetro de cozinha
1 forma de ø 18 cm
1 forma de ø 22 cm

Na véspera. Faça o *biscuit* de chocolate (ver página 85), utilizando as medidas indicadas ao lado. Corte um disco de massa de tamanho um pouco menor que a forma de 22 cm.

Prepare o cremoso de jasmim. Deixe as folhas de chá de jasmim em infusão no creme de leite frio por 3 a 4 horas. Se não tiver tempo, deixe as folhas de chá de jasmim em infusão no creme de leite quente por cerca de 5 minutos. Coe o creme de leite e transfira-o para uma panela. Amoleça a gelatina em um recipiente com água fria. Em uma tigela, misture as gemas e o açúcar. Despeje essa mistura na panela do creme perfumado com chá e cozinhe em fogo brando, mexendo sempre, até que a mistura engrosse ligeiramente (temperatura 82/84 °C). Acrescente a gelatina escorrida. Retire do fogo e despeje o creme em uma tigela funda. Processe com o *mixer* para alisar e finalizar a emulsão. Despeje o creme na forma de 18 cm. Coloque no congelador por cerca de 3 horas, até endurecer completamente.

Prepare a musse de chocolate amargo (ver página 111), utilizando as medidas indicadas ao lado. Reserve na geladeira.

Faça a montagem. Coloque o *biscuit* de chocolate no centro da forma de 22 cm. Desenforme o cremoso de jasmim. Posicione-o no centro do *biscuit* de chocolate e coloque as framboesas em volta do cremoso, na borda do *biscuit*. Despeje a musse de chocolate. Reserve a montagem no congelador de preferência por uma noite.

No dia de servir. Desenforme a sobremesa congelada e reserve na geladeira enquanto prepara a *glaçage* de chocolate branco (ver página 69). Cubra a sobremesa. Decore com flores de jasmim cristalizadas e pérolas de açúcar. Reserve na geladeira por pelo menos 6 horas até o momento de servir.

—• Conselho do *chef*

Você pode cortar o restante do biscuit *em cubinhos e reservá-los no congelador, para utilizá-los em verrines da próxima vez.*

—• Bom saber

É preferível deixar as folhas de chá em infusão por uma noite ou um dia no creme de leite frio, a fim de evitar a adstringência do chá e conservar apenas seus aromas agradáveis.

—• Remissão técnica

Glaçage branca e/ou para colorir > p. 69
Massa de bolo de chocolate > p. 85
Cremoso para perfumar > p. 99
Musse de chocolate sem ovos > p. 111

INGREDIENTES
Bolo de chocolate
35 g de chocolate amargo 60%
60 g de manteiga
3 ovos inteiros
50 g de mel
80 g de açúcar refinado
50 g de farinha de amêndoas
80 g de farinha
5 g de fermento químico
15 g de cacau amargo em pó
80 g (80 ml) de creme de leite líquido integral

Musse *chantilly* de chocolate amargo
180 g de chocolate amargo 60%
300 g (200 g + 100 g) de creme de leite líquido integral

Revestimento crocante de amêndoas
70 g de amêndoas picadas
300 g de chocolate amargo 60%
30 g (30 ml) de óleo de sementes de uva

Chocolate branco e amargo
Diversos *coulis* de frutas caseiros ou comprados prontos

UTENSÍLIOS
1 termômetro de cozinha
1 moldura 24 cm × 34 cm
1 assadeira para confeitaria ou
1 esteira de silicone
8 aros de ø 75 mm

Mister Clown ★

PARA 8 PESSOAS
Tempo de preparo: 1h30
Tempo de cozimento: 10 minutos
Tempo de congelamento: 4 horas

Prepare o bolo de chocolate (ver página 85), utilizando as medidas indicadas ao lado. Posicione uma moldura de 24 cm × 34 cm sobre uma assadeira forrada* com papel-manteiga ou sobre uma esteira de silicone e despeje a massa de bolo na moldura. Leve ao forno a 180 °C por cerca de 8 a 10 minutos. Com o cortador, corte 8 discos de 75 mm de diâmetro.

Prepare o musse *chantilly* de chocolate (ver página 113), utilizando as medidas indicadas ao lado.

Faça a montagem. Posicione os aros individuais sobre uma assadeira forrada com papel-manteiga. Coloque um disco de bolo em cada aro e cubra com uma camada de 2 a 3 cm de musse *chantilly* de chocolate. Reserve no congelador por cerca de 4 horas. Desenforme os discos e conserve-os no congelador.

Prepare o revestimento crocante de amêndoas. Torre as amêndoas picadas por alguns minutos no forno a 160 °C. Deixe esfriar. Derreta o chocolate em banho-maria* ou no forno micro-ondas (posição descongelar ou potência de 500 W, mexendo regularmente). Acrescente o óleo, misture e acrescente as amêndoas torradas.

Insira a ponta de uma faca de cozinha no bolo de chocolate e mergulhe-o ainda congelado na cobertura crocante. Remova imediatamente, deixe a cobertura escorrer e coloque cada disco sobre um prato.

Prepare dois cartuchos de papel (ver página 53) com chocolate amargo e branco derretidos. Com o cartucho de chocolate branco, desenhe os olhos e a boca sobre o disco de chocolate. Em seguida, com o cone de chocolate amargo, desenhe no prato o corpo do personagem. Convide as crianças para decorar seus palhaços com *coulis* diversos, colocados em tacinhas, utilizando pincéis pequenos ou, ainda melhor, pequenas pipetas.

Conselho do *chef*

Para que o revestimento dê certo, os discos devem estar congelados.

Remissão técnica

Decorações com cartucho > p. 53
Massa de bolo de chocolate > p. 85
Musse *chantilly* de chocolate > p. 113

CHOCOLAT

Guloseimas e confeitos

Ah, o chocolate... só penso nisso! Em certo sentido, sou um pouco "chocólatra". Não consigo pensar em passar um dia sem degustá-lo. Trata-se de um dever profissional, um prazer e uma maneira de manter minhas papilas acordadas. O chocolate é uma das mais belas matérias que existem. Adapta-se a todas as construções artísticas, tem uma gama de gostos e suas possibilidades de associação são inesgotáveis, seus efeitos sobre a saúde são benéficos... Durante minha vida, tive várias revelações: quando "entrei para a confeitaria" na escola hoteleira de Laval, a fim de obter um diploma técnico superior, e quando descobri o Japão. Entendi que a estética de uma sobremesa deveria permanecer simples sem ser simplista. Depois, é possível ousar tudo: a pirâmide do Louvre, as compressões, os Stiletto, os vestidos de alta-costura, transfigurados pela magia do chocolate...

JEAN-PAUL HÉVIN
apresenta sua receita

Pirulitos surpreendentes

Os discos de chocolate. Pique em pequenos pedaços o chocolate amargo ou ao leite. Em um recipiente, derreta em banho-maria* dois terços do chocolate em fogo brando (50 °C). De preferência, deixe seu chocolate derreter fora do fogo, para não danificá-lo. Retire o recipiente do banho-maria e espere alguns minutos. Resfrie a 29 °C acrescentando o terço restante de chocolate finamente picado e misture com uma espátula por vários minutos. Leve o recipiente novamente ao fogo brando para que o chocolate atinja lentamente uma temperatura de 32/33 °C.
Prepare uma superfície de trabalho plana coberta com papel-manteiga ou de uma folha de *transfer* para chocolate com desenho de lábios vermelhos. Com um saco de confeitar, forme discos de chocolate, dispondo-os em várias fileiras. Você deve bater levemente e várias vezes na assadeira para espalhar o chocolate de maneira regular.

O chocolate deve cristalizar* e manter o brilho à temperatura ambiente. Você pode também fazê-lo passar rapidamente pela geladeira para melhorar sua cristalização.

O *ganache* de chocolate. Ferva o creme de leite e o açúcar invertido. Deixe esfriar. Corte o chocolate em pedaços. Quando o creme atingir 75 °C, verta-o sobre o chocolate picado e mexa delicadamente até obter uma mistura homogênea.
Acrescente a manteiga e misture novamente. Neste ponto, você pode também acrescentar algumas gotas de óleos essenciais. Despeje o *ganache* em uma assadeira para que ele esfrie. Leve à geladeira por no mínimo 1 hora ou reserve em local fresco (prever mais tempo) e deixe que o *ganache* endureça.

A montagem dos pirulitos. O *ganache* é utilizado para colar os dois discos: aplique uma bola de *ganache* sobre cada disco, depois um palito entre os dois discos de chocolate e pressione delicadamente para colar.

Guarde em local fresco e depois deguste suas criações.

Conselho do *chef*

Derreta o chocolate em banho-maria lentamente, tomando o cuidado de não ultrapassar 55 °C.

INGREDIENTES

Para os discos de chocolate
700 g de chocolate amargo ou ao leite
Folhas de *transfer* lábios vermelhos (facultativo)

Para o *ganache* de chocolate
115 g (115 ml) de creme de leite líquido integral
20 g de açúcar invertido
215 g de chocolate 63%
55 g de manteiga fresca amolecida
Algumas gotas de óleos essenciais: bergamota, laranja, flor de laranjeira, menta fresca, laranja-azeda bigarade, rosa, ou mistura de óleos essenciais, como menta e bergamota (facultativo)

UTENSÍLIOS

1 termômetro de cozinha
1 saco de confeitar
1 assadeira para confeitaria
Palitos de pirulito

Barras de chocolate amargo, caramelo de manteiga salgada e amêndoas cristalizadas ★★★

PARA 15 BARRAS

Tempo de preparo: 3h30
Tempo de cozimento: 35 minutos
Tempo de refrigeração: 30 minutos
Tempo de congelamento: 30 minutos

Prepare o *ganache* de chocolate amargo (ver página 33), utilizando as medidas indicadas ao lado.

Prepare as amêndoas cristalizadas com pimenta-longa. Em uma panela, ferva o açúcar e a água por 1 minuto. Torre as amêndoas a 150 °C e deixe esfriar. Acrescente-as ao xarope, misture delicadamente e acrescente um pouco de pimenta-longa moída. Distribua as amêndoas em uma assadeira revestida com papel-manteiga para que sequem no forno a 90 °C por aproximadamente 20 minutos. Elas devem ficar crocantes. Reserve ao abrigo da umidade.

Prepare um caramelo de manteiga salgada Posicione uma moldura dentro de uma assadeira forrada* com papel-manteiga. Leve o creme de leite à fervura. Em uma panela grande, leve à fervura em fogo brando o xarope de glicose, acrescente o açúcar aos poucos e continue o cozimento até obter um caramelo dourado. Tomando cuidado com os respingos, acrescente a manteiga salgada, o creme de leite quente e continue cozinhando até 118 °C. Despeje na moldura e deixe firmar.

Faça a massa *sablée* de amêndoas (ver página 72), utilizando as proporções indicadas ao lado. Abra a massa a uma espessura de 3 mm entre duas folhas de plástico. Reserve no congelador por 30 minutos. Quando a massa tiver endurecido completamente, descole as folhas de plástico. Corte a massa em tiras de 2 cm × 10 cm. Deixe descansar por 30 minutos na geladeira e então leve ao forno a 150/160 °C por cerca de 15 minutos, até obter uma coloração dourada.

Faça os acabamentos. Corte o caramelo em tiras de 2 cm × 10 cm e disponha-as sobre as tiras de massa assada. Com um saco de confeitar, aplique o *ganache* sobre o caramelo. Disponha as barras de caramelo em uma grelha posicionada sobre uma assadeira e reserve. Tempere o chocolate (ver página 19). Transfira o chocolate para uma jarra e acrescente o óleo de avelãs. Misture bem. Cubra completamente as barras. Salpique generosamente com as amêndoas antes da cristalização* do chocolate e disponha delicadamente as barras sobre papel-manteiga ou uma esteira de silicone.

INGREDIENTES

Massa *sablée* de amêndoas
145 g de manteiga
1 pitada de sal
100 g de açúcar de confeiteiro
20 g de farinha de amêndoas
2 ovos inteiros
300 g (70 g + 230 g) de farinha

***Ganache* de chocolate amargo**
360 g de chocolate amargo 60%
300 g (300 ml) de creme de leite líquido integral
60 g de mel
20 g de manteiga

Caramelo de manteiga salgada
185 g (185 ml) de creme de leite líquido integral
20 g de xarope de glicose
185 g de açúcar refinado
50 g de manteiga salgada

Amêndoas cristalizadas com pimenta-longa
90 g de açúcar refinado
90 g (90 ml) de água
250 g de amêndoas inteiras
Um pouco de pimenta-longa

Montagem e acabamento
500 g de chocolate ao leite 40%
70 g de óleo de avelãs

UTENSÍLIOS

1 moldura de 20 cm × 20 cm
1 assadeira para confeitaria
1 termômetro de cozinha
1 saco de confeitar
Folhas de plástico* ou papel-manteiga

Remissão técnica

Temperagem > p. 19
Ganache de corte > p. 33
Massa *sablée* de amêndoas > p. 72
Torrar frutas secas > p. 134

Bombons crocantes e tenros ★★★

PARA 15 TORTINHAS OU 60 BOMBONS PEQUENOS
Tempo de preparo: 1 hora
Tempo de refrigeração: 7 horas

INGREDIENTES
Pralina crocante
26 g de chocolate ao leite 40%
90 g de pralina caseira (ver página 38) ou comprada pronta
35 g de biscoitos tipo *crêpes dentelle* em pedaços

***Ganache* de chocolate amargo**
140 g de chocolate amargo 70%
130 g (130 ml) de creme de leite líquido integral
25 g de mel de acácia
15 g de manteiga

Revestimento
230 g de chocolate amargo 70%
30 g (30 ml) de óleo de sementes de uva

UTENSÍLIOS
Formas de tortinhas de silicone
1 termômetro de cozinha
1 saco de confeitar

Faça a pralina crocante. Pique o chocolate e derreta-o lentamente em banho-maria* ou no forno micro-ondas (posição descongelar ou potência de 500 W, mexendo regularmente). Acrescente a pralina e misture. Sem deixar de mexer, leve a temperatura da mistura a 26 °C, ponto em que ela começa a engrossar ligeiramente. Acrescente os biscoitos em pedaços, despeje imediatamente em formas de tortinhas e dê batidas ligeiras nas formas para distribuir a preparação de maneira uniforme. Leve à geladeira por 1 hora.

Prepare o *ganache* de chocolate amargo. Pique o chocolate e derreta-o lentamente em banho-maria ou no forno micro-ondas (posição descongelar ou potência de 500 W, mexendo regularmente). Em uma panela, leve à fervura o creme de leite e o mel. Verta lentamente um terço da mistura fervente sobre o chocolate previamente derretido. Com um pão-duro,* misture energicamente, descrevendo pequenos círculos, a fim de formar um "núcleo" elástico e brilhante. Incorpore mais um terço da mistura e continue mexendo da mesma forma. Depois, incorpore o último terço, seguindo o mesmo procedimento. Processe com o *mixer* por alguns segundos e deixe esfriar. Quando a temperatura do *ganache* atingir 35/40 °C, acrescente a manteiga cortada em cubos pequenos. Aplique o *ganache* sobre a pralina crocante com o saco de confeitar e deixe cristalizar* na geladeira por meio dia.

Prepare o revestimento. Tempere o chocolate (ver página 19). Quando a temperatura atingir 31 °C, transfira-o para uma tigela grande e acrescente o óleo de sementes de uva. Misture.

Desenforme as tortinhas. Corte-as em quatro e mergulhe-as no chocolate de revestimento a 31 °C. Coloque-as sobre uma assadeira coberta com papel-manteiga. Salpique com migalhas de *crêpes dentelle*.

Remissão técnica

Derretimento do chocolate > p. 18
Temperagem > p. 19
Revestimento > p. 25
Ganache de corte > p. 33
Pralina caseira > p. 38

INGREDIENTES
150 g de chocolate amargo 70%
250 g (250 ml) de creme de leite líquido integral
1 pitada de sal
250 g de açúcar refinado
15 g de mel
15 g de manteiga

UTENSÍLIOS
1 moldura + 1 assadeira para confeitaria, ou
Moldes de silicone
1 termômetro de cozinha

Bombons de caramelo com chocolate ★★★

DE 30 A 40 BOMBONS
Para fazer na véspera
Tempo de preparo: 30 minutos
Tempo de cristalização:* 1 noite

Pique o chocolate e derreta-o lentamente em banho-maria* ou no forno micro-ondas (posição descongelar ou potência de 500 W, mexendo regularmente).

Aqueça o creme de leite e o sal no forno micro-ondas.

Em uma panela grande, caramelize o açúcar e o mel.

Tomando cuidado com os respingos, verta muito lentamente o creme quente sobre o caramelo.

Aqueça novamente esta mistura até atingir 115 °C e verta-a sobre o chocolate derretido. Acrescente a manteiga cortada em cubos e misture rapidamente.

Despeje a mistura em uma moldura ou em moldes de silicone e deixe cristalizar por uma noite antes de cortar em quadradinhos.

Conselho do *chef*

Você pode substituir os 150 g de chocolate amargo por 200 g de chocolate ao leite e passar os caramelos em pedaços de amendoins quebrados.

Remissão técnica

Derretimento do chocolate > p. 18

Marshmallows chocomel ★★

PARA 10 TIRAS DE *MARSHMALLOW*
Para fazer na véspera
Tempo de preparo: 20 minutos
Tempo de descanso: 1 noite

INGREDIENTES
Marshmallow
17 g de gelatina em folhas
225 g de açúcar refinado
170 g (70 g + 100 g) de mel
75 g (75 ml) de água
100 g de chocolate amargo 70%

Cacau em pó
Açúcar colorido

UTENSÍLIOS
2 assadeiras para confeitaria
1 moldura de 20 cm × 20 cm

Faça o *marshmallow* de chocolate e mel. Amoleça a gelatina em um recipiente com água fria. Prepare uma assadeira forrada* com papel-manteiga levemente untado e uma moldura de 20 cm × 20 cm. Em uma panela, cozinhe o açúcar, 70 g de mel e a água até 110 °C. Coloque os 100 g de mel em uma tigela e verta o xarope aquecido a 110 °C. Escorra a gelatina e derreta-a no forno micro-ondas e então verta-a sobre a mistura xarope/mel. Bata energicamente* com um *fouet* até obter uma textura espumante.

Pique o chocolate e derreta-o lentamente em banho-maria* ou no forno micro-ondas (posição descongelar ou potência de 500 W, mexendo regularmente).

Quando a massa de *marshmallow* estiver morna, incorpore com um pão-duro* o chocolate derretido e, logo em seguida, despeje a mistura na moldura. Cubra com mais uma folha de papel-manteiga levemente untado.

Deixe cristalizar* durante uma noite e então corte as tiras com uma faca. Enrole os *marshmallows* no cacau em pó ou no açúcar colorido e conserve ao abrigo da umidade.

Remissão técnica

Derretimento do chocolate > p. 18
Marshmallow com chocolate > p. 44

INGREDIENTES

300 g de chocolate amargo 70%, ou
300 g de chocolate branco 35%, ou
300 g de chocolate ao leite 40%
Frutas secas a gosto (damascos secos, amêndoas, nozes, pistaches...)

UTENSÍLIOS

1 termômetro de cozinha
Assadeiras para confeitaria
1 saco de confeitar

Mendiants ★★

PARA CERCA DE 30 *MENDIANTS*
Tempo de preparo: 45 minutos

Prepare seu material. Coloque uma folha de papel-manteiga* em uma assadeira para confeitaria. Disponha as frutas secas de sua escolha em potinhos (um tipo em cada).

Tempere o chocolate. Pique o chocolate e derreta-o lentamente em banho-maria* (ver página 18). Prepare um banho-maria de água fria, com apenas algumas pedras de gelo. Quando a temperatura atingir 55/58 °C, retire o chocolate do banho-maria de água quente e coloque no banho-maria de água fria.
Misture sem parar para que o chocolate não cristalize* muito rapidamente nas bordas e "supercristalize" a manteiga de cacau.* Controle a temperatura. Quando a temperatura do chocolate aproximar-se de 35 °C, retire-o do banho-maria de água fria. Continue misturando. O chocolate deve atingir 28/29 °C para o chocolate amargo, 27/28 °C para o chocolate ao leite e 26/27 °C para o chocolate branco.
Leve o recipiente ao banho-maria de água quente por um breve instante, a fim de elevar a temperatura do chocolate. Ela deve atingir 31/32 °C para o chocolate amargo, 29/30 °C para o chocolate ao leite e 28/29 °C para o chocolate branco ou colorido. Retire do banho-maria sem deixar de mexer.
Encha um saco de confeitar com este chocolate.

Faça gotas de chocolate de tamanho idêntico. Bata levemente na assadeira para que as gotas de chocolate formem pequenos discos e rapidamente disponha as frutas secas sobre os *mendiants*. Deixe cristalizar.

Conselho do *chef*

Não faça muitas gotas de chocolate ao mesmo tempo, para que seja possível colocar as frutas secas antes de o chocolate cristalizar.

Bom saber

A temperagem do chocolate requer o uso de um termômetro de cozinha.

Remissão técnica

Derretimento do chocolate > p. 18
Temperagem > p. 19

Orangettes ★★

PARA 6 A 8 PESSOAS
Para começar na véspera
Tempo de preparo: 1h30
Tempo de cozimento: 45 minutos
Tempo de repouso: 1 noite

INGREDIENTES
3 laranjas não enceradas
250 g de açúcar refinado
500 ml de água
450 g de chocolate amargo 70%

UTENSÍLIOS
1 termômetro de cozinha
1 garfo para banhar

Faça as *orangettes*. Limpe e escove as laranjas em água fria. Com uma faca, corte cada uma em quartos, sem retirar a polpa. Retire delicadamente cada pedaço das cascas, coloque-os em uma panela grande, cubra com água fria e deixe ferver durante 5 minutos. Escorra as laranjas, deixe que esfriem e repita a operação. Escorra novamente e deixe que esfriem no coador. Em uma panela de fundo grosso, misture o açúcar refinado e a água e leve à fervura. Quando o xarope ferver, acrescente as cascas de laranja e, quando levantar fervura novamente, deixe ferver por 5 minutos. Retire do fogo e deixe o xarope esfriar totalmente. Ferva duas vezes por 5 minutos, esperando a cada vez o resfriamento total do xarope. As cascas confitadas no xarope devem ser translúcidas.
Quando as cascas tiverem esfriado, corte-as em lamelas de aproximadamente 0,5 cm de largura e disponha-as em uma grelha sem sobrepô-las. Deixe-as secar por no mínimo uma noite.

Tempere o chocolate conforme a técnica de sua preferência (ver página 19).

Com um garfo para banhar, revista as *orangettes* (ver página 25). Mergulhe as *orangettes* uma a uma no chocolate amargo temperado. Deixe cristalizar* antes de degustar

—• Conselho do *chef*

Você também pode encontrar laranjas confitadas prontas para ser revestidas em empórios finos.

—• Bom saber

A temperagem do chocolate requer o uso de um termômetro de cozinha.

—• Remissão técnica

Derretimento do chocolate > p. 18
Temperagem > p. 19

Pirulitos de rosas e framboesas ★★★

PARA 6 A 8 PESSOAS
Para começar na véspera
Tempo de preparo: 1h30
Tempo de refrigeração: 1 noite
Tempo de congelamento: 2 horas

INGREDIENTES
***Ganache* de chocolate branco e framboesas**
400 g de chocolate branco 35%
180 g (180 ml) de creme de leite líquido integral
6 g (6 ml) de água de rosas
160 g de polpa de framboesa

Revestimento de chocolate branco
300 g de chocolate branco 35%
20 ml de óleo de sementes de uva

DECORAÇÃO
Alguns confeitos brancos

UTENSÍLIOS
1 termômetro de cozinha
Folha de plástico* ou folhas de *transfer* de sua escolha
Palitos de pirulito
1 saco de confeitar com bico liso

⊸ Remissão técnica
Derretimento do chocolate> p. 18
Revestimento > p. 25
Ganache de corte com polpa de framboesa > p. 34

Faça o *ganache* de chocolate branco e framboesas. Pique o chocolate e derreta-o lentamente em uma tigela em banho-maria* ou no forno micro-ondas (posição descongelar ou potência de 500 W, mexendo regularmente). Em uma panela, leve o creme de leite à fervura. Verta lentamente um terço do creme fervente sobre o chocolate derretido. Com um pão-duro,* misture energicamente, descrevendo pequenos círculos, a fim de criar um "núcleo" elástico e brilhante. Incorpore mais um terço e continue mexendo da mesma forma. Acrescente a água de rosas e a polpa de framboesa misturando bem. Utilize o *mixer* para homogeneizar e finalizar a emulsão. Deixe cristalizar* por uma uma noite na geladeira.

Faça trufas com o saco de confeitar com bico liso e disponha-as em uma assadeira forrada* com papel-manteiga. No centro de cada trufa, coloque um palito de pirulito e reserve no congelador por 2 horas.

Prepare o revestimento de chocolate branco. Pique o chocolate e derreta-o em banho-maria ou no forno micro-ondas (posição descongelar ou potência de 500 W, mexendo regularmente). Transfira-o para uma tigela grande e incorpore o óleo. Quebre* os confeitos esmagando-os com o fundo de uma panela. Prepare uma folha de plástico, ou, ainda melhor, uma folha de *transfer* para chocolate com o desenho de sua escolha, posicionando-a em uma assadeira bem plana. Mergulhe os pirulitos congelados na mistura para revestimento. Escorra-os rapidamente e coloque-os imediatamente sobre a folha de *transfer*, com o palito na vertical. Salpique com os confeitos em pedaços.

Deixe cristalizar antes de descolar. Leve os pirulitos à geladeira até o momento de servir.

⊸ Conselho do *chef*
Os pirulitos devem ser conservados na geladeira e devem ser degustados frios.

⊸ Bom saber
As folhas de transfer *podem ser encontradas nas lojas especializadas em confeitaria. Os decalques são feitos com manteiga de cacau* colorida.*

Tabletes de frutas frescas ★★

PARA 2 A 3 TABLETES
Tempo de preparo: 30 minutos
Tempo de refrigeração: 1 hora

INGREDIENTES
Tabletes de chocolate amargo
200 g de chocolate amargo 60% ou 70%
70 g de framboesas ou 60 g de mirtilos frescos

Tabletes de chocolate ao leite
200 g de chocolate ao leite 40%
60 g de damascos frescos cortados em 6

UTENSÍLIOS
Moldes para tabletes
1 termômetro de cozinha

Tempere os chocolates separadamente. Sobre uma tábua, pique 100 g de chocolate com uma faca dentada, ou utilize chocolate para cobertura em favas, discos ou pastilhas. Coloque o chocolate picado em um recipiente. Encha até a metade uma panela com água quente. Coloque o recipiente com o chocolate sobre a panela de água, sem que ele toque o fundo. Aqueça em fogo brando, sem deixar a água ferver. A utilização do forno micro-ondas é possível, mas na posição descongelar ou a uma potência de, no máximo, 500 W.
Mexa regularmente com um pão-duro* para homogeneizar o derretimento. Controle a temperatura com o termômetro. Quando a temperatura alcançar 55/58 °C, retire o chocolate do banho-maria* e acrescente 100 g de chocolate picado minuciosamente (ou picado no processador). Mexa constantemente. O chocolate deve atingir a temperatura de 28/29 °C para chocolate amargo e 27/28 °C para o chocolate ao leite.
Leve o recipiente ao banho-maria por um breve instante, a fim de elevar a temperatura do chocolate. Ela deve atingir 31/32 °C para chocolate amargo e 29/30 °C para chocolate ao leite. Retire do banho-maria sem deixar de mexer.

Em uma tigela, misture rapidamente as frutas em temperatura ambiente com o chocolate temperado. Com uma colher, disponha a mistura imediatamente nos moldes, vibrando-os para uniformizar a superfície.

Deixe descansar por 1 hora na geladeira, desenforme e deguste.

—• Bom saber

Os tabletes feitos com frutas frescas não devem ser conservados por mais de 24 horas. Você verá que eles ficam "marmorizados" por causa da umidade das frutas frescas. Em outras palavras, são um prazer que deve ser consumido rapidamente!

—• Remissão técnica

Temperagem > p. 19

CHOCOLAT

INGREDIENTES
200 g de chocolate branco 35%

***Ganache* de chocolate branco e coco**
70 g (70 ml) de leite de coco
22 g (22 ml) de licor de coco (tipo Malibu)
16 g de açúcar refinado
145 g de chocolate branco 35%
8 g de coco ralado torrado

UTENSÍLIOS
Moldes para tabletes
1 termômetro de cozinha
1 saco de confeitar

Tabletes congoleses ★★

PARA 4 TABLETES
Para fazer na antevéspera
Tempo de preparo: 30 minutos
Tempo de cristalização:* 48 horas

Tempere o chocolate branco conforme a técnica de sua preferência (ver página 19). Coloque uma fina camada de chocolate em 4 moldes para tabletes. Deixe cristalizar à temperatura ambiente.

Faça um *ganache* de chocolate branco e coco. Aqueça o leite de coco e o licor de coco. Em uma panela de fundo grosso, cozinhe o açúcar até obter um caramelo. Quando o caramelo estiver cozido, acrescente a mistura de leite de coco e licor, tomando cuidado com os respingos. Pique o chocolate branco e derreta-o lentamente em banho-maria* ou no forno micro-ondas (posição descongelar ou potência de 500 W, mexendo regularmente). Verta lentamente um terço do caramelo de leite de coco sobre o chocolate derretido. Com um pão-duro,* misture energicamente, descrevendo pequenos círculos, a fim de criar um "núcleo" elástico e brilhante. Incorpore mais um terço e continue mexendo da mesma forma. Depois, incorpore o último terço, seguindo o mesmo procedimento. Acrescente o coco ralado levemente torrado (ver página 134).

Quando a temperatura do *ganache* tiver atingido 28 °C, recheie com um saco de confeitar os moldes já revestidos* de chocolate, tomando o cuidado de reservar cerca de 2 mm abaixo da borda para cobrir os tabletes. A seguir, deixe cristalizar por 24 horas em local fresco.

No dia seguinte, para terminar, cubra os tabletes com chocolate branco temperado. Deixe cristalizar por 24 horas em local fresco.

Conselho do *chef*

Cuide para que a temperatura do ganache *não ultrapasse 28 °C quando você estiver recheando os tabletes, a fim de não "destemperar" o chocolate branco.*

Remissão técnica

Temperagem > p. 19
Torrar frutas secas > p. 134

Trufas ★★

PARA 8 PESSOAS
Tempo de preparo: 1 hora
Tempo de refrigeração: 3 horas

INGREDIENTES

***Ganache* de chocolate amargo**
225 g de chocolate amargo 70%
½ fava de baunilha
200 g (200 ml) de creme de leite líquido integral
40 g de mel de acácia
50 g de manteiga

Cobertura
300 g de chocolate amargo 70%
Cacau amargo em pó

UTENSÍLIOS
1 termômetro de cozinha
1 saco de confeitar com um bico de ⌀ 2 cm
1 assadeira para confeitaria
1 garfo para banhar

Faça o *ganache* de chocolate amargo. Pique o chocolate e derreta-o lentamente em banho-maria* ou no forno micro-ondas (posição descongelar ou potência de 500 W, mexendo regularmente). Parta ao meio a fava de baunilha e raspe seu interior para extrair as sementes. Em uma panela, leve à fervura o creme de leite, o mel e a meia fava de baunilha. Coe.
Verta lentamente um terço da mistura fervente sobre o chocolate derretido. Com um pão-duro,* misture energicamente, descrevendo pequenos círculos, a fim de criar um "núcleo" elástico e brilhante. Junte mais um terço e continue mexendo da mesma forma. Depois, incorpore o último terço, seguindo o mesmo procedimento. Assim que o *ganache* atingir 35/40 °C, acrescente a manteiga cortada em cubos e utilize o *mixer* para homogeneizar e finalizar a emulsão. Deixe cristalizar* por 3 horas na geladeira.

Faça bolas com um saco de confeitar. Em seguida, assim que a textura permitir, enrole as trufas à mão.

Faça o revestimento. Tempere o chocolate amargo conforme a técnica de sua preferência (ver página 19). Transfira o chocolate temperado para uma tigela grande. Coloque o cacau em pó em um prato. Revista as trufas com um garfo para banhar. Pressione levemente a trufa com a ponta do garfo, a fim de imergi-la completamente. Recupere a trufa com o garfo e mergulhe-a novamente de 3 a 4 vezes, para criar um fenômeno de sucção que imperdirá que a camada de chocolate fique excessivamente espessa. Raspe o garfo na borda da tigela, de modo a obter uma fina camada de chocolate.
Coloque delicadamente a trufa no cacau em pó. Enrole-a imediatamente. Deixe as trufas cristalizarem no cacau em pó e peneire.*

Conselho do *chef*

Evite principalmente trabalhar o ganache a uma temperatura fria demais, pois isso tornará sua textura granulosa.

Bom saber

É preferível utilizar luvas para enrolar as trufas.

Remissão técnica

Derretimento do chocolate > p. 18
Temperagem > p. 19
Revestimento > p. 25
Ganache de corte > p. 33

Trufinhas jasmina ★★★

PARA 6 A 8 PESSOAS
Para começar na antevéspera
Tempo de preparo: 1 hora
Tempo de cristalização:* 1 noite
Tempo de repouso: 1 noite

INGREDIENTES
Açúcar de limão
3 limões não encerados
200 g de açúcar de confeiteiro

Açúcar colorido
Corante em pó amarelo-limão
200 g de açúcar refinado

***Ganache* de chocolate e chá de jasmim**
20 g de folhas de chá de jasmim
350 ml (350 g) de creme de leite líquido integral
65 g de xarope de glicose
335 g de chocolate amargo 70%
70 g de manteiga

Revestimento
300 g de chocolate amargo 70%

UTENSÍLIOS
1 termômetro de cozinha
1 saco de confeitar com um bico de ø 12 mm
1 garfo para banhar

Remissão técnica
Temperagem > p. 19
Revestimento > p. 25
Ganache de corte > p. 33

Na antevéspera, prepare o açúcar de limão. Retire os zestos* dos três limões. Corte-os em pequenos cubos ou rale-os. Misture bem com o açúcar. Espalhe a mistura obtida em uma assadeira para que seque.

Prepare o açúcar colorido. Dilua o corante amarelo em pó em um pouco de álcool a 60° e use-o para colorir o açúcar refinado. Misture bem e deixe secar à temperatura ambiente.

Deixe o chá em infusão no creme de leite frio por 24 horas.

Na véspera, prepare o *ganache* de chocolate e chá de jasmim. Aqueça o creme de leite com o chá a uma temperatura de cerca de 50 °C; a seguir, passe pela peneira cônica.* Acrescente o xarope de glicose e leve à fervura. Pique o chocolate e derreta-o lentamente em uma tigela em banho-maria* ou no forno micro-ondas (posição descongelar ou potência de 500 W, mexendo regularmente). Verta lentamente um terço da mistura fervente sobre o chocolate derretido. Com um pão-duro,* misture energicamente, descrevendo pequenos círculos, a fim de criar um "núcleo" elástico e brilhante. Incorpore mais um terço da mistura e continue mexendo da mesma forma. Depois, incorpore o último terço, seguindo o mesmo procedimento. Quando a temperatura do *ganache* atingir cerca de 35/40 °C, acrescente a manteiga cortada em cubos. Utilize o *mixer* por alguns segundos para homogeneizar e finalizar a emulsão. Deixe cristalizar por 3 horas.

Com um saco de confeitar, faça pequenos cordões de *ganache* em uma assadeira coberta com papel-manteiga. Deixe cristalizar em ambiente fresco por uma noite.

No dia de servir, tempere o chocolate amargo conforme a técnica de sua preferência (ver página 19).

Em uma folha de papel-manteiga, espalhe o açúcar de limão e um pouco de açúcar amarelo. Com um garfo para banhar, revista as trufinhas com o chocolate temperado (ver página 25). A seguir, coloque-as nos açúcares e enrole-as delicadamente. Deixe cristalizar completamente por cerca de 10 minutos antes de manipulá-las.

Conselho do *chef*
Os zestos de limão podem ser substituídos por zestos de laranja.

Chococanela com gergelim ★★★

PARA 40 A 50 BOMBONS
Tempo de preparo: 2 horas
Tempo de refrigeração: 3 horas, no mínimo

INGREDIENTES

***Ganache* de canela**
150 g (150 ml) de creme de leite líquido integral
2 paus de canela
100 g (100 ml) de leite
500 g de chocolate ao leite 40%
50 g de manteiga

***Nougatine* de gergelim**
160 g de gergelim amarelo
90 g de mel
150 g de açúcar refinado

Revestimento e acabamento
500 g de chocolate ao leite 40%

UTENSÍLIOS
1 termômetro de cozinha
1 esteira de silicone
1 assadeira para confeitaria
1 moldura para confeitaria
1 garfo para banhar
3 folhas de plástico* ou de papel-manteiga

Remissão técnica

Temperagem > p. 19
Chablonnage > p. 24
Revestimento > p. 25
Ganache de corte > p. 33

Faça o *ganache* de canela. Em uma panela, amorne levemente o creme de leite e acrescente os paus de canela. Retire do fogo e deixe em infusão de 15 a 20 minutos. Coe. Coloque o creme aromatizado novamente na panela. Acrescente o leite e leve à fervura.
Pique o chocolate e derreta-o lentamente em banho-maria* ou no forno micro-ondas (posição descongelar ou potência de 500 W, mexendo regularmente). Incorpore a mistura obedecendo à regra dos três terços (ver página 94). Utilize o *mixer* para homogeneizar e finalizar a emulsão.
Assim que o *ganache* atingir uma temperatura de 35/40 °C, acrescente a manteiga cortada em cubos. Processe novamente com o *mixer*. Posicione uma moldura sobre uma esteira de silicone e despeje nela o *ganache* a uma espessura de 2 cm. Reserve na geladeira por no mínimo 3 horas. Corte quadrados de 3 cm × 3 cm.

Faça a *nougatine* de gergelim. Torre os grãos de gergelim no forno por cerca de 8 a 10 minutos a 160 °C. Aqueça o mel em uma panela e incorpore aos poucos o açúcar refinado. Verifique a temperatura. Quando esta atingir 160 °C, acrescente os grãos de gergelim ainda mornos. Espalhe a massa entre duas folhas de plástico o mais finamente possível. Retire uma das folhas. Depois, com uma faca de cozinha, corte quadrados de 2 cm × 2 cm. Reserve.

Faça o revestimento. Forre* uma assadeira com papel-manteiga, ou, ainda melhor, com uma folha de plástico. Tempere o chocolate conforme a técnica de sua preferência (ver página 19). Transfira o chocolate temperado para uma tigela grande. Faça a *chablonnage* nos bombons (ver página 24). Posicione o bombom com a face "chablonada" sobre os dentes do garfo para banhar e coloque-o no chocolate temperado. Pressione levemente o bombom com a ponta do garfo, a fim de imergi-lo completamente. Recupere o bombom com o garfo e mergulhe novamente a base do bombom de 3 a 4 vezes, para criar um fenômeno de sucção que impedirá que a camada de chocolate fique excessivamente espessa. A seguir, raspe o garfo para banhar na borda da tigela, de modo a obter uma fina camada de chocolate.
Coloque delicadamente o bombom na assadeira preparada. Sobre cada bombom, coloque um quadrado de *nougatine* de gergelim. Deixe cristalizar.

Conselho do *chef*

Se a nougatine *endurecer muito rapidamente, coloque-a novamente no forno por alguns minutos, de forma a deixá-la novamente macia. Você pode também colocar apenas algumas lascas de* nougatine *sobre os bombons.*

INGREDIENTES

Chocolate plástico marfim
90 g de chocolate branco 35%
60 g de xarope de glicose

Geleia de limão verde
170 g de cobertura (comprada pronta) ou de geleia de maçã
80 g (80 ml) de suco de limão verde
Zestos* de ½ limão verde não encerado

***Marshmallow* de limão-siciliano**
9 g de gelatina em folhas
100 g de açúcar refinado
115 g (65 g + 50 g) de mel
80 g (40 g + 40 g) de suco de limão-siciliano
50 g de xarope de glicose

200 g de chocolate branco 35%

DECORAÇÃO

Spray aveludado verde ou amarelo

UTENSÍLIOS

1 termômetro de cozinha
1 forma para bolas ocas
1 saco de confeitar
Palitos de pirulito
Cortador em formato de flor

Lollipops ★★★

PARA 50 PIRULITOS
Para fazer na véspera
Tempo de preparo: 1h30
Tempo de repouso e cristalização:* 24 horas

Na véspera, faça o chocolate plástico marfim. Pique o chocolate e derreta-o lentamente em banho-maria* ou no forno micro-ondas (posição descongelar ou potência de 500 W, mexendo regularmente). Em uma panela, amorne o xarope de glicose (a cerca de 40 °C) e misture delicadamente com o chocolate derretido. Assim que a mistura estiver homogênea, retire do fogo e reserve até o dia seguinte em temperatura ambiente.

No dia de servir, prepare a geleia de limão verde. Na vasilha de um processador, coloque a cobertura, o suco e os zestos de limão verde. Processe e, com o saco de confeitar, aplique-a nos moldes, preenchendo um terço de seu volume.

Faça o *marshmallow* de limão. Mergulhe a gelatina em um recipiente com água fria. Em uma panela, leve à fervura o açúcar, os 65 g de mel e metade do suco de limão-siciliano, até obter um xarope. Bata* com um *fouet* o xarope de glicose e os 50 g de mel, incorpore o xarope fervente e acrescente a gelatina escorrida.
Pare de bater quando a temperatura tiver baixado a 30 °C e acrescente 40 g de suco de limão. Recheie as bolas ocas. Deixe a superfície das bolas secar em local seco durante 12 horas.

Termine de preencher as bolas com chocolate branco temperado (ver página 19), aplicando com o saco de confeitar. Antes do término da cristalização, posicione um palito de pirulito no centro da bola, na vertical.

Depois da cristalização, espete os pirulitos em uma placa de poliestireno. Utilizando um estêncil, aplique o *spray* nos pirulitos.

Trabalhe o chocolate plástico para torná-lo macio, até obter uma massa totalmente lisa e homogênea. Abra-o em uma assadeira e, com um cortador em formato de flor, corte pequenas flores para colar nos pirulitos.

Remissão técnica

Chocolate plástico > p. 51
Derretimento do chocolate > p. 18
Temperagem > p. 19

Nana chérie ★★

PARA CERCA DE 80 PORÇÕES
Para fazer na véspera
Tempo de preparo: 2 horas
Tempo de repouso e cristalização:* 24 horas

INGREDIENTES
Para as "nanas"
2 abacaxis vitória
1 fava de baunilha
100 g de açúcar refinado
150 g (150 ml) de rum escuro
300 g de *fondant* para confeitaria
300 g de chocolate amargo 60% ou 70%

Para as "chéries"
50 cerejas com o caule na aguardente
½ fava de baunilha
300 g de *fondant* para confeitaria
300 g de chocolate amargo 60% ou 70%

Açúcar colorido para decorar

UTENSÍLIOS
1 grelha
1 termômetro de cozinha
Palitos de dente de madeira
1 garfo para banhar
1 assadeira para confeitaria

Na véspera, descasque os abacaxis. Corte-os em cubos de 3 cm × 3 cm, tomando o cuidado de não utilizar a parte central, muito fibrosa. Parta a fava de baunilha e raspe o interior para extrair as sementes. Em uma frigideira, faça um caramelo a seco com o açúcar. Acrescente os cubos de abacaxi e as sementes de baunilha. Deixe dourar por 2 a 3 minutos, acrescente o rum e flambe. Retire do fogo, coloque em um recipiente hermético e reserve na geladeira por toda a noite (de preferência, por duas ou três noites).

No dia de servir. Escorra os cubos de abacaxi em uma grelha posicionada sobre uma travessa por 1 a 2 horas e recupere o suco. Termine de secar os cubos de abacaxi com papel absorvente. Enfie um palito de madeira em cada cubo para poder mergulhá-los facilmente. Em um recipiente, misture o *fondant* e 2 colheres de sopa do suco reservado. Aqueça em banho-maria* a 60/65 °C, mexendo constantemente. Mergulhe os cubos de abacaxi e disponha-os em uma assadeira.
Quando o *fondant* estiver cristalizado, tempere o chocolate conforme a técnica de sua preferência (ver página 19). Com um garfo para banhar, revista os cubos de abacaxi um por um (ver página 25). Deixe cristalizar por no mínimo 12 horas.
Deguste rapidamente.

Prepare as cerejas. Escorra as cerejas em uma grelha posicionada sobre uma travessa por 1 a 2 horas e recupere o suco. Termine de secá-las com papel absorvente. Parta a fava de baunilha e raspe seu interior para extrair as sementes. Em um recipiente, misture o *fondant*, os grãos de baunilha e 2 colheres de sopa de aguardente de cereja. Aqueça em banho-maria a 60/65 °C, mexendo constantemente. Mergulhe as cerejas segurando-as pelo caule. Disponha as cerejas em uma assadeira.

Quando o *fondant* estiver cristalizado, tempere o chocolate conforme a técnica de sua preferência (ver página 19). Mergulhe as cerejas e revista uma por uma (ver página 25) imergindo bem o caule. A seguir, coloque-as no açúcar colorido e deixe cristalizar por no mínimo 12 horas.

—• Conselho do *chef*

Para uma boa degustação, é preciso preparar as cerejas quinze dias antes de serem degustadas. O fondant *ficará perfeitamente derretido e seu xarope ficará ainda mais perfumado.*

—• Remissão técnica

Derretimento do chocolate > p. 18
Temperagem > p. 19
Revestimento > p. 25

Nini, o ursinho ★★★

PARA 1 URSINHO
Tempo de preparo: 2 horas
Tempo de refrigeração: 35 minutos

INGREDIENTES
500 g de chocolate amargo 60% ou 70%
1 lata de *spray* aveludado de chocolate
1 lata de *spray* aveludado vermelho

UTENSÍLIOS
2 moldes semiesféricos de ø 7 cm
2 moldes semiesféricos de ø 4,5 cm
8 moldes semiesféricos de ø 3 cm
2 réguas escolares de alumínio ou inox
1 assadeira revestida com papel-manteiga
1 espátula

Limpe os moldes com algodão e álcool a 90°. Coloque 2 réguas de alumínio ou inox em uma assadeira forrada* com papel-manteiga.

Tempere o chocolate conforme a técnica de sua preferência (ver página 19).

Prepare as bolas de chocolate. Quando o chocolate estiver na temperatura correta, preencha completamente uma semiesfera utilizando uma concha. Vire o molde sobre a assadeira para eliminar o excesso de chocolate. Escorra agitando levemente o molde e coloque-o sobre as réguas. Quando o chocolate começar a cristalizar,* vire o molde e retire o excesso acumulado nas bordas com uma faca de cozinha. Repita a operação para cada semiesfera. Reserve os moldes na geladeira por cerca de 20 minutos. Ao retirá-los da geladeira, aguarde alguns minutos antes de desenformar o chocolate.

Faça a montagem. Para colar as semiesferas, aqueça ligeiramente o fundo de uma panela, vire-a e passe as bordas das semiesferas no fundo quente para derreter levemente o contorno. Cole as bordas da esfera maior e derreta levemente a parte de baixo para criar uma base. Cole as duas semiesferas de 4,5 cm para formar a cabeça e posicione-a sobre o corpo seguindo o mesmo procedimento. Termine a montagem colando as semiesferas de 3 cm para obter os braços, as patas, as orelhas, o focinho e o rabinho.

Reserve a montagem na geladeira por cerca de 15 minutos. Decore com o *spray* de chocolate e depois com o *spray* vermelho.

Remissão técnica
Derretimento do chocolate > p. 18
Temperagem > p. 19
Moldagem clássica > p. 26

Bonifácio, o homem das neves ★★★

PARA 10 "BOLAS"
Tempo de preparo: 1 hora
Tempo de refrigeração: 45 minutos

INGREDIENTES
500 g (400 g + 100 g) de chocolate branco 35%
1 lata de *spray* aveludado branco
Marzipã (ver página 41)
Corantes

UTENSÍLIOS
1 termômetro de cozinha
2 réguas escolares de alumínio ou inox
Moldes semiesféricos de ø 4 cm
1 espátula

Remissão técnica
Derretimento do chocolate > p. 18
Temperagem > p. 19
Moldagem clássica > p. 26
Marzipã > p. 41

Prepare seu material. Limpe as formas com algodão e álcool a 90°. Coloque as réguas sobre a assadeira forrada* com papel-manteiga.

Tempere o chocolate. Sobre uma tábua, pique 400 g de chocolate branco com uma faca dentada, ou, ainda melhor, utilize chocolate em gotas, discos ou pastilhas. Coloque o chocolate picado em um recipiente. Encha até a metade uma panela com água quente. Coloque o recipiente com chocolate dentro da panela, sem que ele toque o fundo. Leve ao fogo brando, sem deixar que a água ferva. A utilização do forno micro-ondas é possível, mas na posição descongelar ou a uma potência de no máximo 500 W. Mexa regularmente com um pão-duro* para homogeneizar o derretimento. Controle a temperatura com o termômetro. Quando a temperatura alcançar 45/50 °C, retire o chocolate do banho-maria* e acrescente 100 g de chocolate minuciosamente picado (ou picado no processador). Mexa constantemente. O chocolate deve atingir 26/27 °C. Leve o recipiente ao banho-maria por um breve instante, a fim de elevar a temperatura do chocolate. Ela deve atingir 28/29 °C. Retire do banho-maria sem deixar de mexer.

Faça as moldagens e a montagem. Quando o chocolate estiver na temperatura correta, encha inteiramente as semiesferas utilizando uma concha. Vire os moldes sobre a tigela para eliminar o excesso de chocolate. Escorra agitando levemente os moldes e coloque-os sobre as duas réguas. Quando o chocolate começar a cristalizar,* vire os moldes e retire o excesso de chocolate acumulado nas bordas com uma faca de cozinha para que as bordas fiquem limpas. Reserve os moldes na geladeira por 30 minutos. Ao retirá-los, aguarde alguns minutos antes de desenformar o chocolate.

Derreta levemente as bolas de chocolate em uma assadeira morna para obter uma base, cole as semiesferas e coloque-as sobre uma folha de papel-manteiga. Coloque-as no congelador ou na geladeira por 15 minutos. Depois, aplique o *spray* aveludado branco.

Com o marzipã que você terá colorido, faça todos os elementos da decoração: cachecol, gorro, botões... Cole com o chocolate branco derretido.

Ovos de Páscoa margarida ★★★

PARA 6 A 8 PESSOAS
Tempo de preparo: 30 minutos
Tempo de refrigeração: 1 hora
Tempo de congelamento: 15 minutos

INGREDIENTES
500 g (400 g + 100 g) de chocolate branco 35%
1 *spray* aveludado de chocolate verde
1 *spray* aveludado de chocolate amarelo
Marzipã colorido ou chocolate plástico marfim (ver página 51)

UTENSÍLIOS
1 termômetro de cozinha
2 réguas de alumínio ou inox
1 assadeira para confeitaria
1 espátula
Moldes de ovos de Páscoa
1 cortador em formato de flor

Prepare seu material. Limpe os moldes com algodão e álcool a 90°. Coloque as réguas sobre uma assadeira forrada* com papel-manteiga.

Tempere o chocolate (ver página 19). Transfira para uma tigela grande.

Faça a moldagem. Quando o chocolate estiver na temperatura correta, encha inteiramente o molde utilizando uma concha, de modo a revestir toda sua superfície. Vire o molde sobre a tigela para eliminar o excesso de chocolate. Escorra agitando levemente o molde e coloque-o sobre as réguas. Quando o chocolate começar a cristalizar,* vire o molde e retire o excesso acumulado nas bordas com uma faca de cozinha. Reserve os moldes na geladeira por cerca de uma 1 hora. Ao retirá-los da geladeira, aguarde alguns minutos antes de desenformar o chocolate.
Para juntar as duas cascas, derreta um pouco as bordas em uma assadeira morna e encoste-as para fazer uma colagem perfeita.

Decore os ovos. Para obter um efeito aveludado, leve o ovo ao congelador por cerca de 15 minutos e aplique os *sprays* verde e amarelo para obter uma bela cor primaveril. Abra o marzipã colorido ou o chocolate plástico e recorte pequenas flores com um cortador. Cole as decorações no ovo com um pingo de chocolate derretido colocado sobre o ovo.

Conselho do *chef*

Para evitar as manchas e os embranquecimentos, tome o cuidado de limpar seus moldes com algodão e álcool após cada utilização. Cuide também para que fiquem protegidos do frio.

Bom saber

Você pode utilizar tanto o marzipã quanto o chocolate plástico para a decoração.

Remissão técnica

Derretimento do chocolate > p. 18
Temperagem > p. 19
Moldagem clássica > p. 26
Chocolate plástico > p. 51

Rochedos ★★

PARA CERCA DE 500 G DE ROCHEDOS
Tempo de preparo: 50 minutos
Tempo de cristalização:* 3 horas

INGREDIENTES
100 g de chocolate ao leite 40%
250 g de pralina caseira (ver página 38) ou comprada pronta
10 g de biscoitos tipo *crêpes dentelle* esmigalhados

Revestimento
500 g de chocolate amargo 60% ou ao leite 40%
100 g de amêndoas picadas

UTENSÍLIOS
1 termômetro de cozinha
1 assadeira para confeitaria
1 saco de confeitar
1 garfo para banhar

Pique o chocolate e derreta-o lentamente em banho-maria* ou no forno micro-ondas (posição descongelar ou potência de 500 W, mexendo regularmente). Misture o chocolate derretido à pralina. Deixe a massa esfriar a 24 °C, mergulhando a tigela em água gelada sem deixar de mexer. Retire a tigela da água.

Acrescente os biscoitos *crêpes dentelle* esmigalhados. Despeje essa massa em uma assadeira forrada* com papel-manteiga e deixe cristalizar por algumas horas. Quando a massa estiver dura, quebre-a em pedaços pequenos.

Em uma tigela, coloque alguns pedaços da massa endurecida e comece a bater com uma batedeira. Incorpore aos poucos todos os pedaços para obter uma massa homogênea.

Com um saco de confeitar, faça bolas do tamanho de uma pequena noz sobre uma assadeira forrada com papel-manteiga. Deixe cristalizar antes de enrolar.

Torre as amêndoas (ver página 134) e deixe esfriar.

Tempere o chocolate conforme a técnica de sua preferência (ver página 19). Revista os rochedos uma primeira vez, depois enrole-os em um prato de amêndoas torradas e picadas. Deixe cristalizar por alguns minutos.
Revista os rochedos de chocolate mais uma vez.

Conselho do *chef*

Você pode reaquecer levemente, a 33 °C, o chocolate utilizado para o primeiro revestimento, a fim de evitar rachaduras.

Remissão técnica

Derretimento do chocolate > p. 18
Temperagem > p. 19
Revestimento > p. 25
Pralina caseira > p. 38
Torrar frutas secas > p. 134

Tubos crocantes com *marshmallow* de canela ★★★

PARA 6 A 8 PESSOAS
Para começar na véspera
Tempo de preparo: 2 horas
Tempo de refrigeração: 1h30
Tempo de repouso: 1 noite

INGREDIENTES
300 g de chocolate amargo 60% ou 70%

Água de canela concentrada
100 g (100 ml) de água
5 paus de canela esmagados

***Marshmallow* de canela**
50 g (50 ml) de água
50 g (25 g + 25 g) de água de canela concentrada (acima)
225 g de açúcar refinado
135 g (10 g + 125 g) de mel
20 g de gelatina em folhas
225 g de chocolate branco 35%

Acabamentos
Quantidades iguais de:
Canela em pó
Amido de milho
Açúcar de confeiteiro

UTENSÍLIOS
1 termômetro de cozinha
6 a 8 cilindros de plástico de 15 cm a 20 cm de comprimento e de ø 2 cm
1 saco de confeitar

Remissão técnica

Temperagem > p. 19
Marshmallow de chocolate > p. 44

Na véspera, faça os tubos de chocolate. Forre* o interior dos cilindros com papel-manteiga, tomando o cuidado de fechar uma das aberturas com filme plástico.

Tempere o chocolate (ver página 19). Com um saco de confeitar, preencha o tubo com chocolate temperado, retirando o excesso imediatamente. Em seguida, role-o em um movimento rápido de vai e vem a fim de obter a mesma espessura em toda a superfície do tubo. Deixe cristalizar* na geladeira.

Faça a água de canela concentrada. Ferva a água e a canela e deixe reduzir em fogo muito brando até um terço. Em seguida, passe na peneira cônica.*

Faça o *marshmallow* de canela. Ferva a água, 25 g de água de canela concentrada, o açúcar e 10 g de mel até atingir uma temperatura de 110 °C. Amoleça a gelatina em um recipiente com água fria. Escorra a gelatina e derreta-a no forno micro-ondas. Na vasilha de um *mixer*, coloque os 125 g restantes de mel e a gelatina derretida, acrescente o açúcar cozido a 110 °C e processe na velocidade rápida, reduzindo progressivamente a velocidade até a metade. No meio do processo, acrescente 25 g de água de canela e bata até esfriar.

Enquanto isso, pique o chocolate branco e derreta-o lentamente em banho-maria* ou no forno micro-ondas (posição descongelar ou potência de 500 W, mexendo regularmente). Quando a mistura de *marshmallow* estiver em temperatura ambiente, retire-a da vasilha do *mixer* e incorpore rapidamente o chocolate derretido. Com um saco de confeitar, recheie os tubos de chocolate com o *marshmallow* e deixe cristalizar em local fresco.

No dia de servir. Retire os tubos de chocolate dos cilindros de plástico e retire o papel-manteiga. Corte delicadamente os tubos com uma faca de cozinha levemente aquecida para fazer os "tubinhos". Em um prato, misture a canela em pó, o amido e o açúcar de confeiteiro. Mergulhe a extremidade de cada tubinho na mistura de pós. Deguste

Conselho do *chef*

Para facilitar e agilizar o processo, você pode despejar o marshmallow *em uma moldura e, depois de cristalizado, cortá-lo e revesti-lo de chocolate temperado.*

Palets or ★★

PARA CERCA DE 50 *PALETS*
Para começar na véspera
Tempo de preparo: 40 minutos
Tempo de cristalização:* 1 noite + 5 horas

INGREDIENTES
***Ganache* de chocolate amargo**
225 g de chocolate amargo 70%
200 g (200 ml) de creme de leite líquido integral
40 g de mel de acácia
½ fava de baunilha
50 g de manteiga

Revestimento e decoração
500 g de chocolate amargo 70%
Folhas de ouro

UTENSÍLIOS
1 termômetro de cozinha
1 saco de confeitar
1 esteira de silicone, ou
1 assadeira forrada* com papel-manteiga
1 garfo para banhar

Remissão técnica
Temperagem > p. 19
Chablonnage > p. 24
Revestimento > p. 25

Faça o *ganache* de chocolate amargo. Pique o chocolate e derreta-o em banho-maria* ou no forno micro-ondas (posição descongelar ou potência de 500 W, mexendo regularmente). Em uma panela, ferva o creme de leite, o mel e a fava de baunilha aberta e raspada. Deixe em infusão por alguns minutos e coe. Verta lentamente um terço da mistura fervente sobre o chocolate derretido. Com um pão-duro,* misture energicamente, descrevendo pequenos círculos, a fim de formar um "núcleo" elástico e brilhante. Incorpore mais um terço e continue mexen do da mesma forma. Depois, incorpore o último terço, seguindo o mesmo procedimento. Assim que o *ganache* atingir 35/40 °C, acrescente a manteiga cortada em cubos. Utilize o *mixer* para homogeneizar e finalizar a emulsão. Deixe cristalizar por no mínimo 3 horas.

Assim que a consistência permitir, faça, com um saco de confeitar, pequenas bolas do tamanho de uma trufa sobre uma esteira de silicone ou sobre uma assadeira forrada com papel-manteiga. Coloque sobre as bolas outra folha de papel-manteiga. Posicione uma assadeira sobre a folha, apoiando levemente de modo a achatar as bolas de *ganache* e obter discos. Retire a assadeira e deixe cristalizar por uma noite.

Prepare o revestimento. Forre uma assadeira com papel-manteiga, ou, ainda melhor, com uma folha de plástico.* Tempere o chocolate conforme a técnica de sua preferência (ver página 19). Transfira o chocolate temperado para uma tigela grande. Retire cuidadosamente a folha de proteção dos discos de *ganache*.

Faça a *chablonnage* dos *palets* (ver página 24). Posicione o disco com a face "chablonada" sobre os dentes do garfo para banhar e coloque-o no chocolate temperado. Pressione levemente o disco com a ponta do garfo, a fim de imergi-lo completamente. Recupere o disco com o garfo e mergulhe novamente a base do disco de 3 a 4 vezes, para criar um fenômeno de sucção que impedirá que a camada de chocolate fique excessivamente espessa. A seguir, raspe o garfo na borda da tigela, de modo a obter uma fina camada de chocolate. Coloque delicadamente os discos na assadeira preparada. Coloque uma ponta de ouro sobre cada disco. Deixe cristalizar.

Conselho do *chef*
O mel é utilizado neste ganache *para melhorar a textura e a conservação do bombom de chocolate.*

Novas tendências

O chocolate é um produto difícil de ser trabalhado por um jovem confeiteiro ou um leigo. Ele deve ser domado. A liberdade de criação começa quando as bases são perfeitamente adquiridas. Essa abordagem "profissional", ou ao menos séria, me parece indispensável. Ela é indissociável do conhecimento do produto. Depois de ter trabalhado por vinte anos com a Valrhona, sou muito atento às características do chocolate, definidas por sua porcentagem de cacau, sua origem, seu cru. Aprendi a degustar, a pesquisar os aromas amargos, frutados, condimentados, defumados... São as nuances que contam no processo de criação de uma sobremesa.

CHRISTOPHE ADAM
apresenta sua receita

Simplesmente choc

Biscuit amargo.
Bata* as claras em neve. Acrescente metade do açúcar refinado (35 g). Misture energicamente as gemas com a outra metade do açúcar.
Peneire* o cacau em pó e incorpore-o às gemas branqueadas.*
Incorpore a mistura gemas/cacau às claras em neve com açúcar. Coloque um círculo de inox sobre uma folha de papel-manteiga untado. Despeje o *biscuit*. Leve ao forno a 210 °C por 10 minutos. Deixe esfriar.

Biscuit de gianduia de cacau.
Coloque os zestos de laranja picados no açúcar refinado. Coloque em uma tigela a manteiga pomada,* acrescente o açúcar (com os zestos), a farinha de avelãs, o cacau em pó, a farinha e a flor de sal. Deixe descansar por 1 hora na geladeira. Abra finamente com um rolo de abrir massa (ou com uma máquina de abrir massa) e leve ao forno a 160 °C por 12 minutos. Deixe esfriar. Utilizando o batedor plano da batedeira planetária, misture a massa a fim de moê-la, depois acrescente aos poucos a gianduia ao leite. Despeje em um aro e deixe esfriar na geladeira por 30 minutos.

As lascas de chocolate dourado.
Derreta o chocolate amargo 70% e depois espalhe-o finamente sobre uma folha de plástico. Deixe endurecer na geladeira antes de aplicar delicadamente o ouro em pó com um pincel. Recorte lascas de chocolate no tamanho desejado.

O cremoso de chocolate amargo.
Mergulhe a gelatina em água fria por 20 minutos. Misture energicamente as gemas e o açúcar. Ferva o leite e o creme de leite e prepare um creme inglês com as gemas (ver página 98). Depois de cozinhar, passe na peneira cônica* e acrescente a gelatina previamente escorrida e enxaguada. Verta aos poucos esse creme sobre a pasta de cacau e o chocolate amargo picado. Reserve em local arejado.

O xarope de cacau.
Misture 8 g de água com a gelatina em pó. Deixe inchar. Aqueça 45 g de água, o xarope e depois acrescente o cacau em pó. Acrescente a gelatina à mistura quente e misture.

A musse de chocolate.
Mergulhe a gelatina na água fria por 20 minutos. Ferva o leite e acrescente a gelatina. Verta aos poucos sobre o chocolate picado. Bata* o creme de leite em *chantilly* e em seguida despeje-o sobre o chocolate.

PARA 8 PESSOAS

INGREDIENTES

Para o *biscuit amargo**
65 g de claras
70 g de açúcar refinado
45 g de gemas
20 g de cacau em pó

Para o *biscuit* de gianduia de cacau
Zestos* de 1 laranja não encerada
45 g de açúcar refinado
30 g de manteiga
45 g de farinha de avelãs
15 g de cacau em pó
30 g de farinha T55*
1,5 g de flor de sal
60 g de gianduia ao leite

Para as lascas de chocolate dourado
200 g de chocolate amargo 70%
10 g de ouro em pó

Para o cremoso de chocolate amargo
1,5 g de gelatina em folhas
20 g de gemas
6 g de açúcar refinado
115 g (115 ml) de leite
75 g de creme de leite líquido integral
5 g de pasta de cacau
52 g de chocolate amargo 70%

Para o xarope de cacau
53 g (8 g + 45 g) de água
1 g de gelatina em pó
90 g de xarope a 30 °B
(graus de Baumé)
15 g de cacau em pó

Para a musse de chocolate
2 g de gelatina em folhas
140 g (140 ml) de leite
255 g de creme de leite líquido integral
200 g de chocolate amargo 70%

A montagem.
Desenforme o *biscuit* amargo e o *biscuit* de gianduia de cacau. Limpe um dos dois aros, posicione-o em uma assadeira coberta com papel-manteiga e ponha uma folha de plástico no interior. Disponha um cordão de musse no contorno. No fundo, coloque o *biscuit* de gianduia de cacau. Acrescente a musse e, com um saco de confeitar, aplique o cremoso de chocolate amargo. Coloque novamente mais musse e incruste o *biscuit* de chocolate amargo previamente embebido. Termine com uma camada de musse, sem ultrapassar o limite do aro. Reserve no congelador por 4 horas.

A *glaçage* de chocolate.
Faça um xarope com a água e o açúcar. Misture o xarope e o cacau em pó. Ferva o creme de leite e acrescente a gelatina previamente mergulhada por 20 minutos na água fria. Misture o creme de leite e o xarope para que fiquem homogêneos e utilize a uma temperatura de 20 °C a 25 °C.

O acabamento.
Retire a sobremesa do aro e cubra com a *glaçage* de chocolate. Espere que o bolo volte à temperatura ambiente para acrescentar as lascas de chocolate dourado.

Para a *glaçage* de chocolate
40 g (40 ml) de água
120 g de açúcar refinado
40 g de cacau em pó
80 g de creme de leite líquido integral
4 g de gelatina em folhas

UTENSÍLIOS
1 saco de confeitar
2 aros de inox de 4 cm de altura e de ø 16 cm
1 folha de plástico* de 4 cm
1 termômetro de cozinha

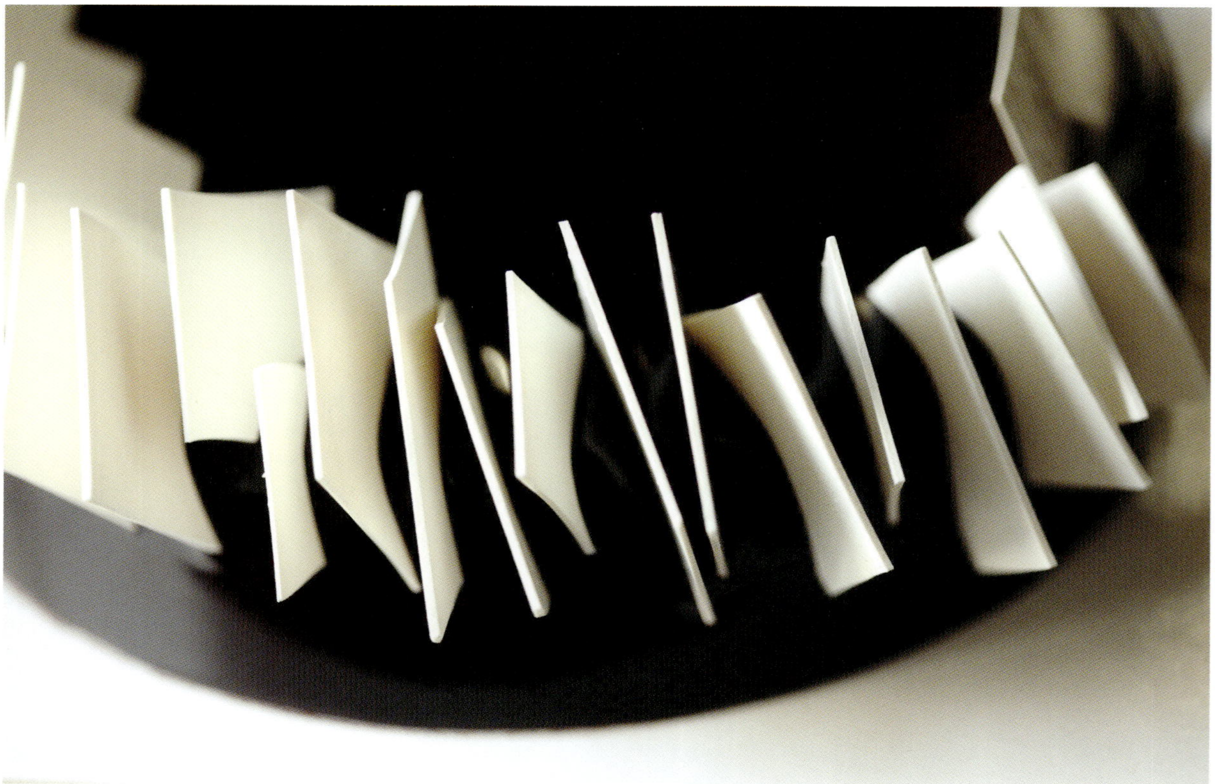

FAUCHON
FAUCHON

Geleia ao leite, castanhas e espuma de soja ★★

PARA 6 A 8 PESSOAS
Para começar na véspera
Tempo de preparo: 45 minutos
Tempo de cozimento: 10 minutos
Tempo de refrigeração: 1 noite

INGREDIENTES

Espuma de leite de soja
4 g de gelatina em folhas
75 g (75 ml) de leite
40 g de açúcar refinado
180 g (180 ml) de leite de soja
30 g (30 ml) de creme de leite líquido integral

Geleia de chocolate ao leite
2 g de gelatina em folhas
75 g de chocolate ao leite 40%
175 g (175 ml) de leite
10 g de açúcar refinado

***Streuzel* de amêndoas**
50 g de melado ou de açúcar kurozato (açúcar japonês)
50 g de farinha de amêndoas
50 g de farinha
50 g de manteiga

***Vermicelles* de castanhas**
120 g de creme de castanhas
80 g de manteiga
Rum a gosto (facultativo)

8 discos de chocolate ao leite 40% (ver página 48)

UTENSÍLIOS
1 sifão
6 a 8 *verrines*
1 saco de confeitar com um bico de ø 3 mm

Na véspera, prepare a espuma de leite de soja. Amoleça a gelatina em um recipiente com água fria. Em uma panela, misture o leite, o açúcar, o leite de soja e o creme de leite. Leve à fervura. Fora do fogo, incorpore a gelatina escorrida. Deixe esfriar e encha o sifão com esta mistura. Reserve por uma noite na geladeira. No momento de encher as *verrines*, coloque dois cartuchos de gás para creme *chantilly*.

No dia de servir, faça a geleia de chocolate ao leite. Amoleça a gelatina em um recipiente com água fria. Pique o chocolate e derreta-o lentamente em banho-maria* ou no forno micro-ondas (posição descongelar ou potência de 500 W, mexendo regularmente). Em uma panela, aqueça o leite e o açúcar. Fora do fogo, acrescente a gelatina bem escorrida. Verta progressivamente um terço da mistura fervente sobre o chocolate derretido. Com um pão-duro,* misture energicamente, descrevendo pequenos círculos, a fim de criar um "núcleo" elástico e brilhante. Incorpore mais um terço e continue mexendo da mesma forma. Depois, incorpore o último terço, seguindo o mesmo procedimento. Processe com o *mixer* por alguns segundos. Coloque a geleia nas *verrines*. Reserve na geladeira.

Faça o *streuzel* de amêndoas. Em uma tigela, misture o melado, a farinha de amêndoas e a farinha. Corte a manteiga fria em cubos pequenos, acrescente-os à mistura precedente e misture à mão para obter uma mistura arenosa. Leve ao forno por cerca de 10 minutos a 150/160 °C, até obter uma bela coloração dourada.

Um pouco antes de servir. Prepare os *vermicelles* de castanhas: misture o creme de castanhas e a manteiga pomada* e, eventualmente, acrescente um pouco de rum.

No momento de servir. Coloque 1 disco de chocolate levemente inclinado sobre a geleia de chocolate ao leite. Recheie com o *streuzel* e cubra com os *vermicelles* de castanhas, utilizando um saco de confeitar. Termine colocando sobre a montagem a espuma de leite de soja.

—• Bom saber

O kurozato é o açúcar escuro de Okinawa. Você pode encontrá-lo em mercearias e restaurantes japoneses.

—• Remissão técnica

Derretimento do chocolate > p. 18
Discos > p. 48
Streuzel de amêndoas e chocolate > p. 88

Biscoito leve de *confit* de tangerina e *suprême* de chocolate amargo ★★★

PARA 6 A 8 PESSOAS

Tempo de preparo: 1h30
Tempo de cozimento: 25 minutos
Tempo de refrigeração: 3 horas
Tempo de congelamento: 1 hora

INGREDIENTES

***Streuzel* de amêndoas**
25 g de manteiga
25 g de açúcar demerara
25 g de farinha
25 g de farinha de amêndoas

***Dacquoise* de amêndoas**
3 claras
50 g de açúcar refinado
85 g de farinha de amêndoas
30 g de farinha
100 g de açúcar de confeiteiro

***Semi-confit* de tangerina**
4 tangerinas
25 g de mel silvestre

Crème brûlée
150 g (150 ml) de leite semidesnatado
100 g (100 ml) de creme de leite líquido integral
¾ de fava de baunilha
25 g de açúcar refinado
1 g de ágar-ágar
2 gemas de ovo

***Suprême* de chocolate amargo**
75 g de chocolate amargo 70%
250 g (250 ml) de leite integral
125 g (25 g + 100 g) de creme de leite líquido integral
20 g de açúcar refinado
1 g de ágar-ágar

UTENSÍLIOS
1 moldura de 12 cm × 12 cm
1 moldura de 15 cm × 15 cm
1 assadeira para confeitaria
1 termômetro de cozinha

—• Remissão técnica

Derretimento do chocolate > p. 18
Dacquoise de amêndoas ou avelãs > p. 86
Streuzel de amêndoas e chocolate > p. 88

Faça o *streuzel* de amêndoas (ver página 88), utilizando as medidas indicadas ao lado. Espalhe-o em uma assadeira e asse a 150 °C por 10 minutos. Reserve.

Faça a *dacquoise* de amêndoas (ver página 86). Despeje em uma moldura de 12 cm × 12 cm, disposta dentro de uma assadeira forrada* com papel-manteiga. Asse a 190 °C por cerca de 15 minutos. Reserve.

Prepare o *semi-confit* de tangerina. Em uma panela, coloque as tangerinas inteiras e cubra-as com água. Ferva uma primeira vez, escorra e cubra com água novamente, depois recomece o processo, a fim de diminuir o amargor das frutas. Retire as tangerinas da água, corte-as em fatias finas e retire as sementes. Em uma panela, reduza as tangerinas e o mel em fogo brando para eliminar o máximo possível de água. Espalhe este preparado por toda a superfície da *dacquoise* e leve ao congelador por 1 hora.

Prepare o *crème brûlée*. Em uma panela, misture o leite e o creme de leite, acrescente a fava de baunilha partida e raspada e leve ao fogo até ferver. Desligue e deixe em infusão por 10 minutos. Retire a fava de baunilha, acrescente o açúcar e o ágar-ágar e deixe-os dissolver nesse líquido. Coloque as gemas em uma tigela. Verta o líquido quente sobre elas, misture e transfira novamente para a panela. Quando a mistura atingir 84 °C, despeje-a por cima da tangerina semiconfitada e leve à geladeira por 2 horas.

Prepare a forma. Posicione uma moldura de 15 cm × 15 cm sobre uma assadeira forrada com papel-manteiga. Coloque no centro o *insert** desenformado de *dacquoise*/*semi-confit* de tangerina/*crème brûlée*. Reserve na geladeira.

Faça o *suprême* de chocolate amargo. Pique o chocolate e derreta-o (ver página 18). Em uma panela, aqueça o leite e 25 g de creme de leite, acrescente o açúcar e o ágar-ágar misturados e ferva por alguns minutos. Incorpore lentamente um terço da mistura quente ao chocolate derretido, obedecendo à regra dos três terços (ver página 94). Utilize o *mixer* para homogeneizar e finalizar a emulsão. Deixe esfriar até 35 °C. Em uma tigela, bata energicamente* 100 g de creme de leite para lhe dar uma textura leve e espumante, conhecida como "batida espumante". Incorpore delicadamente o creme batido espumante à preparação e verta imediatamente dentro da moldura já preparada. Salpique em seguida com o *streuzel* de amêndoas. Reserve na geladeira até o momento de servir.

Transparência ácida de morangos ★★

PARA 8 PESSOAS
Tempo de preparo: 50 minutos
Tempo de refrigeração: 6 horas
Tempo de congelamento: 1 hora

Faça o *coulis* de morango caseiro. Retire o caule dos morangos, lave-os e processe-os com o *mixer* junto com o açúcar e o suco de limão. Prove e acrescente açúcar se necessário. Passe a mistura na peneira cônica* e reserve 300 g para a nuvem de morango.

Faça a nuvem de morango. Amoleça a gelatina em um recipiente com água fria. Aqueça o *coulis* de morango caseiro e acrescente a gelatina escorrida. Misture e reserve na geladeira por 2 horas.

Faça a musse de chocolate branco e limão. Amoleça a gelatina em um recipiente com água fria. Pique o chocolate e derreta-o lentamente em banho-maria* ou no forno micro-ondas (posição descongelar ou potência de 500 W, mexendo regularmente). Em uma panela, ferva o leite de soja e deixe os zestos de limão em infusão por 5 minutos. Coe e acrescente a gelatina bem escorrida. Verta lentamente um terço da mistura fervente sobre o chocolate derretido. Com um pão-duro,* misture energicamente, descrevendo pequenos círculos, a fim de criar um "núcleo" elástico e brilhante. Incorpore mais um terço e continue mexendo da mesma forma. Depois, acrescente o último terço, seguindo o mesmo procedimento. Em uma tigela, bata energicamente* o creme de soja para lhe dar uma textura leve e macia, conhecida como "batida espumante". Quando a mistura atingir 35/45 °C, incorpore delicadamente o creme batido espumante.

Faça a *brunoise de morango.** Retire o caule dos morangos, conservando alguns para a decoração. Corte os morangos em *brunoise* fina e acrescente um pouco de açúcar se necessário.

Realize a montagem. Verta cuidadosamente o *coulis* de morango caseiro nas *verrines*. Leve ao congelador por 1 hora. Despeje a musse de chocolate branco e limão sobre o *coulis* de morango. Deixe descansar na geladeira por 4 horas. Coloque a nuvem de morango no sifão. Coloque 2 cartuchos de gás e agite bem. Disponha a *brunoise* de morango sobre a musse. Antes de servir, cubra cada *verrine* com a espuma de morango e decore com a *brunoise* e/ou um morango.

Remissão técnica

Derretimento do chocolate > p. 18
Musse de chocolate sem ovos > p. 111

INGREDIENTES

***Coulis* de morango caseiro**
600 g de morangos
60 g de açúcar refinado
Suco de ½ limão amarelo

Nuvem de morango
3 g de gelatina em folhas
300 g de *coulis* de morango caseiro (ver acima)

Musse de chocolate branco e limão
2 g de gelatina em folhas
150 g de chocolate branco 35%
80 g (80 ml) de leite de soja
Zestos* de 1 limão não encerado
160 g (160 ml) de creme de soja

140 g de morangos

UTENSÍLIOS
1 termômetro de cozinha
1 sifão
8 *verrines*

Macarons marfim trufados ★★★

PARA CERCA DE 40 *MACARONS*
Para fazer na véspera
Tempo de preparo: 1 hora
Tempo de refrigeração: 3 horas + 1 noite
Tempo de cozimento: 12 minutos por assadeira

INGREDIENTES

Cascas dos *macarons*
125 g de farinha de amêndoas
25 g de cacau amargo em pó
150 g de açúcar de confeiteiro
100 g (50 g + 50 g) de claras
150 g de açúcar refinado
50 g (50 ml) de água

***Ganache* batido marfim trufado**
110 g de chocolate branco 35%
270 g (80 g + 190 g) de creme de leite líquido integral
2 colheres (sopa) de óleo de avelãs
20 g de trufas negras picadas

DECORAÇÃO

Lascas de chocolate temperado
Cerca de 40 lâminas de trufas negras

UTENSÍLIOS

1 saco de confeitar com um bico de ⌀ 10 mm
1 assadeira para confeitaria ou 1 esteira de silicone
1 termômetro de cozinha

Na véspera, ou com uma antecedência de no mínimo três horas. Prepare o *ganache* batido marfim trufado. Pique o chocolate e derreta em banho-maria* ou no forno micro-ondas (posição descongelar ou potência de 500 W, mexendo regularmente). Em uma panela, ferva 80 g de creme de leite. Verta lentamente um terço do creme fervente sobre o chocolate derretido. Com um pão-duro,* misture energicamente, descrevendo pequenos círculos, a fim de criar um "núcleo" elástico e brilhante. Incorpore mais um terço do creme e continue mexendo da mesma forma. Depois, incorpore o último terço, seguindo o mesmo procedimento. Acrescente o óleo de avelãs e as trufas picadas e processe com o *mixer* por alguns segundos. Incorpore os 190 g de creme de leite frio ao *ganache*. Deixe cristalizar* na geladeira por no mínimo 3 horas.

Prepare as cascas de *macarons* (ver página 82). Com um saco de confeitar preenchido com a massa, forme os *macarons* em uma assadeira forrada* com papel-manteiga ou sobre uma esteira de silicone e leve ao forno a 140 °C por cerca de 12 minutos, variando em função do tamanho dos *macarons*. Reserve à temperatura ambiente.

Quando as cascas de *macarons* tiverem esfriado, bata energicamente* o *ganache* até obter um creme untuoso. Com um saco de confeitar, faça sobre cada casca uma bola de *ganache* do tamanho de uma avelã. Coloque uma lasca de chocolate temperado (ver página 19) centralizada e una as cascas duas a duas. Coloque os *macarons* enfileirados e decore os *macarons* com uma lamela de trufas levemente espetada no *ganache*. Reserve na geladeira até o dia seguinte.

Conselho do *chef*

Nesta receita, é muito importante pesar os ovos. O sucesso dos macarons depende da dosagem precisa de cada ingrediente. Utilize trufas pretas da Drôme des collines... *elas são deliciosas!*

Bom saber

Para que os macarons *fiquem bons, eles precisam "curtir" por uma noite. Essa espera resultará em cascas crocantes, interior tenro e possibilitará o desenvolvimento dos aromas: a trufa vale a pena!*

Remissão técnica

Derretimento do chocolate > p. 18
Temperagem > p. 19
Massa de *macarons* de cacau > p. 82
Ganache batido > p. 97
Encher um saco de confeitar > p. 132

Como um namachoco ★★

PARA 6 A 8 PESSOAS
Tempo de preparo: 15 minutos
Tempo de refrigeração: 3 horas

INGREDIENTES
***Ganache* de chocolate amargo**
350 g de chocolate amargo 70%
250 g (250 ml) de leite de soja
10 g de mel
10 g de xarope de glicose

DECORAÇÃO
180 g de açúcar demerara ou açúcar colorido

UTENSÍLIOS
1 moldura
1 assadeira para confeitaria

Faça o *ganache* de chocolate amargo. Pique o chocolate e derreta-o em banho-maria* ou no forno micro-ondas (posição descongelar ou potência de 500 W, mexendo regularmente). Em uma panela, ferva o leite de soja, o mel e o xarope de glicose. Verta lentamente um terço da mistura fervente sobre o chocolate derretido. Com um pão-duro,* misture energicamente, descrevendo pequenos círculos, a fim de criar um "núcleo" elástico e brilhante. Incorpore mais um terço e continue mexendo da mesma forma. Depois, incorpore o último terço, seguindo o mesmo procedimento. Utilize o *mixer* para homogeneizar e finalizar a emulsão.

Despeje em uma moldura posicionada dentro de uma assadeira forrada* com papel-manteiga. Reserve na geladeira por no mínimo 3 horas.

Retire a moldura, polvilhe o açúcar demerara ou o açúcar colorido e corte quadrados de 2 cm × 2 cm.

Remissão técnica
Derretimento do chocolate > p. 18

Filé de bacalhau fresco, *béarnaise* de chá-verde, calda defumada de chocolate ao leite ★★

PARA 6 A 8 PESSOAS
Tempo de preparo: 1 hora
Tempo de cozimento: 35 minutos
Tempo de refrigeração: 2 horas

INGREDIENTES
6 postas de bacalhau fresco com a pele

***Fumet* de peixe**
600 g de espinhas de peixe
50 g de cebolinha-branca
50 g de cebolas
50 g de alho-poró (somente a parte branca)
50 g de cenouras
1 *bouquet garni* (tomilho, louro, salsa)
1 litro de água
150 ml de vinho branco
Pimenta em pó

Óleo de chocolate branco com chá-verde matcha
120 g de chocolate branco 35%
8 colheres (sopa) de azeite
4 colheres (sopa) de óleo de sementes de uva
10 g de chá-verde matcha

***Ganache* de chocolate ao leite e *fumet* de peixe**
100 g de chocolate ao leite 40%
100 g (100 ml) de *fumet* de peixe
3 g de chá defumado lapsang souchong

***Béarnaise* de chá-verde matcha e chocolate branco**
1 cebolinha-branca pequena picada
1 dente de alho picado
10 g de manteiga
1 copo de vinho branco seco
150 g (150 ml) de *fumet* de peixe (ver acima)
1 gema
Óleo de chocolate branco com chá-verde matcha (ver acima)

Creme batido
100 g (100 ml) de creme de leite líquido integral
30 g (30 ml) de *fumet* de peixe (ver acima)

Prepare o *fumet* de peixe. Quebre* as espinhas de peixes e escorra-as. Descasque, lave e corte os legumes em pequenos pedaços. Coloque as espinhas de peixes, as cebolinhas-brancas, a cebola, o alho-poró, a cenoura e o *bouquet garni* em uma panela grande. Acrescente a água, o vinho branco e alguns grãos de pimenta e leve à fervura. Retire regularmente a espuma que se forma. Deixe ferver de 25 a 30 minutos sem mexer. Passe na peneira cônica* e esfrie rapidamente. Utilize em no máximo três dias.

Prepare o óleo de chocolate branco com chá-verde matcha. Pique o chocolate e derreta-o lentamente em banho-maria* ou no forno micro-ondas (posição descongelar ou potência de 500 W, mexendo regularmente). Acrescente o azeite e o óleo amornados e o chá-verde matcha. Processe com o *mixer* e reserve à temperatura ambiente.

Prepare o *ganache* de chocolate ao leite e *fumet* de peixe. Pique o chocolate e derreta-o lentamente. Em uma panela, aqueça o *fumet* de peixe e deixe o chá defumado em infusão no *fumet* por 2 minutos. Passe na peneira cônica. Incorpore o *fumet* ao chocolate ao leite derretido obedecendo a regra dos três terços (ver página 94). Processe com o *mixer* por alguns segundos. Deixe cristalizar* na geladeira por aproximadamente 2 horas.

Prepare o *béarnaise* de chá-verde matcha e chocolate branco. Refogue lentamente a cebolinha-branca e o alho com uma pedaço de manteiga do tamanho de uma noz. Quando a mistura se tornar transparente, dilua com o vinho branco, deixe reduzir e acrescente o *fumet* de peixe. Reduza até atingir a metade e passe na peneira cônica. Fora do fogo, acrescente a gema e bata* o *béarnaise* com um *fouet* pequeno, acrescentando progressivamente em fio o óleo de chocolate branco com chá matcha. Reserve.

Cozinhe as postas de bacalhau com a pele virada para baixo, em fogo alto, pressionando as postas com uma espátula para mantê-las achatadas. Quando os filés estiverem dourados e a pele começar a ficar crocante, abaixe o fogo e termine o cozimento.

Em um prato bem raso, disponha uma pequena colher de *ganache* de chocolate ao leite e *fumet* de peixe e um círculo de *béarnaise* matcha. Coloque delicadamente o filé com a pele virada para cima, e sirva com algumas rodelas de batatas novas salteadas, e uma colher de creme batido de *fumet* de peixe.

Conselho do *chef*

O prato deve estar frio quando você fizer a montagem, para que o ganache não derreta.

Remissão técnica

Derretimento do chocolate > p. 18

Filé-mignon *asian choc* ★★

PARA 6 A 8 PESSOAS
Para começar na véspera
Tempo de marinada: 24 horas
Tempo de preparo: 40 minutos
Tempo de cozimento: 1h45

INGREDIENTES
750 g de filé-mignon suíno
25 g de manteiga

Marinada
2 talos de capim-santo
45 g de gengibre
350 ml de vinho branco seco tipo Noilly Prat
7 colheres (sopa) de molho de soja
½ limão não encerado
80 g de chocolate amargo 60%
8 g de folhas de coentro

Arroz de capim-santo
750 ml de água
2 pitadas de sal
1 talo de capim-santo
500 g de arroz basmati
4 colheres (sopa) de óleo

Molho
4 colheres (sopa) de vinagre de Xeres
100 ml de vinho branco seco tipo Noilly Prat
25 g de chocolate amargo 60%
1 pitada de sal
1 pitada de pimenta-do-reino
Algumas gotas de suco de limão

Salada de rúcula e coentro
300 g de salada de rúcula
1 ramo de coentro fresco
Vinagre ou molho soja
Óleo
Sal, pimenta-do-reino

Na véspera, prepare os filés-mignons. Retire a gordura dos filés e prepare a marinada. Corte em fatias finas os talos de capim-santo, descasque e rale o gengibre. Em uma tigela, misture o vinho branco, o molho de soja, o gengibre ralado e o suco de limão. Aqueça em uma panela sem deixar ferver. Pique o chocolate e derreta-o lentamente em banho-maria* ou no forno micro-ondas (posição descongelar ou potência de 500 W, mexendo regularmente). Incorpore lentamente a mistura ao chocolate derretido, obedecendo à regra dos três terços (ver página 94). Acrescente o talo de capim-santo fatiado e as folhas de coentro. Despeje em uma travessa. Coloque os filés-mignons na marinada e deixe marinar por 24 horas na geladeira.

No dia seguinte. Escorra os filés-mignons e seque-os. Reserve a marinada. Prepare-os com a manteiga na frigideira, dourando os dois lados. Termine o cozimento no forno a 190 °C por cerca de 15 minutos (63 °C no interior dos filés). Retire do forno e coloque em um prato, cobrindo com filme plástico.

Prepare o arroz de capim-santo. Leve a água à fervura com o sal e o talo de capim-santo partido. Em uma panela grande, refogue lentamente o arroz no óleo, até que os grãos fiquem translúcidos. Acrescente a água da infusão, tampe e deixe cozinhar em fogo médio até que a água seja completamente absorvida – cerca de 10 a 12 minutos – e sirva a seguir.

Prepare o molho. Coloque na frigideira o vinagre de Xeres e o vinho branco, mexendo para limpar o fundo. Reduza por alguns instantes e acrescente a marinada. Ferva por alguns minutos e filtre. Incorpore o chocolate amargo picado. Ajuste o tempero acrescentando sal e pimenta, e, se necessário, algumas gotas de suco de limão.

Prepare a salada de rúcula e coentro. Prepare um vinagrete leve à base de vinagre ou de molho de soja, óleo, sal e pimenta a gosto. Misture a salada de rúcula e as folhas de coentro e tempere com o vinagrete no momento de servir.

Corte os filés-mignons em fatias finas e disponha-as em uma travessa ou nos pratos. Sirva acompanhado de arroz basmati de capim-santo e cubra com o molho.
Acrescente uma pequena porção de rúcula.

Conselho do *chef*

Escorra cuidadosamente os filés-mignons ao retirá-los da marinada e seque-os com um papel absorvente, para evitar que a marinada queime quando você for prepará-los na frigideira.

Remissão técnica

Derretimento do chocolate > p. 18

Caldo de lagosta sob uma leve nuvem de chocolate amargo ★★

PARA 6 A 8 PESSOAS
Tempo de preparo: 40 minutos
Tempo de cozimento: 10 minutos
Tempo de congelamento: 20 minutos

INGREDIENTES
Caldo do cozimento das lagostas
3 lagostas de cerca de 400 g cada
3 litros de água
5 anises-estrelados
1 colher (café) rasa de grãos de pimenta-do-reino
1 colher (café) rasa de pimenta de Espelette
10 g de sal

Redução de lagosta
1 funcho
1 alho-poró (somente a parte branca)
3 cenouras
1 cabeça de alho
1 cebola
200 g de aipo
1 ramo de tomilho
100 g de manteiga fresca
100 g de concentrado de tomate
2 tomates
Sal

Creme leve batido de chocolate amargo
100 g de chocolate amargo 70%
300 g (300 ml) de creme de leite líquido integral

DECORAÇÃO
Pimenta de Espelette em pó

—• Remissão técnica
Derretimento do chocolate > p. 18

Prepare as lagostas. Armazene as lagostas no congelador por aproximadamente 20 minutos. Enquanto isso, leve à fervura a água e as especiarias, mergulhe as lagostas anestesiadas e deixe cozinhar por 10 minutos. Tire as lagostas do caldo e deixe esfriar por cerca de 15 minutos antes de extrair a carne. Conserve as carcaças para a redução.

Faça a redução de lagosta. Lave, descasque e corte todos os legumes, que constituirão uma base aromática. Em uma panela *sauteuse,** doure na manteiga em fogo alto as carcaças das lagostas e a base aromática. Incorpore o concentrado de tomate e cozinhe em fogo brando por alguns minutos. Acrescente os tomates frescos cortados em quartos, cubra com água e tempere. Reduza pela metade, coe pressionando bem as carcaças e reduza novamente – desta vez em um terço. Corrija o tempero e incorpore com o *mixer* a manteiga bem fria cortada em cubos.

Prepare o creme leve batido de chocolate amargo. Pique o chocolate e derreta-o lentamente em banho-maria* ou no forno micro-ondas (posição descongelar ou potência de 500 W, mexendo regularmente). Bata energicamente* o creme de leite para obter uma textura macia e untuosa, conhecida como "batida espumante". Misture delicadamente o creme batido com o chocolate derretido e conserve na geladeira.

Trinche a carne da lagosta, coloque-as em pequenas tigelas e encha até a metade com a redução de lagosta quente. Acrescente uma colher de sopa de creme leve frio de chocolate amargo. Acrescente uma pitada de pimenta de Espelette em pó e sirva quente.

—• Conselho do *chef*
Tempere bem o caldo de cozimento para salientar o sabor das lagostas e deixe-se surpreender pelo contraste entre o caldo de lagosta quente e o creme batido frio.
Doure bem as carcaças das lagostas em fogo alto, sem, no entanto, queimá-las, o que poderia lhes conferir um amargor muito desagradável.
Cuide também de reduzir suficientemente o caldo obtido por meio da redução das carcaças, de modo a conseguir um belo contraste com o gosto do creme leve de chocolate.

Timos de vitela assados, molho de chocolate com alecrim ★★

PARA 6 A 8 PESSOAS
Tempo de preparo: 30 minutos
Tempo de cozimento: 15 minutos

INGREDIENTES

Timos de vitela assados
6 timos de vitela de cerca de 120 g cada
Vinagre branco
Sal
Pimenta
Manteiga

Acompanhamento
6 cenouras grandes
Caldo de aves (caseiro ou em cubo)

Caldo de vitela com alecrim
300 g (300 ml) de fundo de vitela caseiro ou reconstituído
12 ramos de alecrim fresco

Caldo de vitela com chocolate
100 g de chocolate amargo 70%
200 ml de caldo de vitela com alecrim (ver acima)

Montagem e acabamento
Alecrim fresco

Ponha os timos em uma panela e apenas cubra-os com água fria. Acrescente um pouco de vinagre branco, sal, pimenta e ferva por um minuto. Mergulhe os timos na água gelada e retire a fina membrana que os recobre.

Lave, descasque e corte as cenouras em 24 palitos grossos. Branqueie a cenoura no caldo de aves, escorra e reserve.

Faça o caldo de vitela com alecrim. Em uma panela, leve à fervura o fundo de vitela com as pontas dos ramos de alecrim (reserve os galhos centrais para o cozimento dos timos de vitela) e deixe em infusão por alguns minutos.

Cozinhe os timos de vitela. Perfure cada timo de vitela de uma parte a outra com dois galhos de alecrim e asse em uma panela *sauteuse,** com manteiga fresca, regando-os regularmente com o caldo de vitela com alecrim. Repita esta operação várias vezes, de forma a obter uma bela cor dourada e levemente caramelizada. Na metade do cozimento, acrescente os palitos de cenouras branqueados para que ganhem uma leve coloração.

Faça o caldo de vitela com chocolate. Pique o chocolate e derreta-o lentamente em banho-maria* ou no forno micro-ondas (posição descongelar ou potência de 500 W, mexendo regularmente). Ferva 200 ml do caldo de vitela com alecrim, verta um terço dele sobre o chocolate e misture energicamente, descrevendo pequenos círculos, a fim de criar um "núcleo" elástico e brilhante. Incorpore o segundo terço e continue mexendo da mesma forma. Depois, incorpore o restante do caldo, seguindo o mesmo procedimento. Processe com o *mixer* por alguns segundos. Corrija o tempero.

Para servir, coloque os timos de vitela assados sobre uma folha de papel absorvente. Alinhe 4 palitos de cenoura em cada prato aquecido previamente. Retire os galhos de alecrim dos timos de vitela e posicione-os sobre as cenouras. Acrescente uma colher do caldo de vitela com chocolate e decore com um ramo de alecrim fresco. Sirva a seguir.

Remissão técnica
Derretimento do chocolate > p. 18

ANEXOS

MATERIAL

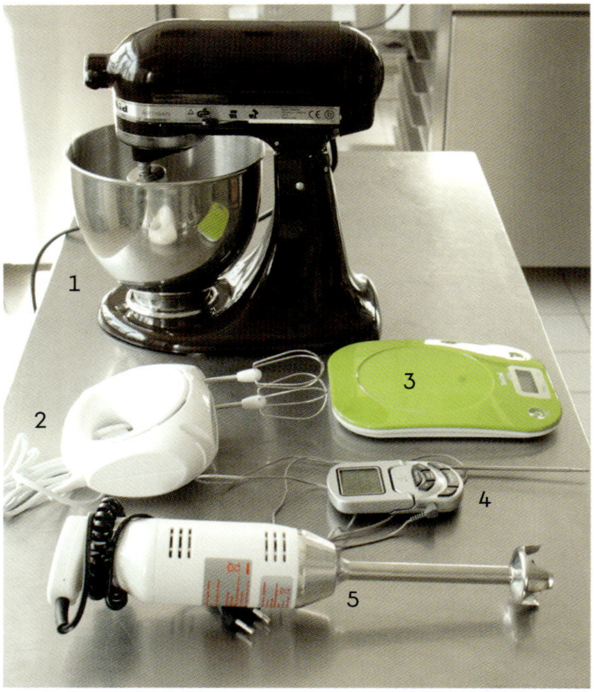

Batedeira planetária (1)
Mesmo representando um investimento considerável, a batedeira facilita muito o trabalho da confeitaria. Ela possibilita bater, amassar e misturar diversas preparações.

Batedeira de mão (2)
Para bater claras em neve, preparar creme espumante.

Balança eletrônica (3)
Indispensável para medir o peso dos ingredientes em gramas.

Termômetro de cozinha ou sonda (4)
O termômetro de cozinha munido de uma sonda mede a temperatura no interior dos produtos. É o aliado do confeiteiro.

***Mixer* (5)**
Serve para melhorar emulsões e misturar preparações.

Sorveteira (6)
Com ela, pode-se fazer deliciosos sorvetes e *sorbets*. Abaixa a temperatura evitando a formação de cristais.

Peneira, peneira cônica (7)
A peneira serve para peneirar farinha, açúcar de confeiteiro, cacau em pó, eliminando os grumos. A peneira cônica serve para coar as preparações.

Maçarico
Com o maçarico, é possível caramelizar cremes sem aquecê-los.

8
9

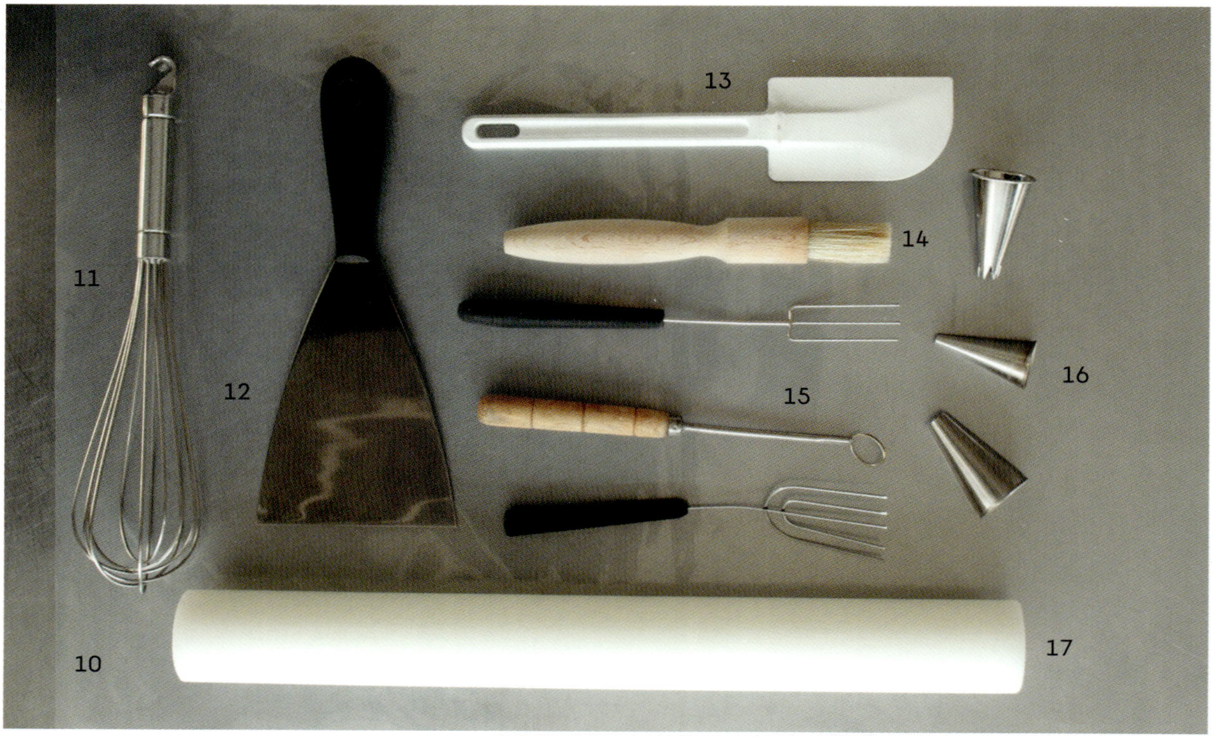
13
14
11
16
12
15
10
17

Formas e aros (8)
As formas e aros, muito utilizados pelos profissionais, são muito úteis para dar forma a uma sobremesa e/ou para assar diversas massas, biscoitos, cremes. Para facilitar o trabalho, invista em formas de silicone.

Esteira de silicone/*Silpat* (9)
Tela antiaderente lavável. Adapta-se ao cozimento no forno e pode ser utilizada no congelador.

Folha de plástico ou filme plástico (10)
Graças à sua praticidade, o filme plástico torna-se indispensável. Permite fazer decorações em chocolate brilhante e abrir massas de torta sem o acréscimo de farinha.

***Fouet* (11)**
O *fouet* serve para bater cremes, claras e misturar preparações que devem ficar aeradas.

Espátula triangular (12)
A espátula larga serve para raspar superfícies e para espalhar chocolate temperado.

Pão-duro (13)
Serve para misturar delicadamente todos os tipos de preparações e raspar recipientes.

Pincel (14)
O pincel serve para untar assadeiras, dourar massas e embeber *biscuits*.

Garfos para banhar (15)
O garfo para banhar é uma ferramenta própria para revestir bombons de chocolate, mergulhando-os no chocolate temperado.

Bicos de saco de confeitar (16)
Pontas de saco de confeitar de diferentes diâmetros e formas: lisas, caneladas, para Saint-Honoré...

Saco de confeitar
Saco de plástico descartável ou de tecido plastificado reutilizável com o qual se pode fazer *macarons*, merengues, bombas, conforme o bico utilizado.

18

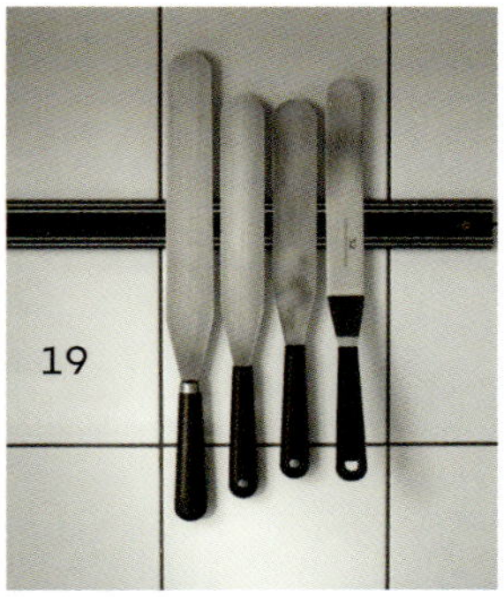
19

20

21

Rolo de abrir massa (17)
O rolo possibilita abrir massas e também a confecção de formas curvas (a massas, ao chocolate).

Cortadores (18)
De formatos simples ou mais elaborados (aqui, formato de flor), permitirão que você realize seus desejos mais loucos.

Espátulas/espátulas angulares (19)
As espátulas são úteis para espalhar chocolate, coberturas, recheios, *glaçages* e para manipular as sobremesas sem danificá-las.

Ralador fino (20)
O ralador fino é a ferramenta ideal para retirar finamente os zestos das frutas cítricas. É mais preciso do que um descascador.

Sifão (21)
Com seus cartuchos de gás, o sifão é perfeito para transformar líquidos quentes e frios em espuma.

GLOSSÁRIO

A

Abrir
Esticar uma massa de torta.

Aerar
Incorporar ar em uma preparação.

Amassar
Misturar os ingredientes de uma massa para então sová-la.

Amêndoas de cacau trituradas
Pedaços de favas de cacau torradas.

Apurar
Eliminar o excedente de água de uma preparação.

Arear
Reduzir a pó os ingredientes de uma massa *sablée* ou *brisée*.

B

Banho-maria
Colocar um recipiente contendo uma preparação dentro de um outro com água, que será levada à fervura, a fim de aquecê-la ou derretê-la. Esse processo também pode ser usado com água fria, para baixar a temperatura de certas preparações.

Bater
Bater vigorosamente um ingrediente para aerá-lo.

Bater energicamente
Misturar uma preparação com um *fouet* para aerá-la.

Biscuit
Bolo fino à base de farinha, ovos e açúcar usado como base em tortas, rocamboles e sobremesas.

Branquear
Bater gemas e açúcar até que a mistura tenha uma coloração creme.

Brunoise
Legumes ou frutas cortados em cubos muito pequenos, de cerca de 3 mm de lado.

C

Caramelizar
Cozinhar o açúcar até obter uma coloração dourada (cerca de 180 °C).

Cobrir
Glaçar uma sobremesa ou recobrir de molho ou calda.

Crescer
Diz-se de uma massa do tipo brioche que aumenta/infla.

Cristalização/cristalizar
Passagem do estado líquido para o estado sólido.

D

Derreter
Liquefazer um ingrediente por meio do aquecimento.

E

Embeber
Impregnar um *biscuit* de xarope.

Emulsificar
Misturar dois líquidos que, em princípio, não se misturam, como água e óleo, por exemplo.

Espátula meia-lua
Retângulo de plástico mole que permite raspar os recipientes, espalhar creme ou chocolate.

F

Farinha
Gruau, aquela que contém no mínimo 11% de glúten. É mais fina e permite maior crescimento das produções.
T45, farinha forte. É utilizada nas produções da panificação, é mais fina e contém mais glúten.
T55, farinha fraca. É mais utilizada no preparo de bolos e nas produções da confeitaria. É também chamada farinha de confeiteiro.

Fita (ponto de)
Consistência de uma preparação semilíquida que escorre como uma fita, fazendo dobras.

Folha de plástico
Ver material.

Forrar
Cobrir as paredes de uma forma ou o fundo de uma assadeira com papel-manteiga.

G

Ganache
Creme de chocolate.

Glaçar
Cobrir a superfície de um bolo com *glaçage*, cobertura ou açúcar de confeiteiro.

Guarnecer
Forrar uma forma de torta com massa aberta.

I

Infusão
Maceração de uma especiaria ou erva aromática em um líquido fervente, para que este capte seu aroma.

Insert
Preparação endurecida no congelador que colocamos, ou "inserimos", em uma sobremesa.

M

Manteiga de cacau
Substância gordurosa naturalmente presente na fava do cacau. Pode-se acrescentar manteiga de cacau na fabricação de um chocolate de cobertura. A manteiga de cacau é uma substância gordurosa sólida que, nas preparações, cumpre o papel de endurecedor.

Manteiga pomada
Consistência da manteiga que foi trabalhada com uma espátula e/ou *fouet* até a obtenção de uma textura de pomada.

Massa _détrempe_
Massa constituída de farinha, água e sal que "retém" a manteiga durante a preparação da massa folhada clássica.

Modelar
Dar uma forma específica a uma massa de tipo brioche ou pão.

P

Panela _sauteuse_
Tipo específico de panela para o preparo de alimentos salteados.
Pão-duro
Ver material.

Pelar
Retirar a pele de tomates, nozes, amêndoas, etc. A operação é facilitada depois de escaldar em água fervente ou colocar no forno o alimento que se deseja pelar.

Peneira cônica
Ver material.

Peneirar
Passar por uma peneira um pó (farinha, cacau, açúcar de confeiteiro...) para retirar os "grumos".

Q

Quebrar
Picar grosseiramente um ingrediente (chocolate, avelãs, amêndoas).

Quenelle
Formato oval, obtido com duas colheres, que se dá a sorvetes e outras preparações cremosas ou espumantes no momento de servir.

R

Rechear
Preencher o interior de certas preparações.

Recortar
Cortar uma massa no formato desejado.

Reservar
Deixar uma preparação de lado, na geladeira ou à temperatura ambiente, a fim de utilizá-la posteriormente.

Revestimento
Procedimento que consiste em recobrir com uma fina camada de chocolate o interior de um bombom.

S

Soltar
Amolecer uma preparação acrescentando líquido, trabalhando-a ou aquecendo-a ligeiramente.

Sovar uma massa
Trabalhar a massa para que ela ganhe elasticidade.

Suprêmes
Segmentos de frutas cítricas cujas membranas foram retiradas.

T

Trabalhar
Misturar vigorosamente com uma espátula, um *fouet* ou uma batedeira.

V

Vergeoise
Tipo de açúcar proveniente do caldo de beterraba, muito usado na Bélgica.

Verrine
"Prato" da culinária moderna, normalmente usado para entradas e sobremesas, servidos em copinhos, em que é possível misturar várias texturas e sabores.

Z

Zesto
Parte exterior, odorífica e colorida, da casca de frutas cítricas.

ÍNDICE DE TÉCNICAS

ÍNDICE DE RECEITAS

VALRHONA
Vincent Bourdin

VALRHONA
Fabrice David

OS AUTORES

VALRHONA

A Valrhona representa a excelência no mundo do chocolate. Criada em 1922 por um confeiteiro do vale do Rhône, a empresa tornou-se ao longo dos anos a fornecedora oficial das grandes casas: confeiteiros chocolateiros renomados, restaurantes estrelados, empórios finos... Sua abordagem por origens, *crus*, nomes de domínio e a paleta aromática dos sabores que ela apresenta em sua coleção de chocolates fazem da Valrhona uma marca de excelência. A equação de seu sucesso é a de um mercado de nicho extremamente promissor: 1% da produção mundial e 98% de clientes célebres. Presente em 66 países, a Valrhona comercializa mais da metade de sua produção fora da França. *Site*: www.valrhona.com.

A ÉCOLE DU GRAND CHOCOLAT VALRHONA

O chocolate é uma das matérias-primas mais difíceis de se trabalhar para um confeiteiro. Até 1989, não existia nenhuma escola capaz de ensinar esta arte tão particular. A École du Grand Chocolat foi construída com a ambição de se tornar a referência no universo da formação em chocolate.

Atualmente, ela é um centro de formação certificado, reconhecido por profissionais do mundo inteiro. A riqueza de sua formação e a criatividade de suas receitas se devem ao seu corpo docente muito especializado e à qualidade dos colaboradores internos e externos, grandes nomes do chocolate e da confeitaria. A escola conta com cinco laboratórios de formação distribuídos em três locais: em Tain l'Hermitage, Tóquio e Versalhes.

Depois de quinze anos de formação reservada exclusivamente aos profissionais, há sete anos ela oferece cursos para o grande público – que se revela cada vez mais perito. Longe de se limitar às bases, o conteúdo é apresentado em temas e receitas que refletem, ou até mesmo influenciam, as tendências da criação chocolateira e confeiteira.

A École du Grand Chocolat reúne uma equipe de vinte *chefs* confeiteiros que não só desenvolvem receitas como também formam, assistem os clientes Valrhona, oferecem consultoria e demonstrações para os profissionais da culinária na França e no exterior.

FRÉDÉRIC BAU E SUA EQUIPE

Frédéric Bau é reconhecido pelos profissionais como um dos melhores confeiteiros chocolateiros do mundo. Detentor do título de melhor aprendiz da região francesa PACA (Provence, Alpes, Côte d'Azur) e premiado no concurso de Melhor Aprendiz da França, ele entrou na Fauchon em 1986, pouco depois da chegada de Pierre Hermé, onde dirigiu o cargo de "decoração".

Contratado pela Valrhona em 1988, ele criou a École du Grand Chocolat, da qual se tornou diretor de criação e chefe executivo. Ele criou os Essentiels de Valrhona, receitas de base (pães de ló, *ganaches*, musses...), que constituem uma fonte de inspiração e uma "bíblia" para os confeiteiros. Sua paixão pela cozinha o incita a utilizar o chocolate em todas as suas formas, inclusive em receitas salgadas.

Em maio de 2009, abriu com sua esposa um restaurante em Tain l'Hermitage, o Umia.

Foto da parte inferior (da esquerda para direita): David Capy, Thierry Bridron, Philippe Givre, Vincent Bourdin, Julie Haubourdin, Frédéric Bau, Jérémie Runel, Fabrice David.

Agradecimentos de Frédéric Bau

Que este livro seja, em primeiro lugar, uma homenagem a todos os artesãos chocolateiros, confeiteiros, padeiros e ainda cozinheiros, que há décadas fazem salivar os *gourmets* de todo o mundo graças a sua criatividade e sua paixão. Para eles, tiro meu chapéu!

Como não agradecer também a todos esses grandes *chefs* que tiveram a gentileza de responder prontamente ao convite da Flammarion, enriquecendo esta enciclopédia com seu talento e suas receitas: Christophe Adam (Fauchon), Frédéric Cassel, Jean-Paul Hévin, Christophe Felder, Éric Léautey, Cyril Lignac, Gilles Marchal (Maison du Chocolat), Christophe Michalak (Plaza Athénée).

Um muito obrigado a meus colaboradores, atores da magia que opera na École Du Grand Chocolat da Valrhona há vinte anos, Fabrice David, Philippe Givre, Jérémie Runel, David Capy, Thierry Bridron, Vincent Bourdin. Um agradecimento particular para você, Julie Haubourdin, única mulher neste mundo do cacau bruto, que controlou o navio com maestria e que soube transcrever da maneira mais autêntica os segredos, as astúcias e os macetes que queríamos compartilhar com nossos leitores.

Come-se a guloseima também com os olhos... mas não somente. Obrigado a você, Clay, por ter dado tanta magia a seu olhar *gourmand*, e a você, Ève-Marie, pela palavra certa e deliciosa que soube transmitir em seus textos.

Para finalizar, e em nome de todos, obrigado a Pierre Hermé, que, com suas palavras, confirma que este livro foi realizado por profissionais, no respeito de sua própria visão.

Agradecimentos dos autores

Primeiro, os autores agradecem a vocês, leitores da *Enciclopédia do chocolate*, que escolheram saborear com os olhos suas receitas antes de, esperamos, prepará-las, para a felicidade de seus convidados.

Agradecemos a toda a equipe Flammarion e, em particular, a Liza Person por sua paciência e a Valérie de Sahb pela confiança que depositou em nós.

Muito obrigado, é claro, a Ève-Marie, por ter pensado em nossas palavras e por ter cuidado de nossos problemas, e a Clay pela apresentação iluminada de nossas criações.

Para realizar uma enciclopédia em prazos tão curtos, contamos com a ajuda preciosa de todos os membros da École du Grand Chocolat, em Tóquio e em Tain; obrigado a todos.

Enfim, desejamos agradecer às mulheres e aos homens dos bastidores, sem os quais uma semente sem sabor não poderia resultar no produto aromático, tenro, de múltiplos sabores e inúmeros usos que é o chocolate: trabalhadores agrícolas, cultivadores, compradores, operadores de máquinas da chocolateria, pesquisadores, degustadores...

Agradecimentos da Flammarion

O editor agradece a toda a equipe da Valrhona pela qualidade de seu comprometimento, sem esquecer a contribuição editorial de Ève-Marie Zizza-Lalu, o gosto artístico de Clay McLachlan para as fotografias e a criatividade de Alice Leroy para apresentar gestos e receitas.